亚布力
企业思想家系列丛书
Business Thinkers Series

特别鸣谢 田溯宁 对本书的鼎力支持

预见中国经济新40年

亚布力中国企业家论坛◎编著

知识产权出版社
全国百佳图书出版单位
——北京——

图书在版编目（CIP）数据

预见中国经济新 40 年 / 亚布力中国企业家论坛编著 . —北京：知识产权出版社，2020.1
（亚布力企业思想家系列丛书）
ISBN 978-7-5130-6731-7

Ⅰ. ①预… Ⅱ. ①亚… Ⅲ. ①中国经济—研究 Ⅳ. ① F12

中国版本图书馆 CIP 数据核字（2019）第 292087 号

责任编辑：陈晶晶　　　　　　　　　　　　　责任校对：谷　洋
封面设计：回归线（北京）文化传媒有限公司　责任印制：刘译文

预见中国经济新 40 年

亚布力中国企业家论坛　编著

出版发行	知识产权出版社有限责任公司	网　　址	http://www.ipph.cn
社　　址	北京市海淀区气象路 50 号院	邮　　编	100081
责编电话	010-82000860 转 8391	责编邮箱	shiny-chjj@163.com
发行电话	010-82000860 转 8101/8102	发行传真	010-82000893/82005070/82000270
印　　刷	三河市国英印务有限公司	经　　销	各大网上书店、新华书店及相关专业书店
开　　本	720mm×1000mm　1/16	印　　张	19.5
版　　次	2020 年 1 月第 1 版	印　　次	2020 年 1 月第 1 次印刷
字　　数	290 千字	定　　价	79.00 元
ISBN 978-7-5130-6731-7			

信心比黄金重要

文 胡葆森　亚布力中国企业家论坛*2018—2019年度轮值主席
建业集团董事长

　　改革开放以来，我国经济社会发展取得了令人瞩目的成就，其中一个核心因素就是通过持续不断的改革开放，激发了微观经济主体的活力。一批批优秀企业与企业家在市场竞争中迅速成长，成为推动经济社会发展的一支重要力量。在他们身上闪耀着共同的力量——企业家精神。

　　企业家精神是一个国家或地区经济发展和创新的关键因素之一，是推动社会进步的重要力量。企业家所体现出来的精神总是与建立、引领和重塑企业，开拓创新，捕捉市场机会，创造财富，促进就业与社会经济增长紧密联系在一起。

　　经济发展与创新提升离不开企业家与科学家。未来，中国经济增长将沿着规模、质量并重的轨道稳步发展，中国经济真正走到世界前沿，从经济大国变成经济强国，离不开企业家群体领导着千千万万的企业开展研发创新与市场搏击。

　　要让企业家精神得到充分释放，就需要更多的企业家拥有坚定的信心与稳定的预期。那么，企业家的信心来自哪里？

　　近年来，国际政治、经济形势面临着前所未有的变局，复杂的国际环境对部分中国企业家的发展信心带来了一定的负面影响。为促进社会经济稳定发展，国家出台了多项政策，积极完善市场经济运作方式，降低企业税负，强化政务服务水平，加大对外开放力度，高度重视企业家和企业家精神，营造了良好的政策环境、营商环境和社会文化环境。再者，从长

---

*　"亚布力中国企业家论坛"以下简称"亚布力论坛"。

远发展和综合比较来看，中国经济社会发展有着诸多有利的因素。中国拥有世界上最大的消费市场，拥有勤劳智慧、勇于开拓创新的十四亿中华儿女，拥有实现中华民族伟大复兴的强烈愿望，拥有坚强有力的国家领导与稳定的政治环境，拥有生机勃勃、蒸蒸日上、占世界经济总量超过15%的世界第二大经济体与最为完整的产业体系；国家积极致力于惠及全国人民与全世界的和平发展政策，在40多年改革开放基础上，聚力创新驱动，聚焦高质量发展，加快全球化布局，营商环境快速改善和优化，这是我们整个民族、国家和平发展的希望与信心所在。

前不久，当被问到中国的高速发展能否持续时，马云说，他对国家有信心的原因，是中国在持续谈论全球化，谈论对外开放政策，鼓励企业家精神。他把阿里巴巴等中国互联网企业的发展成就归功于中国的政治稳定、社会安全与时代发展。我相信很多企业家都会认同这一观点。

我亦深信：企业家的信心源于对国家、社会的信心，源于对自己价值观的信仰和对自己事业的信仰，也源于社会的认可与尊重。而对国家、社会有信心，追求创造财富、服务社会，正是企业家精神的重要内涵。就像我之前说过的，时代造就企业，在每个企业的生命周期中应该始终认识到回馈社会、将命运与社会融为一体的重要性。

一个意志坚定的企业家，基于时代背景和社会规则，带领团队追求财富、创造财富的成功经历，应该建立在这样的基础之上：一是领导者的信心与智慧，二是追随者的忠诚与勤奋。

信心比黄金更重要。中国社会需要有更多的群体赢得人们的尊重，企业家群体更应该有所担当，有勇气、有信心以"内有尊严，外有尊敬"的方式去践行创造财富、服务社会的企业家精神。

我们正在进入一个新的时代，国家正在从深化改革与攻坚突破中寻求发展。我们相信中国社会经济将会保持长期稳健发展，企业的经营发展环境会持续稳定向好，中国企业家也一定会抓住历史性机遇，在成就企业发展的同时推动中国社会经济的持续发展。

实现中华民族伟大复兴的中国梦，需要每个企业每个企业家主动融入，增光添彩，这首先要从不忘初心、坚定信心做起！

开启新时代

陈东升　泰康保险集团股份有限公司创始人、董事长兼CEO[*]
亚布力论坛理事长

　　亚布力论坛成立19年了，每一次会议的内容都非常精彩。我总说，我是亚布力论坛永远的大义工，最重要的工作就是收尾。一般闭幕式上的大咖越来越少，但是未来"大咖"会越来越多。2020年是亚布力论坛成立20周年，我刚才去亚布力论坛永久会址现场看了工地，挺壮观的。2020年我们可能就要去新的永久会址了，所以这可能是我最后一次在这个地方致闭幕词，还是有些留恋和伤感的。

亚布力论坛迎来自己的新时代

　　我认为，这次论坛开启了亚布力论坛的一个新时代。2018年亚布力年会期间，马云来了，我们做了一个交流，他坚信亚布力会越来越好，会成为像达沃斯那样非常成熟、非常有影响力的论坛，甚至说"你做30年，坚持一路走下去，就会腾飞起来"。我对此印象很深。2020年是亚布力论坛成立20周年，所以这次年会对亚布力论坛而言就是迎接新的征程和新的未来。

　　为什么说亚布力论坛将进入一个新时代呢？大家都知道，这次国务院国资委主任肖先生、副主任任先生和6位大央企的企业家也来参加了我

---

[*]　Chief Executive Officer，首席执行官。

们的论坛，肖主任还做了主旨演讲，发出了一个重要的信号：中国改革开放以来，国企、民企和外资共同推进了社会的进步和经济的成长发展；未来，我们要渐渐地不分国企、民企和外企，因为它们都是中国的企业。这样走下去，亚布力论坛作为中国企业家的论坛，就真正完成了它的一个使命。现在，我们虽然叫它"亚布力中国企业家论坛"，实际上论坛中的民营企业家居多，或者说主要是民营企业家；未来，应该是不分类别的企业和企业家同台，这是非常重要的。

亚布力论坛轮值主席胡葆森提出了"中国的达沃斯，世界的亚布力"这个概念。这也是我们亚布力论坛19年的坚持和积累所形成的对未来的期待和未来的方向。

关于做企业，20年前我曾经有一句非常有名的话——"创新就是率先模仿"。当年田源主席创立亚布力论坛，就是去达沃斯受到的启发。我们是学习、模仿达沃斯，未来成为"世界的亚布力"。"中国的达沃斯，世界的亚布力"就是学习达沃斯、超越达沃斯，让亚布力论坛走向世界，成为一个具有自己特色的论坛。

亚布力论坛成立19年来，我们以企业家为中心，渐渐地，科学家进来了，艺术家来了，电视明星也来了，它在逐步地扩张、包容、开放。所以我认为，这次国资委肖主任的到来，开启了民企与国企合作的新时代；全国工商联徐书记和樊副主席的到来，奠定了亚布力未来发展的基础和方向。

亚布力永久会址将成为中国企业家精神的高地

我们的永久会址，也是一个关于中国企业家精神的博物馆，将在亚布力论坛成立20周年的时候启用。而这个中国企业家精神的博物馆，是从1840年一直延续到今天的百年中国企业家精神，断断续续发展壮大，汇集成流，现在扎根在亚布力。用冯仑的话讲，亚布力论坛是一个中国主流企业家精神的"道场"。所以我们要捍卫、要发扬、要让这种企业家精神在龙江大地、祖国大地影响更多人，让更多的年轻人参与创新、创业，让更多的人用这种正能量来建设我们的祖国，推动我们国家经济和社会的进步。

我觉得这个博物馆的意义非常大，同时我觉得亚布力论坛永久会址是总结历史、教育后代、激励大家的一个重要的文化思想结晶。

当然这也将是一个培训中心。昨天徐书记讲，未来把亚布力企业家永久会址作为全国民营企业家的培训基地。大家可以想象，亚布力论坛20年一点一点累积的精神、文化和成果，未来就可能通过这种方式发扬光大。就像亚布力论坛成立10周年的时候，马云说的一句话我永远记得，他说：要"让企业家精神像亚布力的雪花永远自由地飘洒"。同时，我们也将做一个智库。我们可以在更大范围内讨论，形成一些有价值的、能够影响国家经济决策或者为其他地方政府提供参考的思想。

我感觉亚布力论坛越来越丰富了，这是我们亚布力论坛理事19年来共同努力创造的，也是我们亚布力论坛这么多优秀的参与者共同打造的一个成果。感谢国资委、全国工商联，感谢黑龙江省委省政府，感谢天津市委市政府、也要感谢我们所有的赞助商，最重要的还是亚布力论坛秘书处，还有我们所有的青春合伙人。秘书处创造了一个青春合伙人机制，青春合伙人也就是我们的志愿者，他们自始至终在为我们服务。我坚信，他们中一定会产生马云、一定会产生郭广昌。

我也要特别感谢企业家们的慷慨解囊，为我们永久会址建设提供赞助。我们期待亚布力论坛成立20周年，也期待亚布力论坛永久会址能够完全落成和启用。再一次感谢支持亚布力论坛发展的所有领导、赞助商，所有的参与者和所有的支持者！

目录 CONTENTS

序 | 信心比黄金重要 　胡葆森 / Ⅰ
开启新时代 　陈东升 / Ⅲ

第一章 | **新40年的挑战**

全球经济的今天和明天 　朱　民 / 003

混改三大难题 　郭广昌 / 012

混合所有制到底要干什么 　王梓木 / 015

混改如何"混" 　王会生 / 019

互联网平台的责任与边界 　/ 022

下一步货币政策怎么走 　/ 035

企业国际化新路径 　/ 048

房地产的下一个春天 　/ 059

如何走出资本寒冬 　/ 070

第二章 | **40年的启示**

一个"九二派"企业家的"前世今生" 　田　源 / 087

香港如何吸引人才 　梁锦松 / 094

"人才战"靠什么胜出 　/ 097

了不起的混合所有制　　宋志平 / 110

新希望的转型经验　　刘永好 / 114

中国的大飞机　　贺东风 / 119

对中国汽车行业长远发展抱有信心　　唐仕凯 / 122

如何看待中西科技差距　　窦贤康 / 126

第三章 | 文化到底有没有用

文化到底有没有用　/ 133

胡葆森论"商道"　/ 148

我始终对未来充满好奇　　张树新 / 158

做一件纯粹的事　　郭为 / 163

追念父亲：自强的一生　　赵民 / 166

我与白酒的28年　　刘淼 / 169

从军人到企业家　/ 175

让传统文化"活起来"　　单霁翔 / 183

第四章 | 创变未来

创变的力量　/ 201

未来已来　/ 213

新零售的路径　/ 227

新制造来袭　/ 234

做教育创新的驱动者　/ 246

科技如何改变商业生态　/ 258

拥抱科技创新　/ 274

用技术改写生命　/ 282

暗知识：机器认知时代到来　　王维嘉 / 293

后记 | 不确定性中的确定性　/ 298

Chapter 1

第一章　新 40 年的挑战

◆◆◆◆◆◆◆◆◆◆◆◆◆◆◆◆◆◆◆◆◆◆◆◆◆◆◆◆◆

　　未来整个经济将会发生非常深刻的、结构性的改变。在我看来，有三股力量正在影响今天全球的经济。第一，是周期的力量。第二，是结构的力量。第三，是超级关联。还有另外三股力量在影响着未来的经济。第一，老龄化。第二，气候变化。第三，人工智能。

全球经济的今天和明天

文 朱 民　清华大学国家金融研究院院长、国际货币基金组织前副总裁

全球经济的今天

讲形势容易，但是我认为更重要的是要理解未来。未来整个经济将会发生非常深刻的、结构性的改变。在我看来，有三股力量正在影响今天全球的经济。

第一，是周期的力量。

整个经济的增长自2008年危机以来有一个很大的反弹，反弹以后逐渐往下走，总体上处在中速的区域。过去10年是中速增长，2008年是全球在过去10年中经济增长的顶峰，今后几年经济开始下滑。这里不存在悲观和乐观的问题，只是一个周期。

2019年世界经济增长率会从3.7%降到3.4%左右，2020年会继续往下走。从预测来看，一直到2022年，未来三年中国的经济增长速度可能会低于6%；美国也从2000年的4%左右，跌到2018年的2.3%左右，未来逐渐会降到1.5%左右；日本经济会跌得更为厉害，到2022年只有半个百分点的GDP（Gross Domestic Product，国内生产总值）增长。这是一个周期的过程。

在这背后，是劳动生产率增长的急剧下跌，这始终是我们今天仍然没法理解的一个问题。科技的发展，加上全球化竞争，使得产品的使用价值增加，但按照马克思所说，它的市场价值在降低，所以利润空间在减少，

劳动生产率在下跌。美国劳动生产率增长自危机以来跌得非常厉害，从1.2%、1.3%的增长速度跌到0.3%左右。

第二，是结构的力量。

全球经济在走向轻缓，这是一个特别有意思的现象。全球投资和贸易持续低位。今天发达国家的投资与2007年的预期相比下跌了25%。10年期间少了25%的投资，经济怎么可能强壮？

过去10年，投资是很弱的，经济增长更多地是由消费主导。发达国家消费推动经济的影响力越来越大，新型经济国家消费的比重也越来越大。所以现在全球经济越来越成为一个消费主导的经济。

服务业仍然居高不下，2014年美国的服务业占GDP比重仍为78%，欧洲为74%。

特别有意思的是，人的需求偏好发生了变化。与10年前相比，现在人们在物质产品上的消费比重减少，而在服务业上的消费增多。人们在教育、医疗、旅游、文化上的消费更多，而在冰箱、彩电或者汽车上的消费更少。服务业的增长速度远远高于制造业。

人的偏好发生了变化，这个偏好将在未来越来越多地主导经济结构。因为人的偏好决定总需求的结构，这是一个很大的变化。

所以全球贸易增长放缓。从20世纪80年代到2008年经济危机以前，全球贸易占GDP的比重增长了46.8%，而从2008年经济危机以后到现在的10年中，全球贸易占GDP的比重下降了13.6%。

第三，是超级关联。

人们生活在一个密切关联的经济体系里，任何一个人的运动都会影响到其他人。我们对拉美的股票市场和亚洲股票市场的互动的关联性做过分析。1996年拉美的股票市场和亚洲股票市场的互动率只有16%左右，随着经济全球化的不断深入，2008年经济危机的时候，两个地区金融市场的关联度高达90%，危机以后有所下降，现在也在70%左右。也就是说，亚洲的股票市场变化1个百分点，拉美就会变化0.7个百分点，反之亦然。这是以前很少发生的事情，因为各个地方金融市场的互动和关联性从来没有像今天这样密切。

产业链的形成使得全球经济紧密地联合在一起。2000年，全球产业链的主要部分是德国，它代表欧洲的产业链；还有一个是以美国为中心的泛太平洋产业链。今天全球形成了三大产业链，即以德国为中心的欧洲产业链仍然存在，以美国为中心的产业链辐射的区域变成了北美地区，中国成了泛亚洲和泛太平洋的产业链中心。产业链的形成使得制造业和物质生产的经济密切地连在一起，所以全球经济增长的互动性急剧上升，这是我们以前从来没有观察到的现象。

经济危机以前，发达国家经济增长波动的关联性较强，其他国家的波动关联性都低于10%。2008年经济危机的时候全球经济增长波动关联性达到80%，危机以后有所下降，现在仍在40%~50%。也就是说，今天全球的经济是要涨一起涨，要跌一起跌，整个关联性从金融市场扩展到实体经济。

这是影响今天全球经济运动一个特别重要的力量，原因是整个经济行为改变的方式发生了根本的变化。以前经济的变化很多是源于自上而下的政策变化或者大事件的发生，而今天所有人都有手机，能在同一时间获得几乎同样的信息，在这个时点上所有人会采取或多或少同样的行为，通过产业链可以在瞬间改变经济。假设我们今天同时接到一个信息：纽约地震、华尔街大火，那么人们第一反应就是，股市肯定会跌，全球经济肯定会有危机。所有人都这样想，并采取相应的行动，那这个市场立刻会动摇。贪婪到恐惧之间的变动是分秒之间的变动，而恐惧到贪婪的变化是一个长期的、缓慢的变化。这就是现在经济波动会如此之快的原因，所有人都会沿着同一个方向，采取同一个行动。我一直说"风起于青萍之末"，当风起来的时候，其实我们真的不知道是哪一片萍叶动了。这是影响今天全球经济的另一股特别重要的力量，它使经济变得不确定和动荡。

美国经济对世界的溢出影响很大。如果美国经济下降一个百分点，受影响的其他国家第一个会是加拿大，第二个是墨西哥，它会导致加拿大GDP下降0.9个百分点，墨西哥GDP下降0.75个百分点，也会造成中国GDP下降0.35个百分点。

我们把这种影响分为实体经济的影响和信心的影响，信心的影响在其中起相当大的作用。比如法国是一个农业国家，其实受美国的直接影响非常小，但是美国通过信心、通过欧洲和中国影响法国，同样可以影响法国GDP0.35个百分点的变动。所以，今天世界是如此密切地关联在一起，信心的冲击和影响是如此之大！

当前中国成为世界第二大经济体，对世界经济的影响也在急剧扩大。我们经分析发现，如果中国的投资下降一个百分点，在商品出口国中GDP受到冲击和影响最大的是智利，第二是赞比亚，第三是沙特，第四是哈萨克斯坦。中国投资下降一个百分点会造成马来西亚、泰国等国家GDP下降0.4个百分点。现在中国对世界经济的溢出效应是巨大的。

我们生活在一个密切关联的系统里，大家同方向移动，在很多时候，每个个体都会成为"无辜的受害者"，因为风起的时候，个体挡不住。

全球经济的明天

还有更为深刻的三股力量在影响着未来的经济。

第一，老龄化。

从今天到2100年，全球人口数量将会不断上升，今天人口是74亿，2100年人口将达到112亿，但是人口的结构特别不均衡。发达国家和新经济国家，包括中国、美国等，劳动年龄人口增长的最高峰恰恰是在2008年，此后逐年下降，到2040年左右下降为零，之后劳动力的供给为负。南部非洲撒哈拉国家年轻劳动力不断上升，高峰在2060年，直到2100年，每年还有7 700万的竞争劳动力增长。劳动力严重不均衡是很大的问题，那可以移民吗？但谁给这些非洲的年轻人教育、就业和发展机会呢？世界远没有做好应对这个挑战的准备。

在这个大的格局下，人口的第二个挑战就是全球老龄化。如果把2015年的人口结构延伸到2050年再进行对比，我们会发现，人口净增长最多的是60～69岁的年龄段，此外还有70～79岁、80～89岁年龄段；而作为劳动力的40～49岁、30～39岁、20～29岁的人口增长非常少。相比于2015年，日本到2050年净增最多的是80岁以上的老人，这样经济怎么发展？中国人口的老龄化问题同样非常严重。到2050年，中国整体人口会下降，但是净增人口主要分布在60～69岁、70～79岁、80岁以上的年龄段，40～49岁、30～39岁、20～29岁年龄段的人口数量急剧下跌。这会从根本上改变所有的需求结构和供给结构。

以日本为例，在1994—2016年的20多年时间里，因为老龄化，日本的建筑业、制造业急剧萎缩，服务业、金融业和保险业也在萎缩，住房租赁、信息和通信、健康服务均在上升。在政府的开支里，急剧增加的是医疗支出，而国防、研发、公共教育等其他开支几乎不变。

人口老龄化改变了日本的房地产业，新屋开工户数和建筑面积不断下滑，土地价格在泡沫达到顶峰的时候急剧下跌。也许很多人会说，日本的房地产业下跌是因为房地产泡沫，我同意日本的房地产下跌有相当大的原因是房地产泡沫，但它只是触发的原因，更深层次的原因是人口老龄化。房地产泡沫触发了人们对人口老龄化的恐惧，日本的房地产从此只会下滑，不会上升。因为如果只是房地产泡沫，它可以上升，也可以下跌，一定会反弹，但日本20多年来房地产持续下跌，其中深刻的原因仍是人口老龄化。

第二，气候变化。

我们对气候变化的关注很少，但它是很重要的。如果不进行任何控制的话，到2069年，世界上大部分的地区会变得极度干燥、干旱和炎热，人们能居住的地方只有西伯利亚地区及加拿大的部分地区。形成这种状况很重要的一个原因是碳排放。地球在一万年期间有冷周期和热周期，碳排放有高有低，但是在最近的1 000年，碳排放量急剧上升，远远超过工业革命之前。碳排放上升是因为我们对能源的消费急剧上升。所以，控制温度的上升，控制能源的消耗和碳排放变得特别重要。现在中国对于气候变化引起的基础设施投资在世界领先，新能源的成本迅速下降，对再生能源的需求会不断上升。整个的能源变化会引起整个产业的变化。

我举一个例子。今天，全球的电动车和混合车的销售仅占全球汽车的1.12%。未来，中国的目标是，2030年新能源汽车销售占所有汽车的比重要达到40%，我觉得这很难实现，但只要朝着这个目标走，整个汽车制造业的产业链就会发生根本的变化。那不仅仅是一个发动机的问题，也不仅仅是一个电池的问题，整个的底盘、框架、仪表、汽车的概念都会发生根本变化，所以气候变化会引起整个工业根本的结构性变化，而不仅仅是能源的问题。

第三，人工智能正在颠覆世界。

我们理解人工智能是从AlphaGo开始的，因为它战胜了韩国的顶级棋手，但是其实更为深刻的是AlphaGo Zero。两者的区别在于，AlphaGo是学了13 000盘人类下的棋才学会围棋，而AlphaGo Zero没有学过一盘人类下的棋，只被告知了围棋的规则。在5天之内，AlphaGo Zero打败了AlphaGo，7天之内打败了AlphaGo Master，20天之内打遍天下无敌手。所以柯洁输棋以后哭了，因为机器不仅比人想得快、想得远，而且棋路是新的，是机器根据规则琢磨出来的。如果告诉人工智能围棋的规则，那么它就能够达到最优，如果应用于世界其他领域，这个世界会怎么样呢？所以现在人工智能广泛应用于预测、导航、规划等一系列领域，应用于机场、铁路、运输等行业。只要是封闭的、规则明确的领域，它就能被优化，这个改变是根本性的。

2000年，瑞士银行在美国的一个大厅有1 000名交易员，24小时进行全世界交易，可是今天这个大厅空空如也。人呢？全被解雇了——被机器取代了。机器所做的交易配售、财富管理远远超过了人。

人工智能正在改变人类社会的方方面面，就业、安全、娱乐甚至包括军事。无人机已经能携带相当吨位的炸弹，机器人可以负重500公斤以上，我们还需要士兵吗？人工智能已经遍布金融业的银行——所有垂直领域，如零售银行、公司银行、投资银行等。金融业以后能实现物理世界和数字世界的有效融合，以提升效率、安全、客户感受。我们经分析发现，金融科技对不同银行业务的冲击会很大，这种影响从现在来看还只体现在支付和零售上，而未来还将体现在公司贷款和财富管理等方面。所以这是一个根本性的变革。

人工智能正从根本上改变制造业。大数据、机器视觉、标准化、通信等技术几乎运用到了制造业设计、生产、检测、运输、仓储、配送等所有的过程。人工智能第一次把制造业的三个维度打通了。第一，工业互联网现在可以把车间生产水平的数据垂直到财务、规划，然后上升到云，所以它把垂直的生产和管理部门都打通了。第二，它可以把供应链打通。第三，它把整个产品的设计改变了。也就是说，随着信息的返回，每个产品在生产的时候都会有一个数据影像产生，而且在生产过程中，这个数据影像在不断更新。这个三维空间通过人工智能打通的整个过程就是未来的智慧制造业。

我认为，对于未来的制造业，任何产品都会是也必须是像苹果手机一样的产品，它不是从市场需求反馈中得到的，而是由企业家通过洞见未来和机器分析得出来的，而只有这样的产品才能在市场上站稳。这从根本上颠覆了整个销售理念。

此外，人工智能使制造业变成服务业。人工智能在物流行业有很多应用场景。全世界的物流费用占GDP的比重平均为12%，中国为15%。中国物流是一个有12万亿元人民币的市场，规模巨大，物流智能化的空间非常广阔。

MIT（美国麻省理工学院）斯隆管理学院和波士顿咨询公司合作对全球3 000家大企业做了调查，问他们：人工智能对你们的影响在什么地方？他们认为，今天人工智能对他们的影响只有20%左右，只体现在效率提升和新产品研发方面，但5年后就可以提高到60%～80%。5年，这是全世界顶级的企业家对人工智能的反映。现在还只是在人工智能的初创阶段。

所以，人口老龄化、气候变化以及人工智能，这三股巨大的力量正在深刻、全面地改变着未来经济。

推动中国经济稳定发展的两个力量

20世纪90年代，中国经济仅占全球经济的4%，而今天却已占到19%，中国经济占全球经济的比重上升得非常快。未来到2020年，中国对全球经济增长的贡献度都将维持在30%左右，这是用PPP（Purchasing Power Parity，购买力平价）和市场价格衡量的。

所以，在当前格局下，中国经济的增长速度不管是6.5%，还是6%，它增长的能力和动能仍然是存在的，它对全球经济的影响力和驱动力仍然是存在的。

那么在这个基础上，我觉得中国经济是两个政策——改革开放政策和创新政策——在支持稳定和发展。

加大改革释放动能。我们会看到：中国经济在调整结构，消费的比重继续上升，储蓄率会继续下降，收入会提高，工业的比重会继续下降，服务业和第三产业的比重会继续上升。中国经济在这个大的格局下，要继续朝这个方向走，与此同时，通过去产能、改革来提升劳动生产率。我们估计这些改革可以使中国多增长一个百分点的GDP，所以改革实际对经济的推动力是非常大的。

在科技方面，我们对能源和环保已经非常关注，投入非常大。在人工智能方面，中国现在是世界上唯一可以和美国竞争的第二大人工智能大国，已走在技术前沿。中国的科技发展现在正处于从研究走向科创，走向产业化和企业化的过程。

当前，这两个力的综合作用在推动中国经济的稳定和发展。所以，我对中国的经济发展很有信心。

混改三大难题

文 郭广昌　复星国际董事长

　　提到混合所有制改革，复星从2002年起就开始参与混改，总共参与混改项目有30多个，其中控股的国企有9家，参股的有20余家，比如国药控股、青岛啤酒、豫园股份、三元食品等，这些企业都很知名，其中大多数混改的企业都取得了很好的发展。所以我在这里也想谈一谈混改的难点和我们的一些经验、教训和看法。

　　混改第一个难题，是大家都担心国有资产的流失。但其实民营企业也怕自己的资产流失。所以混改需要一个保障，就是保证大家在合作过程中的资产作价得到有效保护。其中有两点非常重要：第一，混改一定要自愿、自主，不要"拉郎配"，不要成为一种政治任务；第二，过程一定要规范和透明。

　　复星参与了这么多混改，到现在为止，每个混改项目企业在我们参与改革之后，都发展得比较好。比如，国药控股也经过了不知道多少次的重新审计，这个过程中有没有国有企业的资产流失？我们只能用过程的规范透明来保证结果的公正合理。

　　混改第二个难题，也是我们避不过去的一个问题，就是到底应该是国有控股还是民营控股？我认为，混改最终的目标一定是希望使国有企业的体制和机制有所改变，否则混改就变成一个伪命题。我认为，原则上在竞争性领域国有企业不要绝对控股，最好由民营控股。同时混改企业要第一时间引入市场化的体制机制，以完善现代企业管理制度。

　　当然有些项目在国有控股的情况下也能做得很好。比如说复星参与

混改的国药控股，其实是国有控股的。但是我们在改革之初，就设立了比较完善的公司治理机制，而且国药历任的董事长及国资委都遵守了这个章程。

混改第三个难题，就是到底民营企业能够为国有企业带来哪些赋能和帮助？我只能站在复星的角度谈谈。我认为有以下三个方面。

第一，我们要赋能市场化的体制和机制，我们要让决策流程扁平、高效，我们要引入明确的绩效和激励体系，支持管理层持股并风险共担等。

第二，我们要积极支持混改企业全球化，整合资源、壮大自己。比如复星投资了三元股份，我们帮助三元收购了具有百年历史的法国健康品牌St Hubert。再比如我们投资的南钢，最近我们在加快南钢的转型，帮助南钢收购了德国汽车行业轻量化专家Koller。

第三，要加速技术研发的投入和国际化市场的开拓。复星在医药大健康领域有着深厚的产业积累，因此在医药领域的混改项目当中，我们特别强调科研投入的重要性，同时重视相应的国际资格认证和开拓。比如我们控股的重庆药友，我们就要求它要致力于打通国内外医药市场的壁垒，取得了很好的成绩。

当然最值得我们骄傲的是桂林南药。桂林南药把屠呦呦教授的成果进行转化并实现了产业化，研制出了青蒿琥酯。青蒿琥酯作为治疗疟疾的药品，拿到了001号药证。在我们控股桂林南药之后，我们做的第一件事就是在片剂的基础上研发了注射剂，因为针剂见效更快、更适合儿童。在通过世界卫生组织认证之后，我们的产品迅速进入了国际市场，尤其是在非洲，我们建立了一个强大的销售团队。现在桂林南药的青蒿琥酯注射剂是世卫组织建议治疗重症疟疾的唯一特效药。截至2018年年底，桂林南药向国际市场供应了1.25亿支注射用青蒿琥酯，约救治了2 500万名重症疟疾患者，其中大部分是非洲儿童。因此，这个药在非洲也被称为"中国神药"。

最后一个问题，为什么混改困难这么多，教训、经验也不少，我们还要做？这就像结婚那么麻烦，大家为什么还要结婚？婚姻会带来很多麻烦事，但是大部分人还是选择了家庭。这是因为婚姻再麻烦，家庭的价值也是无法替代的。混改也是这样，虽然有那么多难题，但是混改对国有企业和民营企业都是有价值的，特别是对中国的经济是有价值的，所以即使困难再多，我觉得积极推动混改也是有价值的。

复星这几年也把我们混改的经验带到了全球。比如，我们控股了葡萄牙最大的保险公司，这家公司原来也是国有企业，在合作过程中其实很多做法跟我们在中国的混改也差不多。所以我觉得中国的混改经验，对全球的发展也都是有借鉴意义的。

混合所有制到底要干什么

文　王梓木　中国企业家联合会副会长
华泰保险集团创始人、董事长兼CEO

　　早年我在国家经贸委综合司工作时，曾参与国家有关现代企业制度的各类文件的起草，并负责国有企业百户现代企业制度的试点工作。20多年过去了，国企改革取得巨大成果，尽管道路曲折，但市场化的方向依然没有改变，在实践中不断探索前行。与此同时，我于1996年创建的华泰保险公司也在这期间取得了长足的发展，成为保险行业质量效益型的典范，其中最成功的经验就是始终坚持现代企业制度的公司治理，它可以保证企业长治久安，沿着健康的道路成长。华泰保险自成立起即推行混合所有制，既包含国有股东，也包含民营股东，后引入外资股东，起初国有股东占绝大多数，由于股权分散并且均衡，我们称为"国有民营"，其实就是混合所有制。近几年，公司主要股东国有与民营出现较大更迭，但是坚持规范的公司治理原则，就能保持公司经营的稳定和持续的发展。

　　当前，以混合所有制改革为突破口的国企改革正在积极稳妥推进，但受体制机制障碍、国有资产流失和非公权益侵犯的担忧，混改成效还需进一步观察。混合所有制是国企的一个方向性改革，或者叫突破口。但是它到底应该解决什么问题呢，或者说有哪些根本性的好处呢？我的认识如下。

　　第一，建立符合市场经济要求的公司治理，提高其竞争力或生命力。几年前我曾经说过一句重话：混合所有制或许是一剂"良药"，它可以"治国企的病，救央企的命"。为什么这么说？因为国有企业改革到了一个关键的节点，那就是：单一公有制的国有企业虽然改成了公司，产品走向市场化，但在公司治理方面不够市场化，甚至更加党政化。随着党委政府的任期和换届，国企领导人也有任期和换届，表现为：新政新人、新人新政，其效应是企业领导人行为和工作预期的短期化，将业绩当政绩完成，由此带来国企的生命力和竞争力必然有限。一个经济周期需要15年，一个战略周期需要10年，一个新技术周期至少需要5年。国企虽有资源优势，但存在体制弊端，尤其是难于建立适合市场经济要求的公司治理。混合所有制要求管理者对全体股东负责，而不是对其中的单一股东负责，可以在一定程度上解决国企中的政企不分、党企不分的问题，可以去行政化，增强市场化，更适合公司的法人治理发挥作用，提高公司的竞争力和生命力。公司的法人治理必须坚持董事会的领导体制，董事会是公司的最高决策机构，股东大会是公司的最高权力机构，任何人都被要求在这一权力架构中发挥作用。来自上级党委和个别大股东的过度干预都是对规范的公司治理结构的破坏，是对现代企业制度原则的违背。当然，不是所有国有企业都适合采用混合所有制，但它至少可以将部分竞争型国有企业改革推向一个新的发展阶段。

第二，有利于培育一批货真价实的企业家群体。企业发展是由企业家主导，还是由政府主导，是有所不同的。计划经济由政府主导，市场经济应该由企业家主导。企业发展由企业家主导而非政府主导是改革的方向。那么，这里所说的企业家是怎样的人呢？在我看来，合格的企业家应该是创造企业社会价值，能够以独立人格承担企业的责任和风险，同时分享企业收益的人。国企领导人目前存在的"任命制""任期制"和"限薪制"，显然难于成就真正的企业家。单一所有制的国企，其任职、任期和分配制度都是由上级党组织和政府部门说了算，很难做到市场化。国企，尤其是央企的领导人，往往重级别、政治待遇、深悉权力来源，甚至有个别人为了期满后的工作安排，不惜利用国企资源去满足某些党政领导人的"寻租"，即出现"红顶商人难于善终"的历史局面。混合所有制，由于出资人的不同，权力来源不同，更适合采用同一市场化的原则来选择或任用企业领导人，给予其有市场竞争力的薪酬。尤其是公司领导层建立长期激励计划，可以对应公司的长期发展战略和成长周期，由此使支配或运用国有资源的企业领导者成为真正意义上的企业家，摆脱高危窘迫的境地。

第三，有利于市场结构的优化和资源的合理配置。国企往往是规模导向，用产值排位，以总资产多少定级别，效益其次。由此带来的一个社会效应是行业生产过剩，资产的错配和市场的失调，导致市场经济在扭曲中发展，破坏和浪费了许多社会资源，也使民营企业的营商环境受到影响。一句话，带来市场经济的失灵，还有改革的失效。混合所有制使市场竞争的主体处于同一价值理念的驱动之下，实现利润导向，有利于市场资源的合理配置，也有利于市场结构的优化。

第四，混合所有制不仅给国有企业，而且也给民营企业带来新的发展机遇。国企和民企，通过相互参股的方式，相互吸取，将资源优势和体制优势结合起来，消除以往存在的某些不平等，共同发挥积极性，打造公平竞争的市场体系。几年过去了，混合所有制的话题依然热门，是因为混合所有制遇到了很多尚未破解的难题，改革仍在进行中。时至今日，混合所有制已经不仅是政府和国有企业领导人之所想，而且还是民营企业家之所图。

　　首先是国有企业领导人之所想。国企领导人在现存的国有公司的治理关系中处于一种窘境，难于成为真正意义上的企业家。通过企业混合所有制的改组或改革，降低国有股份的比例，尤其是切断国企领导人的组织委派关系，使国企领导人建立起对全体股东负责的独立人格。当然，政府组织作为股东或较大股东，可以向混合所有制企业"推荐"而不是"委派"企业负责人，企业的领导人由全体股东或董事会按照市场标准进行选聘，以培养出真正意义上的企业家。

　　混合所有制的核心是建立与市场化要求相适应的公司治理，其关键是要切断政府委派企业领导人的"脐带"，让企业领导人成为具有独立人格的企业家。政府组织作为出资人对混合所有制企业只管资本，而不再去管人。据说某省市推出的混合所有制改革方案中提出，凡国有股份不超过50%的企业，政府不再向企业委派负责人，而是由企业自主进行市场化选择，这是一个了不起的进步。以往的国企领导人，经过选聘可以进入混合所有制企业，其困扰的薪酬标准、股权激励、退休年金，乃至面临的政府官员寻租、职位安全等问题都将迎刃而解。我相信，用不了多久，就会看到越来越多的国有企业领导人变成混合所有制企业的企业家。

　　其次是民营企业家之所图。近些年来，一些民营企业和PE基金专门热衷于国企的混合所有制改造，成功率非常高。他们专门挑选那些资源多、管理好、潜力大、机制差的国有企业，通过参股的方式，将原来的国企领导人送到企业家的位置，大幅提升原有企业的效率和效益。企业混合所有制的建立，蕴含着一种希望，它有利于完善符合市场经济要求的公司治理，培养一批新型企业家，这会是新时代、新增长的一个新动力。

混改如何"混"

文 王会生 国家开发投资集团有限公司前任董事长、党组书记

　　国投是央企中唯一的投资控股公司,是首批国有资本投资公司改革试点单位。它连续16年年利润平均增长20%以上,2014年荣获国资委经营业绩考核A级,并连续4个任期被评为"业绩优秀企业"。2018年,国投实现利润193亿元,总资产达5 840亿元。

　　自成立以来,国投服务国家战略,在国民经济中发挥投资导向、结构调整和资本运作的作用。过去,国投的资产都是基础的传统产业,我们用了十年时间进行转型。现在,国投传统产业比重已经降到45%,新产业占到55%,包括先进制造业、生物、新能源、健康养老、污水处理、医疗、检验检测等。应该说,国投的转型成功了。

　　目前,国投管理着1 600亿元各类政府引导基金,其中70%以上投向民营企业,投向高成长性的中小企业,助力解决"卡脖子"技术和世界高端的关键零部件,为国有企业和民营企业的融合做出了贡献。

　　习近平总书记多次强调,"混合所有制改革是国企改革的重要突破口",我们"要建立有制衡的法人治理结构",在推进混改的过程中,我们对这两句话的体会还是比较深的。虽然我们的实践很丰富,但也遇到了一些困难。

　　一是个别国有企业抱着"一股独大"的想法,民营企业"不愿混"。如果在混改过程中,总想着国有股"一股独大""绝对控股",总想国企说了算,那民营企业是不愿意混的。混改本来应该是主角和配角关系,而不是演员和观众的关系。

二是国有企业和民营企业在管理、制度、监督约束等方面的差异，使大家"不敢混"。大家有很多顾虑，比如国有企业担心被质疑利益输送，民营企业担心混合以后在体制机制上存在监督和约束方面的问题。也有很多混合得好的，比如国投跟泰康人寿的混合所有制混改得非常好，国投和泰康之间互相理解、互相支持、互相信任。

三是混合所有制企业存在"姓国姓民"的认识误区，混合所有制企业有名无实"不真混"。在法律意义上，混合所有制企业还没有真正的市场地位和独立定位，管理上往往照搬国有企业的办法，既没有机制上的互补，又存在着管理上的冲突，企业活力发挥不出来。

四是缺少有效制衡的法人治理结构。习近平总书记讲的要建立起有制衡的法人治理结构，"制衡"最关键。独资公司是没有制衡的，一股独大的公司制衡也不明显。有效制衡不仅体现在体制安排上，而且更体现在股权比例上。国投在实践中推进有效制衡的法人治理结构，旗下五个基金管理公司的股权占比均为40%，其他所有制企业占60%，这种制衡很有效。

对于搞好混合所有制改革，我有两点建议。

一是走出误区，联手打造中国的民族品牌。长期以来，大家习惯将国有企业与民营企业放在对立的两端，贴上标签，这是一个很大的误区。大家都是中国的企业，应该在如何互补、合作、融合上下功夫，共同发展、联手打造参与国际竞争的中国企业，共同打造民族品牌。

二是突破制度的障碍，明确混合所有制企业独立的市场定位，实现真正的"混"。进一步探索适合混合所有制企业的管理模式和治理机制，激发市场活力和企业内生动力。

互联网平台的责任与边界

随着互联网的全面发展，平台型企业在各个行业中蓬勃涌现。作为一种新型的经济模式，平台也在不断冲击着社会的方方面面。互联网平台应该承担什么样的社会责任？平台的边界在哪里？平台数据需要如何被管理与使用？在这个过程中，政府与企业又分别应该扮演什么样的角色？

在2019年亚布力年会上，当当网联合创始人、董事长俞渝，正略集团董事长赵民，微博CEO王高飞，特劳特伙伴公司全球总裁邓德隆，中文在线董事长兼总裁童之磊，小黑鱼科技创始人兼CEO严海锋，丁香园创始人、董事长李天天等嘉宾就这一问题进行了激烈而深入的讨论。《第一财经日报》副总编辑、第一财经研究院院长杨燕青主持了该场论坛。

杨燕青：在过去的5～10年，各种各样的平台通过移动互联网、大数据以及新的数字经济模式，彻底地重组了消费和商业模式，推动人类经济进入平台经济的时代。从经济、商业以及社会经济治理架构的角度来看，平台经济有着十分深刻的社会意义。平台不仅能够重组消费，在未来甚至还有可能会重组制造，通过物联网实现"万物互联"。未来平台将会无所不在。

更重要的是，平台和平台经济的特征在很大程度上已经超越了一些在过去被广泛接受的经济与社会规律。它更多地体现为一种范围经济，也就是说，当平台拥有了足够的流量与用户以后，它就可以成为"一切"。这个"一切"要怎么被理解呢？如果用人类早期的城邦经济来类比的话，平台就好像是一个管理者，以类似城邦邦主的角色管理着平台上的全体用户。平台事实上已经成为社会和经济结构的一个个构成单元，我们也正是在这个意义的基础上来讨论平台的边界与社会治理。

现场有7位平台领袖和咨询业专家。先从俞渝开始，您怎么看平台治理的边界与社会责任？当当网如何来界定这个边界？

俞渝：每一个平台刚开始的时候，都是先从一个企业开始做的，慢慢地越做越大，在你这家企业上做生意的其他公司和消费者越来越多了，也就转变成为一个平台了。所以在我看来，平台的边界和社会责任也是从企业的边界与社会责任开始的。而说到企业的社会责任，底线一定是法律。但企业要能够做到深入人心，赢得用户与社会的尊重，那么底线肯定要高于法律。

对于当当网来讲，我觉得特别重要的社会责任是打击盗版，要和全国的盗版行为做斗争。事实上，图书文化领域造假的成本并不高，而在我们看来，一个行业造假的成本越高，造假的现象就越少，这个行业也就越健康。所以从这个角度来说，我们要担负的可能不仅仅是一个企业责任，更是一个行业的责任。

杨燕青：非常感谢俞渝开了一个非常好的头，实际上她说了三条线。首先底线是法律，这是一条必须达到的线。但是，只遵守法律这条底线是远远不够的。数字经济的发展速度非常快，平台经济又是一种新出现的商业模式，它是企业但又不是过去那种意义上的企业，所以法律修订速度是很难完全跟上平台经济发展速度的。很多经济学家和法学家也都认为，虽然我们目前已经进入了21世纪，但是法律的治理还停留在18世纪、19世纪。俞渝讲的第二条线是人心，当然这是一个最高的界限。第三条线就是平台的监管，但监管有一个可以移动变化的空间，而且对每一个行业、每一个平台、每一个企业、每一个案例而言，边界都不一样。总体来说，随着法律的不断完善，人心这条线会变成新的要求和标准，法律与人心中间这个领域的颗粒度也变得越来越高，但目前来看还是有点低。

微博是一个很强大的平台，所以我们接下来请王高飞谈谈他的看法。

王高飞：我简单谈一点我自己的看法。到底是企业责任还是平台责

任、社会责任？其实这是根据企业的规模和特性来决定的。大家都知道新浪其实是一个做内容的公司，但是在新浪微博的团队里，我们只有运营团队而没有和新浪一样的编辑团队。微博这个公司自己不生产内容，从而就产生了平台治理的问题。

同时，随着平台用户规模越来越大，社会责任也就越来越大。不可避免地，许多企业经营者原本不会去考虑的问题也就随之产生。在这方面，我觉得最典型的案例就是脸书（Facebook）、推特（Twitter）在美国大选中发挥的作用，最后所产生的结果，可能是企业经营者所始料未及的。

但无论如何，我们必须承认，平台已经带来了一系列社会问题。如何去解决这些问题呢？这就要靠平台治理来完成。从世界范围来看，中国、美国和欧洲走了三条不同的路，并且在某种程度上我认为中国互联网的平台治理走得比美国、欧洲更早。举例来说，中国政府是世界各国政府中第一个出台文件明确要求地方政府要在网络平台上提供服务的国家政府，其他国家都没有这种政府层面上的要求。

微博定期会与脸书、推特的运营团队进行沟通交流，在这个过程中，我们发现他们经历了一个很明显的转变。在2015年之前，他们特别不理解为什么在我们的平台里会有运营部门、审核部门和社区部门。2016年之后，我们发现他们的公司里面也开始有了运营部门和审核部门。就美国的现状来看，社会与法律给了企业相当大的压力。但单纯靠企业来完成平台治理的工作，对企业来说是一项很有挑战的工作，因为企业没有执法权。美国这种单纯靠企业进行平台治理的模式能不能走得通，我现在还不敢轻易下结论。

欧洲则是另外一种情况。欧洲许多企业都不是本国企业，几乎所有的互联网平台都是国外的平台，因此只能通过严苛的法律加罚款的方式来让这些企业遵守本国的法律。举例来说，欧洲新制定的一些个人隐私保护法律、知识产权保护法律，最开始的版本都是非常严苛的。之所以出现这样的情况，很大程度上是因为欧洲国家对这些外国的平台没有任何实质上的掌控权，如果想要保护本国人民的利益，不可避免地就会采用一些相对而言更加保守的策略。这种策略能不能继续进行下去，我也持有疑问。

当然我们现在很难对这几种模式的优劣下定论，因为互联网平台出现与普及的时间还很短，现在暴露出来的问题很可能也只是冰山一角。想要找到让网络社交平台与社会达到良好平衡的模式，可能还需要很长一段时间的摸索。

杨燕青：下面请童之磊说说中文在线的故事。你们既是一个数字出版商，同时也有媒体的属性，你们有什么样的故事和案例？与我们分享一下。

童之磊：我从另外一个角度讲一下平台的责任，特别是行业性的平台。行业性平台往往是规则的制定者，以中文在线为例，我们这个平台上有300多万名作家，所以当我们在制定一些规则的时候，这些规则也就变成了行业规则。举例来说，我们是中国第一个与作家签署数字版权的平台，在我们之前所有作家能够拿到或授予的，都是纸质的出版权。于是我们就开了数字版权的先河。再举一个例子，过去传统的出版业，作者能够拿到的分成比率一般是5%～10%，极少数作家能拿到15%。我们在数字出版领域制定了新的规则，把给作者的分成比率提到了30%～50%。其实我们在制定这个规则的时候，并不知道什么才是合理的比率，但是我们认为

在这个时代应该让作者有更高的收益，于是就把比率提升了。现在这个比率也逐渐变成了行业的规则。所以我觉得平台，尤其是领先性的平台，非常重要的一点就是它确定了行业规则。这个行业规则一旦被确定，就会对这个行业产生持续性的影响。

再举个例子，苹果的应用商城是一个全球性平台，当苹果制定在这个平台上抽成30%的规则的时候，这个规则就变成了世界性的规则。从这个角度来讲，平台对行业规则的制定是负有很大责任的。此外，作为行业的领军性平台，这种规则还应该去影响社会、国家整体的规则。刚才俞渝提到的知识产权保护，就是一个非常重要的共性问题。对于我们来说，知识产权就是整个业务模型的基础，因此保护知识产权方面的立法就非常重要。所以我认为，平台型的企业在推动整个社会、国家层面的法律与政策完善方面需要扮演一个重要的角色。我们在10年前就率先联合行业各个相关的机构，颁发了行业公约，要求大家一起承诺"先授权后传播"，这是第一个层面。第二个层面，我们也积极参与法规制定，当然这是一个需要长期艰苦卓绝努力的过程。

杨燕青：非常感谢童之磊的分享。他所举的几个案例都非常有意思，接下来请小黑鱼科技严海锋与我们分享他的观点。

严海锋： 我经历过两个平台。第一个是我之前做的创业公司，叫途牛旅游网。当时我们就立志通过互联网去改变这个行业的现状。比如，我们要求，如果旅游行程里有去购物点的安排，应该明确标示出来。一开始我们几乎遭到了整个行业的抵制，且抵制力度还非常大，但大概用了2~3年的时间，大家就都开始接受了。所以实际上我们做旅游的前五年发展很缓慢，因为需要我们去改变的现状与既有规则特别多。但到了后面五年，我们的发展就变得非常快，因为这个行业的人陆续接受了我们的理念。

最近我创办了一家新的公司叫小黑鱼，是做会员制消费服务行业的。我们和一般的电商不一样，用户先要成为我们的付费会员，然后我们再给用户提供低价高品质的服务。举例来说，一般电商可能是"假一罚三"，在我们这里就能做到"假一罚十"。因为用户给我们交了会员费，我们必须能提供最好的服务。所以我们的口号就是"买正品，批发价"。这与我以前做的旅游平台又不一样了，旅游平台是垂直的，所以要去改变行业，让行业里不好的东西通过互联网得到改变。现在我们要做的是去吸引一批忠实的用户，然后用更好的产品去服务他们。

李天天： 我们专注医疗健康领域已经有将近二十年的时间了，应该说我们对于企业责任、社会责任的理解和认知，跟我们对行业、产品及企业价值观的理解是高度契合的。很多时候我们都是从现有的业务出发，把我们对于业务的理解，对于我们真正认可的一种价值的理解灌输进去，然后通过我们的产品体现出来。从丁香园和丁香医生的角度来讲，我们做任何产品和服务，无论是面向医生还是患者，最重要的是专业化。只有具备了循证医学证据的支持，我们才敢相信，才敢使用，才敢对外说出去。因此我们做的任何事情，无论是科普还是在线的咨询服务，我们都把这种专业属性放在第一位。

医疗健康这个平台一点都不"平"，这是我最直接的感受。其他类型的平台，无论是打车还是外卖，平台上的供需基本上都是对称的，信息基本上也是对称的，平台方可能只要扮演好连接器的责任就可以了。医疗行业就完全不同了，它存在着巨大的信息不对称，所以在这种情况下我们扮

演的可能不是平台的角色，而是发动机的角色。我们需要耗费大量的时间来强调我们的专业性。因此我们做了两件事情，一个是医学科普，另一个是在线咨询。

但是随后我们就发现了两个比较大的问题。一是中国大部分的医生不会写科普文章，二是大部分医生都没有互联网服务能力。在科普方面，比如我自己是一名神经科医生，我在写一篇科普文章的时候出现"脑脊液"这个词是一件很正常的事情，可这个词老百姓是看不懂的。这个时候我们就需要有一个专门的团队，帮助医生把类似这样的专业名词用老百姓看得懂的语言翻译出来。我们就有这样的团队专门去做科普文章的重写和翻译工作。而在线咨询部分，很多老百姓都不知道怎么去提问题，很多医生可能也不知道怎么去回答老百姓的问题。很多人问医生的第一句话都是"在吗？"这样医生的体验是很不好的。并且医生通过互联网远程获取的信息是极其有限的，他很难给出非常精准的医疗诊断，这样老百姓的体验也不好。

所以我们怎么去培训医生呢？首先要实行医生邀请制，其次医生要经过培训和考试。我们把医生接受培训后上岗的第一个月叫作"密月期"，就是"密切观察月"的意思。我们在后台实时监管，并审核医生的回答，通过这种方式训练三个月以后，第一批几千名医生就成长起来了。然后他们作为"种子用户"再去培养更多的医生，慢慢地范围经济的效果就显现出来了。

杨燕青：中国卫生和医疗行业的问题太多了，所以你们能改变的空间也很大，你们还想改变什么？还能做点什么？

李天天：消除焦虑。我们在进行医学科普的时候，其实发挥了两方面的作用，一是辟谣，二就是消除焦虑。很多人觉得谣言的危害可能也没有那么大，无非就是骗点钱而已。但如果我们放大到医疗健康与整个国民的社会环境中去看的话，辟谣的社会价值是非常大的。经常受谣言影响的人群有一些共同的特点：收入低、社交少、获取外界信息的渠道少，这样的人群其实跟我们国家正在大力推动的扶贫攻坚所面向的人群是高度重合的。国家花了很多钱、很多力量来让这些人脱贫，可他们却拿着钱去买虚假夸大的保健品。另外，很多虚假夸大的保健品宣称自己有医疗功效，许多人吃了保健品以后就不去治病了，导致小病拖成大病，轻病拖成重病，给本来已经不堪重负的中国医保雪上加霜。所以考虑到这一点，我认为在医疗健康领域辟谣，是有很大的社会价值的。

赵民：我觉得我们还应该从源头上想想，那些造假的公司为什么可以活着？如果把源头管好了，我们还需要平台耗费大量的精力和资源去辟谣吗？我们可能要从这个角度去想，才能从根上改变我们医疗健康领域巨大的信息不对称的问题。

李天天：其实已经有这样的动作了，像市场监管总局已经开始进行保健品行业的大整顿了。

赵民：我首先想说的是，随着移动互联网和人工智能技术的发展，平台公司会日益普及化，各行各业都会出现平台型的企业。因为当人工智能和移动互联网技术达到一定程度之后，原来因为地理限制在方圆几百里内发生的事情，就可以变成在方圆几十万里内的事情。这是人类社会发展的趋势，今后我们的社会治理或者说行业治理，也都要跟着这个趋势走。所有的法治监管都是滞后于现实生活中的创新、科技的创新以及人类行为的创新的，所以大家要有这个心理准备，我们要不断跟上行业和社会的发展趋势。

其次是平台现在所谓的硬伤害都是很明确的，但其实平台还有一些软伤害。比如说有一家网约车平台，乘客付钱以后平台司机过好几个月都拿不到钱。我买了那家公司的预付金，可每次出行的时候司机都问我说："你能不能直接扫码把钱付给我，因为那家公司已经几个月没给我们钱了。"这就是软伤害。这种问题我觉得更容易被人忽视，更应该去关注。监管也好，立法也好，或者行业自律也好，都要跟上。

俞渝： 这些行为的关键在于，一个企业有没有承担它起码的企业责任。在企业负债的情况下，对客户应该承担什么样的责任？对小供应商应该是什么责任？对银行是什么责任？这是一个纯粹的企业责任的问题。

再回到网约车平台来讲，实际上我觉得反而是这些平台让大家真正意识到平台的社会责任是一件很重要的事情。它的出现让平台的责任更加彰显，也让信息更加透明，从而让消费者的利益得到更好的保护。我相信在有网约车之前，全国有那么多出租车公司，抢劫等事件可能更多，只不过大家

没有关注到而已。所以我觉得网约车平台所要做的是开发出一个足够好的网络安全产品，不仅是在一个县、一个市、一个省，而是在全国普及。所以我认为我们在看平台责任的时候，也要看到平台透明化带来的好处。

邓德隆：讲实话，我觉得平台责任这个问题是没有什么讨论价值的。平台也是企业，企业该尽到的所有责任平台都该尽到，就这么简单而已。我想讨论平台边界可能还比较有意义，在这方面我有一些亲身体验想跟大家分享。

特劳特公司有幸和瓜子网一起创业，在整个创业团队里我们是战略合伙人，我们会帮助瓜子网把控边界，明确哪些可以做、哪些不能做。在这里我跟大家分享一个判断的标准，就是不要去破坏给用户的承诺。举例来说，瓜子网既然是个二手车交易平台，那就不要去做新车的业务，否则平台的边界就被破坏了。再举例来说，大家都知道瓜子网有一个承诺叫"没有中间商赚差价"，这是定位的承诺与价值。瓜子网原本的定位是作为一个平台来撮合双方的交易，但有些业务员为了能够更快速地达成交易，就自己出资把车收了。这又是绝对不被允许的，因为这样做的话瓜子网又成了中间商，平台的边界就被破坏了。

在这里我想跟大家分享三个原则。第一，用户原则是第一位的，一定要尊重用户与用户价值。第二是竞争原则，就是和竞争对手相比一定要比他们更聚焦。如果对手的业务比我们的更加分散，那我们就可以一直保持相对的竞争优势。第三，要明确自身企业的核心能力，知道自己的企业在哪一方面拥有足够的核心能力。

杨燕青：刚才大家从各自平台角度已经讲了非常多的案例，我想问问大家对于数据治理的看法。你们怎么看待数据治理？你们认为数据是谁的？欧盟的《通用数据保护条例》是否过于严苛？

俞渝：我觉得数据有些是企业的，有些是消费者个人的。平台需要通过这些数据来引导自身的一些商业行为，但某些数据的确非常敏感，包括消费者的门牌号码等。这些数据涉及消费者的隐私和安全，我觉得应该保护好。

王高飞：GDPR（General Data Protection Regulation，《通用数据保护条例》）这个政策能不能在欧洲被很好地实行，我是持怀疑态度的。如果这个政策没有办法真正被执行，最后就只能取消。但还有一种可能性。如果一家公司在欧洲采用一种数据策略，而在美国采用的是另外一种数据策略，他们基于这些数据分析出来的科研成果会导致哪个国家的竞争力下降？过10年或者20年又会产生什么样的结果？

杨燕青：大家普遍的共识是，在数字经济方面欧洲落后于美国，这个事实不会改变。有些人认为，隐私之外的数据应该全部透明和数字化，应该被人工智能应用，你觉得这个边界在哪里？

王高飞：我们原来有一种说法，认为那些可以跟真实的社会人关联在一起的信息原则上都属于隐私，如果是跟他的网上的虚拟身份相关联的应该是属于数据部分。换言之，就是如果用这些数据可以推导出一个真实的社会人，包括他的家庭住址、喜好等，那就是隐私。如果只是一个虚拟身份，在网上产生了虚拟的行为和虚拟的内容，那么这一部分数据更多地还是被当作互联网数据的一部分。虽然这在某种程度上可能也会侵犯一点用户隐私，但是对于整个社会的发展与经济来说，我相信还是利大于弊的。

童之磊：我觉得答案很简单，就是平衡。首先数据肯定是有价值的，而且是一定要被使用的。想要创造最大的价值，就一定要不断地去分析用户数据，研究用户习惯，进而提供更好的服务策略。但与此同时有可能产生的问题就是侵犯了用户的隐私权。所以在我看来，这需要由另外一端的力量来进行平衡。比如说，客户本人对保护自己隐私权的要求，社会公众舆论和道德的要求等。这个平衡是会通过两端的拉扯来达成的。

杨燕青：如果给消费者付费，消费者是不是更愿意接受？

童之磊：不一定。在商业市场上，有一些东西是你花多少钱也买不到的，一定会有消费者说"我就不愿意"。

王高飞：只要涉及竞争，就会有企业愿意为这种行为付费。

严海锋：我觉得今天大家都在讨论平台、边界和数据，主要还是因为互联网、移动互联网的高速发展使得平台可以去影响行业。我觉得平台发展的第二个阶段可能就是数据的大量收集，这个大趋势是很难避免的。以前最了解我们的可能是政府，而现在则可能是政府和行业巨头的结合。现代人类越来越透明，可能再过10年连我们的身体状况也透明了。比如我们戴的手表，它今天只能记录步数、心跳，可能再过十年你身体上有什么疾病它也能判断出来。所以我觉得这很难去平衡。

李天天： 我认为每一个人对于数据的敏感度是不一样的。比如说，有的人对于数据的敏感度相对比较宽松，所以他不会那么介意；另外一些人对自己的数据敏感度很高，所以他会特别介意。医疗行业大部分属于后者，很多人对于自己医疗方面的数据是非常介意的。所以刚才童之磊讲到的平衡，在我们医疗行业中又是一种不平衡。很多时候其实挺无奈的，那怎么办呢？不能做的就是不能做，这就是边界。

杨燕青： 你们觉得在未来10～20年中平台治理会如何演变？20年后，在原来空白的空间中政府会有多大的责任？平台自身有多大的责任？

王高飞： 我觉得我不能完全度量，我只能说在未来的过程中政府的作用可能会越来越大。

杨燕青： 你的意思是政府的力量还会上升？它有极限吗？大约在哪里？

王高飞： 肯定有极限。以假新闻这个问题来说，我认为单靠脸书一家企业是不太可能彻底解决的，可能还是要靠媒体或者专门的委员会来判定哪些是假新闻，脸书和推特这样的平台只能起到传播的作用。如果单独靠一个个企业去做，脸书做一套机制，推特做一套机制，各种企业都做一套机制，其实就是对社会资源的浪费。之所以需要政府的力量，某种程度上也正是因为它在解决某些问题的时候能够更加节约社会资源、效率更高而已。

杨燕青： 这个话题可能会是未来20年中国和全球最重要的话题之一。感谢你们选择了这个话题与我们一起讨论，谢谢大家！

下一步货币政策怎么走

在经历一轮强力去杠杆和金融严监管后，中国经济系统性风险得以缓解。但由于内部和外部情势急剧变化，中国经济"稳中有变"，亦存在下行情势压力。那么，如何落实积极的财政政策和稳健的货币政策？如何在稳杠杆基础上坚定不移去杠杆？如何把好货币供给总闸门的同时保持流动性合理充裕？这些问题考验决策层的定力和智慧，也将决定2019年以及未来货币政策的走向。

在2019年亚布力年会上，国民经济研究所副所长王小鲁，中银国际研究公司董事长曹远征，中诚信集团创始人、董事长毛振华，中国金融四十人论坛高级研究员管涛，武汉大学经济与管理学院院长宋敏，渤海银行股份有限公司党委书记、董事长李伏安，中国人民银行金融研究所前所长、大成基金副总经理兼首席经济学家姚余栋就上述问题进行了深入讨论，财经评论家、财经作家、叶檀财经创始人、华鑫股份首席经济学家叶檀主持了本场论坛。

叶檀： 从2014年8月起，美联储的月度购债规模削减100亿～250亿美元；2017年10月起启动"缩表"，总资产负债表规模缩小几千亿美元；2017年、2018年降息；2019年，美联储语气放缓。今后美联储的货币政策怎么走，这直接决定了全球环境下市场与货币政策怎么走。升息不行，降息难走，进退两难，下一步到底应该怎么走？

毛振华： 2018年我们的货币政策路线图有点类似2008年。2008年上半年我们沉浸在北京奥运会的环境里，奥运会之后，才发现全世界其实满目疮痍，所以我们推出了一系列世界上最宽松的货币政策，一年之内完成

了两个大的政策周期的转换。2018年也类似。2018年年初我们把防风险作为三大攻坚战之首，防风险第一条就是去杠杆，首先是总杠杆，包括货币政策，总量政策。到中期我们对经济的判断发生了很大的变化，特别是中美贸易战之后，在稳增长方面出现了一些新的压力，整个经济形势不太好，所以又采取了比较宽松的政策。这种一个年度之内，两个方向很大力度的调整，过去在其他国家也是很少出现的。

到了2019年又会是什么情况？我们公司有一块业务是做债券的评级，我们发现债券还是很好卖的，卖的利率很低，现在资金链是宽松的，另外股市也开始好转。这个宽松格局的目的是什么？

首先看总量，不管是我们的货币市场还是监管，都有同质化的倾向，总量和监管基本上是同步的，一般来说不会出现总量宽松而监管严厉的情形。

其次一个看结构，我们的货币政策想落在什么地方，想解决什么问题？当然我们想解决的是实体经济的问题，我看过一些关于"货币去哪儿了"的材料，说发了这么多的货币，它们最终还是会落到房地产上，这不能怪市场，也不能怪企业，因为整个国家的财富结构和资产结构就是这样一个变化。

再次在制造业整个去产能没彻底完成的情况下，重新启动宽松的货币政策，也很容易出现这种情况。所以，从总量和结构来看，我认为不会很快逆转宽松的政策，这是一个趋势。

最后从短期来看，问题还是比较多的，因为我们尚处在需要消化过去风险的关头。货币政策是一个"总龙头"，我很担心短期的应对措施变成一个中长期不可逆转的措施。因为我们过去是有弹性和空间的，过去货币总量、货币化不够，杠杆率不高，特别是居民杠杆率不高；但现在都已经很高了，这些跟记忆电池一样，一节一节被记忆了，所以现在的空间非常小，再采用之前的措施效果不会有原来好，危害可能比原来更大。所以，从中长期来看，我们要更加注意政策本身的负面效应。

王小鲁： 我不是研究美国经济的，所以我就不预测美国的货币政策了，我还是谈中国的情况。中国的货币政策，只看短期形势是不够的，恐怕要回过头去看看过去很长一段时间的历史，比如过去20年发生了什么事情。2000—2018年，GDP实际增长了3.8倍，M2（Broad Money，广义货币）增长了12.6倍，这是一个非常大幅度的货币供应增长。所以说中国实行宽松的货币政策，并不是从2008年才开始的，而是长期以来我们就一直在实行宽松的货币政策，而且货币增长远远高于GDP增长。现在中国经济所面临的一系列结构性问题，也都和这个有关系。换句话说，长期以来的货币宽松带来了一系列问题，其中很严重的一个问题就是债务的不断上升，杠杆率过高。2000年我们的杠杆率约为100%，现在为250%左右。

还有其他比较突出的方面，比如，由于不断实行宽松的货币政策，加上大力度的政府投资，导致了投资过度，相对而言，消费不足。我们看支出法GDP结构可以看得很清楚。过去20年，消费率持续下降，资本形成率持续上升，那么它造成了一个什么的结果？就是各行各业产能过剩，因为投资过度，再加上很多政府投资，包括政府在城市建设、基础设施建设方面的投资，其中很多是没有经济效益的，甚至是无效的投资，实际上是浪费。导致的结果就是我们现在所面临的结构失衡的问题，包括产能过剩，房地产泡沫，杠杆率过高，投资效率不断下降，最后使得经济不断走软。

2018年GDP增速按官方统计是6.6%，我是不太认可6.6%的增速的，我认为实际情况要比这个糟糕很多。

面对这样一种情况，我们是不是就要放弃过去的调结构、去杠杆等政策？是不是要先在短期内把经济拉上来，再采取宽松的货币政策来刺激经济？这样是不是能解决眼前的问题？在我看来是不能解决目前这些问题的。我们面临的是结构性的问题，想用总量调控的方式来解决结构问题，我认为是无效的，而且这么长时间以来，我们看到宽松的货币政策对于刺激经济增长的积极作用越来越小，消极作用反而越来越明显。这种消极作用主要体现在多发的货币大部分流入房地产行业中去了，导致了房市泡沫等其他一系列问题的出现。我个人很赞同毛总刚才的担心，在当前这个时期，再想用短期宏观政策来解决中长期的结构问题，恐怕会适得其反，会造成更大的金融风险，造成更大的结构失衡，而且对于带动经济增长不会有实际效果。

叶檀：我想追问一下王小鲁老师，有没有看到过这方面的实际案例？

王小鲁：地方投资的案例太多了。比如我过去在山西插队的地方，那里建设了一个巨大的酒城，但现在基本空着，投资规模大概有100个亿。当然还有很多地方，城市建得很漂亮，有非常宽的马路和大广场，到处都是高楼大厦，但欠下的巨额债务谁来还？很多地方政府的债务总额远远超过当地的GDP总额，谁来还这笔债？谁来补这个窟窿？这是在不断制造金融风险。当然了，如果有钱的话，投资建设是好事，但反过来讲，很多更需要解决的问题没有解决，比如说两亿多农民工没有户口，长时间在城市里工作，但是没有社会保障，没有公共服务，孩子不能带到城里来，这些问题并没有解决。

姚余栋：从中长期来看，货币超发是个伪命题，美联储要停止缩表了，它低估了缩表的影响。我举两个例子，比如说有人吃第八个馒头吃饱了，他说："第八个馒头饱了，干吗吃前七个？"这个说法大家肯定不同意。同样，这个钱不到这儿，中国怎么成为第二大经济体？现在世界经济都进入新平庸时代，我们哪里还有10%的增长速度呢？我们不就是因为抓住了每次的机会才造就的第二大经济体吗？我们出现的系统性风险是可控的，房地产总体宏观水平做得比较好，实行的是全球最严格的房地产调控，地方债也已经控制了，包括专项债风险。所以，一定要先做大，水大鱼大，抓住机会做大，之后再逐渐做强。不能说吃第八个馒头吃饱了，因为是吃了前七个，吃到第八个才饱，才有今天我们的第二大经济体，所以，从中长期看，货币超发就是个伪命题。

再比如在一季度社会融资总量出来之前，大家都在说怎么还不给"供水"？经济都不行了，还不放水支持民营企业，支持小微企业。等一季度社会融资总量出来了以后，大家马上就说："能不放吗？"难道大家都是"叶公好龙"。大家想想，现在我们整个信贷传导渠道畅通，银行体系比当年的日本好多了，我们"放水"有很充分的理由，我们也不存在系统性风险，只要适当"放水"，经济环境马上就不一样了，气氛也不一样了。我们不能"叶公好龙"，降杠杆是对的，同时稳杠杆也是对的，我认为中国人民银行既敬业又专业，操作得非常完美。

李伏安：关于货币政策传导机制的讨论还是有针对性的，2018年下半年以来，大家认为央行不"放水"，或者是"水到不了田"，所以大家以为是传导机制的问题。这个问题当然是存在的，从数据上看，央行对金融

机构和银行间市场的货币是比2018年年中要宽松的，但问题在于企业层面并没有享受到宽松，没有"喝到水"，企业现在哇哇叫。

毛总刚才讲的2008年和2018年，有相似的地方，也有区别的地方。2008年上半年企业投资很旺盛，因为有北京奥运会等因素，所以说央行要"放水"，直到危机之前突然开始收，控制速度，控制投资，控制增长。当时是企业有投资的欲望，但是政府要调控。2017年全国金融工作会议提出要控制金融乱象，要去杠杆，都是对的，但力度上出了问题，松的时候太松，紧的时候又太紧。央行放的水已经进入了金融机构，但在金融机构到企业这个环节中，不是我们金融机构不放，而是企业不具备条件，金融机构需要严格执行相关标准，但很多企业并不达标。

以前宽松的政策是为了刺激发展，降杠杆是为了保持经济的稳定，但现在如果面临失速的风险，降杠杆就不是稳定的问题了，而是解决风险的突发性问题。所以，在现在的条件下，若想让我们的货币政策适当宽松，让水能够真正地流到田里去，需要货币政策和其他政策同时用力。我认为，我们的政府应该从上一轮调企业的投资冲动变成适度的投资。

叶檀：如果遇到必须要贷出去，但按照标准又不能贷的情况，你们怎么办？

李伏安：金融机构首先关心的是风险。一些企业本身不符合标准，投资者信心又不足，不再扩大投资，甚至在收缩，这种情况本身就不符合贷款的条件。如果我继续给他贷款，没问题，大家都好，但是如果出现问题了，任何人都可以来问你：董事长怎么当的？当然我们作为负责任的社会企业，也有社会责任。我们认为，对于一些确实是有市场调整机会，经过一段调整以后还可以继续生存发展的企业，该支持的我们会适当地在有调整空间的地方尽量给予支持。

曹远征：我说三点。第一点，先补充说一下国际形势。其实大家都看到了，2008年以后到2017年，全球经济同步复苏，中国的出口额也涨上去了，当年对美贸易顺差是3 500亿美元，2017年涨到3 750亿美元。但是2018年情况发生了变化，全球经济增长开始放缓，除了美国经济比较好以外，其他各国都在不同程度上出现状况。比如欧洲，2018年上半年还感觉不错，说要退出宽松货币政策，但是下半年不行了。更何况发展中国家全部都是高杠杆国家，债务问题非常严重，预计未来3年，有36个国家将到达偿债高峰。所以，大家非常担心会不会在2019年出现类似亚洲金融危机的事情，这是2018年整个市场弥漫的情绪。2018年12月，美国利率倒挂，这个指标被认为是预测美国经济一个很重要的指标，长期利率开始下降，短期利率开始上升，说明长期不被看好。2018年12月到2019年1月，美国市场预测，美联储降息概率达到50%以上。这是构成中美贸易谈判很重要的背景。过去一般认为，2020年全球经济可能会出现不大不小的衰退，现在有可能会提前。尽管现在美国经济处在高点，失业率也是历史上的最低点，但是很可能会逆转。所以说美国放缓加息是大概率事件，不排除有降息的可能性。2019年是转折之年，人们非常担心会不会出现新的金融危机。

第二点，中国怎么办？对中国的货币政策不能从总需求的角度看，它是一个在去杠杆情况下的金融稳定的问题。2008年，中国的杠杆率迅速上升，出现了高杠杆问题，但是一旦要去杠杆，很容易出现"踩踏事件"。2018年最明显，几乎所有的企业都出现了流动性困难，大家都缺钱，缺钱不是缺投资的钱，而是缺还债的钱。如果企业的盈利下降，企业的销售收入下降，内部流动性不足，还不出来，那一定是借钱还息，就是这么简单。

第三点，在这种情况下，货币政策是没有意义的。货币政策顶多只能缓解一下，最核心是财政政策，财政体制改革是最重要的。这也是2018年央行和财政部公开争论的原因之一。尽管他们各有理由，但我们从中看到，宏观调控体制有缺陷，货币政策跟财政政策并不能相互配合。如果从一个合格的体制来讲，财政政策和货币政策要做到相互配合，那操作标的就要改。过去货币政策和财政政策之间的操作标的是央票，央票在我们国际收支顺差的情况下是有作用的，但现在中国由双顺差转向双逆差，央票的操作基础就发生变化了。四五年前我就建议，要用国债来测算，2019年财政部已经开始用国债计算了。发国债，赤字常态化，然后用财政开支来支持经济增长，财政开支的力度不再投入基础设施，而用于改善民生。赤字常态化，国债才能滚动发行，滚动发行就构成了央行调整，各个金融机构如果大量持有国债，通过买卖国债获取流动性，央行通过吞吐国债影响利率，从而实现利率市场化，这就是党的十八届三中全会所提出的健全国债收益率曲线。

姚余栋：去杠杆是对的，稳杠杆也是对的，就像曹老师说的那样，现在要提供流动性，这个流动性提供是很及时的，先要活下来。再不提供流动性，很多企业就不行了。所以，先让经济稳住，在发展中解决问题很重要，我们从来都是逢凶化吉，遇难成祥。在发展中解决问题，保证中国经济在合理增长的范围之内，然后及时地处理系统性风险，这样才是长久之计。

毛振华：从总量上看，中国债务工具的急剧扩张成了一个大的问题。过去我们讲中国的债务比较少，个人债务比较少，政府债务也不高，企业债务因为我们的这种经济结构，相对较高一些。但现在的问题是，政府债务也很高，核心就在于我们的"放水"政策。放到哪里去了？只能放给政府和国有企业，这就导致了整个资源的错配，体制的扭曲，找市场没有用，还得找市长，这就影响了国家社会经济一系列深刻的变化。

宋敏： 从国际上来说，美国有没有可能降息，有没有可能采取宽松的政策？以我个人的判断，我感觉可能性不大。虽然确实美国经济遇到一些问题，但是短期来说，我感觉不会有很大的变化。从它整个的基本面来说，它的失业率还是非常低的，在4%左右；在通货膨胀方面，也还没有看到收缩的现象，通货膨胀率还是接近2%。所以，在这种情况下，美国不会采取超宽松的刺激政策。但它最近为什么会有一个转向呢？主要有两个原因：一是市场确实有很大的调整压力，为了应对可能出现的更大的调整，它开始在货币政策上有所调整；二是不可避免地还有政治上的压力，虽然说美联储原则上是独立的，但是实际上政治对它还是产生了相当大的压力。在这种情况下，它出现了一个转向，2018年是4次升息，2019年不升息甚至降息的可能性，我认为是非常小的。

叶檀： 我追问一句，如果是这样的话，2019年它还会升息吗？

宋敏： 应该是会升息1~2次，他们是这样说的，但还要再观察。美国总体宏观情况还是不错的。我记得2008年美国实行"放水"政策，经济学家也很担心会通货膨胀，其实最后也没有，只是更多地反映在资产泡沫上

了，CPI（Consumer Price Index，居民消费价格指数）并没有很大幅度地增长。所以说，所谓的"放水"，实际上更多的是补充流动性。美国当年所谓的"大放水"，实际上也是因为流动性塌陷了，通过这种超常规的动作来补充流动性。不过这次"放水"实际流到实体经济的也不是很多，4万亿美元的"放水"，大部分被商业银行放在中央银行当准备金了，并没有流到实体经济，所以当时美国经济恢复得不是很快。中国也是这样的。现在所谓的"放水"实际上更多的是在补充流动性。

货币政策是一个总量政策，通过货币政策去解决长期的结构性问题，或者是推动增长，是没有任何理论支撑的。没有一个国家仅仅通过发行货币就能够保持一个持续的增长，对于我们来说也一样。中国经济的高速增长，是因为改革开放和市场化给大家创造了活力。当然，宽松的货币政策在这里面起了很重要的作用，给大家提供了一个很好的环境。但是现在我们把太多的负担放在了货币政策上，货币政策已经是承担了不可承受之重，在理论上和西方的实践上，从来没有看到过货币政策承担这么多任务的情况。中国的经济体还是二元的经济体，国企和民企并存，流动性一旦放开，肯定是国企和地方政府拿的钱比较多，当然也会有一部分钱会流到民企。但是一收紧，首先紧的是民企。比如这次降杠杆，通过流动性收紧去降杠杆，我也不同意，降杠杆不是通过货币政策降杠杆。货币政策肯定还是要保持充分的流动性，不能因为流动性的枯竭造成下面一系列的危机，这就是我们2018年从年中到年底发生的问题。而2019年第一个月就释放了这么多的流动性，实际上这是在补课。但真正流到实体经济了吗？就像李行长所说的那样，银行监管很严格，不见得真正到了企业手里。从这个角度来说，我认为财政政策要更加积极一点。

另外，中国整体的政府债务负担其实是不高的，虽然地方政府的债务负担高，但是在中国的体制下，地方政府和中央政府是分不开的，所以总体的债务其实不高，我认为可以实行比较积极的财政政策。如果通过财政政策去刺激经济的话，一是扶持民生，二是给企业降税、降费。企业投资的需求不大，但是成本很高，包括资金成本，以及各种税费成本。

管涛：我讲四点。第一，经济搞这么大当然是改革开放带来的红利，

经济发展跟投资消费进出口需要钱，钱从哪来？要么直接融资，要么间接融资，老百姓的资产主要是存款，企业的负债就是借款。没有那么多的信贷投放，就不会有排在全世界第二名的GDP。

第二，央行怎么做都会挨骂。这是决策者的困境，任何政策选择都有利有弊。有人说，美国、日本的政府债务率那么高，中国才40％，还可以更高，这也是一种途径，但可能财政部门有自己的担心，比如担心养老金缺口很大。目前经济处于下行期，从长远看，降杠杆和稳杠杆都是必需的，但是没有一个合理的增长速度，可能杠杆率反而会越降越高，所以，需要权衡。但是站在不同的立场上，对这个问题的看法是不一样的。

第三，从很多国家的经验来看，杠杆率过高都是导致债务危机的根本原因。最后不管是采取什么方法，不管是以在线的方式还是以线下的方式，都要让它收敛。我研究过新加坡的国际收支的经验，新加坡在20世纪七八十年代赤字项目占GDP的10％以上，最后通过吸引直接投资（稳定的资本），形成生产能力、出口能力，后来变成了贸易顺差，顺利避免了危机。中国也是这样的，现在宏观杠杆率达200％，要怎么去杠杆，确实是在考验领导者的智慧。

第四，在汇率方面，我认为总体上压力比2018年会轻一点。2018年美国经济一枝独秀，货币政策非常激进。但2019年总体上来说，美国税改刺激作用在减退，全球经济在放慢，对美国也有影响，再加上美国股票市场波动比较大，这可能都对美联储的货币政策有抑制作用。在这种情况下，大家经济都不太好。但是，中国还有货币政策边际上宽松的空间。在国际收支方面，我倒不觉得会像曹老师说的那样，出现双逆差，我认为在经常项目上仍然会是顺差，但顺差会不会比去年大是另外一回事。比如往年，中国经济不好，但出现了衰退型的顺差扩大。从净额的角度来讲，这对经济增长形成一个支撑；从流量的角度来讲，进出口和国内投资消费有关，反映的是经济下行的压力。另外，外汇储备增加还是减少，关键是看外部环境。如果美联储加息，对我们来说可能会有偏流出的压力。央行从2018年第三季度的例会就开始强调要在利率、汇率、国际收支之间找到一个平衡。

【互动环节】

提问：我们"一带一路"倡议在2019年会对民营企业有什么影响？

曹远征：2019年国际环境正在发生深刻变化，"一带一路"恐怕也得重新定义一下。"一带一路"最早说是产能上的国际合作，最早是跟哈萨克斯坦合作，做得最成功就是中国建材集团前任董事长宋志平。从好的角度讲，一是互联互通，基础设施联通是第一位；二是融资情况也在发生变化，现在不仅仅有中方的融资，也有第三方的融资，主要在海外市场，比如在伦敦市场融资，支持巴基斯坦的项目。

但是现在国际环境发生了变化，我们也出现了一些债务问题，尤其在中美贸易冲突的情况下，这些问题变成了一个新的考量因素。所以现在我们所说的"一带一路"，第一，是一个倡议，首先要让对方接受这个倡议，才能合作；第二，合作是市场化的合作，而不是政府主导，政府顶多是搭个台，而唱戏的还是企业。在"一带一路"上，我们看到民营企业的作用更大，比如东南亚的制造业，特别是玩具、纺织和鞋类，基本上都是

中国企业，包括港资、台资、大陆企业。从人民币国际化的角度讲，东南亚国家是人民币使用最多的地方。"一带一路"更多的是民营企业抱团走出去。

叶檀：我们这一场是一个非常务实的会议，对于2019年的判断，各位专家虽然有很多争议，但是对2019年基本的判断以及对市场的判断，还是相对比较明确的，起码眼前还是能稳定的。谢谢各位专家，也谢谢现场的各位观众！

企业国际化新路径

当下，我们面临的外部环境不容乐观。贸易保护主义抬头，美联储持续加息缩表，全球流动性收紧，不确定性上升。在新的环境下，中国企业走出去将遭遇何种新的挑战？我们该如何应对？面对不确定的未来，中国企业走出去应该具备怎样的能力？目前存在的问题主要有哪些？解决方法是什么？

在2019年亚布力年会上，多点Dmall董事长、物美集团创始人张文中，中国自动化集团有限公司董事局主席宣瑞国，居然之家创始人兼董事长汪林朋，法国地中海俱乐部（Club Med）总裁亨利·吉斯卡·德斯坦，上海市汇盛律师事务所高级合伙人陈胜就这个话题进行了讨论，清华大学民生经济研究院副院长王勇主持了该场论坛。

王勇：欢迎大家来参加国际化论坛，本次论坛讨论的题目是"企业国际化新路径"，我们非常荣幸地邀请到几位著名企业家来和大家做分享。

我们目前所面临的国际环境发生了重大变化，甚至有人用"逆全球化"这个词来描述当前的国际经济环境，清华大学国家金融研究院朱民院长提到未来就是一个全球超级链接的世界，逆全球化可能是全球化过程中的一个短暂回潮，大的趋势依然是朝着国际化、全球化的路径发展。但是路径发生了变化，以前我们强调自由贸易，在这次中美贸易摩擦中，美国总统特朗普提出要公平贸易，但中国很多企业在贸易公平或者合规方面遇到很多挑战，例如，"中兴事件"和"华为事件"。这使得中国企业在"走出去"的时候必须考虑一个极具挑战性的问题：如何寻求一个更好的途径"走出去"？

我们先有请张文中先生谈一谈对这个问题的看法。

张文中：逆全球化在全球化的进程中是不可避免的。从2000年到2016年，全球供应链发生了根本性的转化，之前是以美国为中心，现在崛起的是以中国为核心的大的供应链圈，而且这个大的供应链圈和欧洲及美国的供应链圈都有交集，全球已经围绕着中国形成了新的国际分工。为什么会这样？

其实全球化虽然是全球的共识，但那是美国主导的。美国在20世纪90年代不遗余力地呼吁要进行全球化，进行全球的经济大分工。从经济学角度来看，这是完全正确的。中国当时是非常犹豫、迟疑地跟着这个步态在走。

后来，中国成功进入了WTO。坦率地说，中国进入WTO之后，经济获得了长足发展。今天我们说中国经济取得了很大的进步，有很多的因素，但我认为WTO应该是排第一的，如果没有加入WTO就没有今天。这是第一点。

第二点是国企改革和全面的市场化改革。也就是说，从根本上来说还

是改革开放奠定了我们今天的成绩和地位。

的确，加入WTO，现在所有人都认为我们从中获益了，我觉得这毋庸讳言，中国的经济总量从占全球的4%上升至19%，这是多大的一个变化！现在出于种种原因，如经济、政治、军事、技术等方面的原因，一些人在反全球化，在贸易中设置更多的壁垒，世界市场已经被分割成一个个小块。

从今天来看，开放其实对世界各国都是有利的，对中国而言开放也是大势所趋，是多方共赢的一个结果。例如零售业，开放让中国零售企业做得更强，让中国真正学习了世界零售企业最新的实践与技术，也让我们在竞争中获得了巨大的成长。所以我们坚定不移地高举改革开放的旗帜，坚定不移地支持多边主义。

国企改革和中国市场化全面改革，进一步巩固了中国在全球化进程中的地位。对于中国而言，开放是大势所趋，也是多方共赢的结果，尤其是21世纪初零售业的开放，让中国真正学习了世界零售企业的最新技术，而且也让我们在竞争中获得了巨大成长。所以对于物美、对于零售业而言，坚定不移地高举改革开放旗帜，坚定不移地支持多边主义是最重要的。

王勇：非常精彩。接下来请宣总结合参与国际化并购的经历，谈谈国际化的一些感悟。

宣瑞国：中国企业走出去是一个必然的过程，过去20年我主要服务于两个行业：一个是石油化工，一个是铁路。

我们的三大石油公司曾走遍全球去收购企业，主要目的就是在当全球资源枯竭的条件下尽可能为我们国家找到潜在的石油和天然气资源。中海油提出以146亿美元收购美国优尼科石油公司，但是被美国拒绝了，后来中海油收购了加拿大尼克森石油公司，但是在之后石油危机、石油价格降低的过程中，这家公司成了中海油非常大的累赘。但从长远来讲，我们也获得了很大的资源储备，尤其是获得了和跨国公司以及资源类公司的合作机会。

中国铁路最鼎盛的时候，铁道部在全球18个国家设立了直接办事机

构，计划在每个国家建高铁，设立了联络处。中国南车股份有限公司和GE公司（General Electric Company，简称GE，美国通用电气公司）在旧金山成立了合资公司，当时启动资金是1亿美元，计划在三年内拿到旧金山到洛杉矶的高铁批文并开工。但随着铁道部腐败案的爆出，该项目受到了一定的抑制。但后来的中国中车集团（简称"中国中东"），作为前20年中国铁路大发展的一个成果，成为一个世界级企业，也是中国制造业崛起的典范。中国中车几乎占领了美国地铁市场80%左右的份额，投标几乎每投必中。随着全世界市场的拓展，中国中车在全球各个地方设立了企业。随着中国高铁出海，中国中车的子公司也将会对全世界各个国家产生巨大的影响。

国企是中国企业国际化的主力，除了我刚才提到的石油公司、中国中车以外，"走出去"最成功的企业是工程类公司、建筑类公司等，例如中建、中国电建、中国农建。因为大型企业国际化使得中国的GDP稳步增长。

进入2000年以后，随着中国经济的发展，绝大部分中小企业加入了国际化的步伐，万向集团是最典型的国际化案例。我们三届国家主席访问美国白宫，万向集团主席和总裁每次都陪同访问。为什么？万象在美国投资了100亿美元，收购了200多家企业，其中绝大部分是濒临倒闭的汽车零部件制造企业，成功率是100%，年回报率超过100%，广受赞誉。中国很多企业虽然没有万向这么大的规模，但都在孜孜不倦地走国际化之路。因为鱼长大了，希望在更大的水域畅游，这样才能取得与同行业竞争对手跨国竞争的机会。

实际上在我们的行业里，在我们身边，每天都发生着中小企业收购国外公司的案例。比如浙江卧龙电气股份有限公司，是浙江一家普通的做电气的企业，在过去10年中，它进行了十几次并购，涉及金额100多亿人民币，构筑了中小电机领域顶尖的、非常扎实的功底。

同样，我们企业也一直在考虑国际化的问题，这是企业发展的客观需求。2016年，我们在德国收购一家有176年历史的老企业——BVV集团，这是做高铁车轮轮对的企业，属于传统制造业，总部位于德国重工业区鲁尔区的中心——波鸿，是铁锈带中的铁锈带。我们抓住了它发展比较困难的时候，顺利解决了在高铁产业链里非常关键的火车部件火车轮对工业化的问题，从工艺技术、材料、生产加工、可靠性方面进行全面检验。由于它现在是我们百分之百全资的中国企业，我们对它所有的知识产权、历史业绩，包括对中国供货的资质等，都有百分之百的拥有权，因此也填补了国内在关键零部件方面的不足。同时，还顺利解决了企业和工会的问题、企业和职工委员会的问题，在对工会充分了解后，我们对企业进行了全面转型升级，也是具有纪念意义的中国企业对德国企业的转型升级。在过去的两年中，我们在中国高铁市场的份额从原有的20%增加到50%，同时，研发出了三种新材料，为未来的400千米、600千米轮轨式高铁做了扎实的知识储备，也扩大了我们在欧洲、北美的市场份额。这是我的亲身经历。

很多人会担心中国企业走出去会被人歧视，不被人接受。其实我以自己的亲身经历告诉大家，在外国人的眼里，现在的中国人是世界上最有钱的人，是最慷慨的雇主，是对员工最好的雇主，这是一种评价。BVV和巴西一个子公司的员工就是这么看待我们的。

眼前中国企业遇到了一些问题。在中国企业正考虑进行海外扩张的时候，2018年后半年到2019年，大家又开始有些犹豫，不知道在反全球化势力抬头的情况下还有没有国际化的机会。但全球的趋势一定是一体化的，是低关税的，一定会走向公平贸易。

中国企业国际化的另一个很大的推动力就是"一带一路"建设。当中国成为第二大经济体的时候，尽管我们有庞大的市场，但是如果仅仅一心向内，那我们的发展空间还是有限的。在这个时候，提出"一带一路"是非常重要的，也为中国企业国际化奠定了一个重要的国家战略基础。

我个人认为，未来中国企业的国际化会是一股持续不断的浪潮，会越来越猛。

王勇：既具体又接地气，同时又为整个行业、为大家展望了国际化的美好未来。接下来有请汪总。

汪林朋：第一，我觉得现在国际环境已经变了。大家都说全球化浪潮席卷而来。我认为反全球化浪潮不会在短时间内结束。在这种环境下，民营企业如果没有国家作后盾，我认为还是小心为妙。第二，从国内市场的角度来看，大家都说要扩大内需，其实我们有一个庞大的内需市场。我认

为，中国的民营企业走出去之前一定要先做好国内市场，急于求成、急于走向国际市场最终只会成为无水之源、无本之木。

王勇：接下来有请亨特·吉斯卡·德斯坦先生，我们想请德斯坦先生结合自己的国际化工作经验给我们在座的提供一些在外企工作的经验，同时给我们讲述一下作为在中国工作的法国人对国际化前景的展望。

亨特·吉斯卡·德斯坦：首先，我想说的是要更好地满足客户需求，虽然目前地中海俱乐部出现了"诺如病毒"事件，但我们会积极应对，及时满足客户需求。

根据我个人的经验，我们要更关注全球本土化。我们要理解每一个市场的特殊性及其具体特点，因为每个市场都有其独特性。对于地中海俱乐部来讲，中国作为全球的最大市场，首先，复杂性是我们要实现本土化的第一大难关，此外在数字化方面，我们进展缓慢。我们成为复星集团的一员之后，复星在本土化、数字化等方面给予了我们大力支持，尤其是技术支持。要想实现全球本土化，实现双赢，要尽可能地创建国际化团队，促进彼此之间相互学习。其次，是合作以及尊重。我们要努力促成更好的合作，尊重彼此的不同，求同存异。大概在10年前，我们与复星开展合作，可以说是旅游业全球化的开拓者。法国总统马克龙访问中国期间，向习近平主席提到中法合作的典范时就提到了复星和地中海俱乐部的合作，这对复星和地中海俱乐部而言，是一个双赢的局面。

王勇：接下来，有请陈胜律师围绕"企业合规经营方面的挑战"这一话题分享他的看法。

陈胜：大家说了这么多行业，可能忽略了金融业，我之前在央行、银监会工作过十几年，我想谈一点自己的看法。刚才几位嘉宾谈到了许多企业走出去，但是不要忘了走出去是需要资金支持的。

万向在美国的第一笔投资5亿美元来自中国工商银行纽约分行和浙江分行，而吉利收购沃尔沃是中国建设银行做的融资，这两个案例可以说明企业走出去的前提是金融机构、金融服务的国际化。中国工商银行在40多个国家有将近500个分支机构，除了银行业务外还会参与收购业务，比如中国工商银行是南非标普银行的大股东，可见金融行业在国际市场的发展为中国企业的走出去打下了坚实的基础。

亨特·吉斯卡·德斯坦：我觉得这是一个非常有意思的小组讨论，我们带着各种各样的观点一起讨论、分享和学习。或许你还会找到一种方法使得你继续向前推进。对复星来说，我们在上海、北京、广州等地所取得的成绩和经验可以推广到全球，让复星文旅真正成为国际化的集团。

王勇：我总结一下亨特·吉斯卡·德斯坦先生刚分享的观点。第一是全球本地化，第二是利益上追求双赢，第三在工作中相互尊敬，保持谦逊的态度并不断学习。这是他分享给我们的一个国际化企业经营所需要具备的素养。

　　接下来，有请陈律师把他刚才的话题展开一下，结合大家不太了解的案例来谈一谈国际化合规经营路径的问题。

陈胜：为什么会出现逆全球化？为什么会有国家抵制全球化？首先从自我反思的角度来看，我们在全球化、走出去的过程中是不是存在哪些问题？大家达成共识的ESG投资上（包含环境、社会和公司治理三方面的投资理念），我们做的其实远远不够。我们有没有关注过社区福利？有没有关注过环境保护？对于人们的关怀是不是足够？

其次，企业在走出去的过程中所遇到的问题，可能恰恰是我们下一步成功的良好基石。无论是中资企业在海外遭到诉讼或者是其他的财务损失、商誉损失，还是中资公司遭到了反洗钱调查等，这对我们来讲都是全球化过程中的经验、教训，都是必经的阶段。无论是中国商务部，还是中国金融监管机构银保监会都一再发文强调企业合规的问题，除了国内合规之外，还有跨境经营合规，为此银保监会还发布了《关于加强中资商业银行境外机构合规管理长效机制建设的指导意见》。

王勇：谢谢陈律师，刚才提及ESG。接下来请宣总谈一谈，在国际并购案中与当地工会关系的相处之道，这也是很多企业走出去无法回避的问题。

宣瑞国：所有企业走出去最开始时都是奔着做生意去的，建厂、卖车、品牌宣传、打广告，后来发现融不进当地社会。比如，矿业企业在巴西、智利和秘鲁，由于忽视了与当地的关系，专心开矿，结果受到了当地环保组织、工会组织的阻挠，造成了巨大损失，后来重视环境等问题之后，很多问题都陆续得到了解决。

再比如，德国钢铁工业协会在全国发出号召，工人每周只能工作35小时，并且举行了全国性的大罢工，70%的公司、业主都开始接受35小时工作制，这些都是在我们收购前就需要了解的当地情况。我们在收购之后，当地波鸿政府比较担忧和紧张，因为是先有BVV公司才有的波鸿这座城市，BVV公司在波鸿有2万名员工，加上职工家属，整个城市都依靠这一家企业。波鸿市长非常担心中国企业收购BVV之后把设备都搬到中国，这样就会导致城市出现大量失业人员。对此，我们所有股东在收购之前就和波鸿政府进行沟通，并承诺：不关掉企业、不大规模裁员，不把BVV技术全面转移到中国，我们会长期保持在德国的生产，同时我们会给波鸿带来资金、市场和企业发展动力，目的是使BVV企业保持在当地的持续发展，改善企业效益、多交税、多雇员工。我们这次沟通在当地报纸公开刊登，为我们后来和工会的交流打下了很好的基础。但随后在我们跟工会交流的时候也遇到了挑战：原来的雇主和工会达成了一个协议，要在3年左右的时间里裁掉270名员工，在我们接手的时候，他们已经裁减了150名，还有剩下的120名员工也要裁减。我说，我们不做新的计划，继续执行原来的计划。刚开始工会不同意，工会认为既然来了新雇主，那么原来的协议就要作废，需要重新谈判。最后，经过多次沟通，我们得到了职工委员会的大力支持。因为职工委员会很清楚，如果保留了这120名员工，那么剩下的1 000人的生活和收入都会受到影响。因此当地工会就没有再进行任何阻挠。

很有意思的一件事是，2017年我们刚刚完成收购，这一年是整个欧洲市场的低谷期，尽管中国拿到了很多订单，但是现实收入很少，当年在欧洲市场业务是亏损的。当时工会需要发13个月的工资，相当于红利，企业在亏损，怎么发13个月的工资？每个月员工工资大概要发300多万欧元，后来CEO说可以找员工协商，职工委员会可以借钱给我们，等到效益好转时再全部返还。

另外，我们也非常注重当地的环境保护，以及企业的"三废"处理工作。原来BVV后面有一个钢厂，因为做锻造需要大量的水，水是循环使用的。原来的雇主不怎么处理废水，而我们雇用了环保公司进行了处理，把浑浊、附有油污的水都处理干净了，并得到了当地老百姓和职工的认同。在国外，我们要把企业真正当成当地的企业来做，为当地人谋福利，企业才会不断发展。

【互动环节】

提问：我有个问题想请教几位。我所在的公司主要做市场研究和咨询，我自己跑过十几个国家的业务，我们发现真正能走向世界舞台的中国企业大致有以下几类：一是军队性质的国企；二是消费品牌，但目前都受到了所谓的反全球化的影响。我认为世界市场还是公平的，同一个规则下不同的企业有不同的打法。当我们发展到一个新的阶段，一定要主动了解市场需求和用户需求，在市场调研的路上，我们还看不到中国人的身影，中国企业走向世界，一定需要地方服务公司的帮助，请问各位怎么看？

亨特·吉斯卡·德斯坦：我非常赞同，如果要实现全球本土化，需要更好地理解当地的环境，也肯定会依赖于咨询公司或者是律师事务所的帮助，同时需要与所有的利益相关者进行积极沟通，可能是当地政府，也可能是当地工会，还有员工、协会等。如果你不向他们解释你的所作所为，无法向他们展示可能会给他们带来的好处是什么，就会带来一些消极的反应，我们也需要花更多的时间去向他们解释。

陈胜：其实这几年中国的律师事务所在全球设立代表处或者办事处的动作非常快，在一线、二线城市基本都可以找到中国律师事务所的身影，或者是中国律师事务所和国外律师事务所结成的联盟律师事务所的身影。所以我觉得在企业走出去的同时，中介机构也会随之走向全球，下一步我也相信中国的法律服务业，包括其他的咨询服务，也会进一步引领全球。

宣瑞国：中国企业品牌走出去、真正被国际社会所接受，才算真正地实现了国际化，这也是最难的一步。我们经过几十年的发展，已经出现了一批世界领先的优秀中国企业，比如小米、华为、阿里巴巴、腾讯等，我相信它们都会成为真正的全球性企业。

王勇：谢谢大家！也特别感谢我们几位嘉宾分享的观点和智慧。

房地产的下一个春天

2018 年，全国各地房地产调控政策陆续发布，引发了行业的短期调整。不少房企也不约而同地开始寻求转型，如更多地持有物业、进军租赁市场、建设特色小镇、开拓养老和旅游地产等。未来，哪些选择会将房地产行业带入下一个春天？我们如何才能在新的春天里一枝独秀？面临的主要困难和挑战有哪些？

在 2019 年亚布力年会上，亚布力论坛 2018—2019 年度轮值主席、建业集团董事长胡葆森，御风集团董事长冯仑，武汉当代科技产业集团股份有限公司董事长艾路明，美好置业集团股份有限公司董事长刘道明，月星集团有限公司董事局主席丁佐宏就上述问题进行了深入讨论，新浪网高级副总裁邓庆旭主持本场论坛。

邓庆旭：我们这个主题是：房地产的下一个春天。春天是复苏的，夏天是火热的，秋天是萧瑟的，冬天是寒冷的。我认为首先应该搞清楚现在是什么季节，请胡葆森主席给我们讲一讲。

胡葆森：不管外部环境是冬天还是夏天，我一直都说要保持深秋的心态。夏天的时候不要跟着瞎起哄，不要跟着过热；冬天当别人都消沉甚至悲观地要放弃的时候，我们依然要保持进取的、持续投入的、理性的心态。所以，我觉得心态的温度比外部的温度更重要。因为心态的温度决定了一个企业投资的原则、投资的节奏和投资的力度。

邓庆旭：下面请冯仑来说一说。

冯仑：我一直比较乐观，所以我觉得一直是春天，春天是令人心动的时间。我这样认为主要有两个原因。第一，我看房地产，不完全看住宅。

很多媒体一直把住宅等同于房地产，但实际上住宅只是房地产的一部分，还有非住宅的部分。现在，住宅这部分的增速在减缓，但是非住宅这部分实际上是在上升的——刚刚开始大规模往上走。所以从这个角度看，我觉得现在是房地产的春天。

第二，信心是什么意思？就是相信你自己所想。你对自己的心思、自己琢磨的事、自己的判断、自己对未来的观察都相信，这才会是春天。你要是不相信，那永远都是悲观的。

这个行业在中国市场化了将近30年，有的企业光转型就转了四五次，可是这个行业没有被技术创造出新的期待。而且几百年以来，我们都是在固定的人造空间里造人、造车、造导弹、生存和发展。我们有充分的理由相信，在这个行业中只要这个基本事实不改变，我们的活是永远干不完的。所以只要相信这个判断，我觉得就应该一直乐观。

艾路明：我没有冯仑那么乐观。我想起昨天朱民老师给我们上的一堂课，说老龄化正在来临，将来机器人可能不需要住房，我们的人会越来越少，形势严峻。所以对于未来我是比较悲观的，到我们80岁的时候，房地产可能是要衰落的。不过，现在中国的经济发展还远远处于有力的上升阶段，而且只要中国坚持改革开放，中国经济发展的动力还是非常强劲的。从这个意义上来说，2018年如果是春天的话，2019年依然还会是春天。

距离我们80岁还有20年，我觉得还早着呢。这20年我们把该干的事干好。朱民老师说5年以后人工智能应该会有一个革命性的变化，即使如此，在未来的20年中人们还是需要住房的。所以从这个意义上来说，我们大可以放心、安安心心地做房地产，无论是住宅、工业还是旅游的房地产。

邓庆旭：下面请美好置业的刘总来谈一谈。

刘道明：我个人认为，房地产在未来20年里是没有问题的。中国最大的问题就是人口多，将农村人口变成城镇居民还需要很长的时间。

邓庆旭：再有20年？

刘道明：20年。中国房地产的市场化是20世纪90年代末期才开始的，90年代以前的房子基本没办法住，还有农村的房子也是要被淘汰的，中国人没有房子基本上找不到媳妇，这些是中国房地产被长期看好的原因。但是在这个过程中，肯定会有一些变化。大家关注的大部分是住宅，但整个房地产行业不仅仅只是住宅。比如我们现在开始做"三农"地产，就是在解决农业问题。另外，我们虽然过去一直是中国房地产的百强企业，但一直还处在较后的位置，做不过建业和万科。所以5年前我们改行做装配式建筑，2018年开始在全国布局，至今已经布局了33个点、19个城市；有两个厂已经开始投产了，2019年还将有13个

厂要投产。我们每个厂的规模可以做到330万平方米建筑面积。装配式建筑就是我们的战略转型，从甲方到乙方，服务更多的房地产企业。

丁佐宏：我认为传统的地产将进入冬季，而且这个冬季会很长，没有春天。为什么？日本是一个理性的社会，人口老龄化以后房子就开始过剩了，没人住了。美国国土面积大、资源丰富，世界各国的人都去美国念书、移民，所以美国的房地产到现在还没有看到冬天。但是在中国，千军万马都在做房地产。乡镇能做房地产的基本都做了，特别是一线城市，没有几块空地了，基本上都盖满了。用这样的方式继续做房地产，我认为是看不到春天的，而且有些地方房地产已经过剩了，特别是传统的房地产。

如果说我们还用过去的方式做房地产，人面积买地、造房，是看不到希望的。但是我认为新型房地产是有未来的，有春天的。什么是新型房地产？我认为在这个信息化时代、全产业时代、个性化时代、智能时代，抛弃过去严重过剩的传统房地产，为老百姓打造一个和睦的家、温暖的屋——这样的新型房地产，我认为是有未来的。我们现在就在干这个事。

怎样在一块土地上建设老百姓所需要的房子？这就需要知道住在房子

里面的老百姓的需求、喜好、职业等，比如，喜欢读书的人，就给他一间书房；做医生的，就给他的房间里配套相应的医疗简易设施；唱歌、演艺职业的用户，就给房子里面添加艺术方面的内容。而且现在老龄化问题日益严重，做房地产的要考虑一家三代的住户怎样既顾得上老人，又顾得上小孩。未来，新型房地产一定要个性化发展。

邓庆旭：我听完下来，大家都认为很美好，要不就永远是春天，要不就一直是秋天，我觉得这里面肯定有不得不说的一些事情。我想请胡主席讲一下，你觉得你的2018年有什么不一样的地方？你在河南发展的空间还有多大？你现在要是不做战略调整，还有没有更好的活下去的希望？准备怎么调整呢？

胡葆森：我们2018年还不错，但是这个不错没有什么代表性。比如，2018年下半年人们说这个市场开始转冷了、转弱了，但是我们全年又增长了95%；2017年比2016年增长了82%，2018年比2017年增长了95%。这些都是企业自身的一些个别情况，没有普遍性。2014年、2015年我们增长得慢，2016年、2017年、2018年增长得稍微快一些，但是这并不是什么好现象。我眼中好的企业，就是八个字：持续盈利、稳定增长。这八个字代表四种能力，任何一个行业想做好这八个字都是不容易的，房地产行业更是如此，因为它的周期性具有很大的不可控性。

我们转型比较早，我在地产行业里是属于忧患意识比较重的。我们一边争取跟资本市场尽早对接，2006年就引入了新加坡凯德，2008年在我国香港上市，同时也在为转型找出路；另一边从1999年开始我们提出"不出河南"的战略，2002年开始从郑州走向地市、县城和乡镇，到2019年年底，我们走了18年，覆盖了全河南120个县以上的城市，这是我们的省域化战略。

从产品形态上来看，我们大约也是十年前开始转向酒店、商业，七年前开始转向农业，七八年前开始转向文化、旅游，包括体育、教育，最近也做了一些产业地产方面的探索，跨越了十几个板块。但是这个转型不是盲目的转型，是围绕着中国消费升级进行的。

原来，房地产开发商就是盖房子，这是一个简单的循环，而现在是做生活方式。我们不仅卖给业主房子，还要让业主成为我的球迷；要让业主成为幼儿园小朋友、学校学生的家长，还要让业主成为文化旅游项目的常客；要让业主成为商场、酒店的VIP，还要让业主成为我基金的LP（Limited Partner，有限合伙人）等——我们围绕客户群的消费升级做了一个生活方式的转型。于是，我们的使命也开始发生变化。

18年前，我们提出要让河南人民都住上好房子，2015年开始升级为让河南人民都过上好生活。我觉得随着使命的升级，能力也必须随之提升。围绕着房地产，2015年我们提出"在发展中转型"，2019年将其改成了"在转型中发展"，这两句话是2015年就提出来的。前三年是在发展中转型，今后这三年就是在转型中发展，这样就完成了一个产业链的闭合，最终打通从投资、建造到售后服务的一个生活方式的全产业链。我们自己认为，这个方向是可以走下去的。

邓庆旭：胡总说的这些话对业内来说值得思考。下面，我们换一个话题。2018年很多城市都调控了，放开了"两限"，各位预测一下现在各地的调控是不是有放松的信号？我们如何理解"一城一策"？房地产这个市场需不需要放开、放松一些？

冯仑：市场本身有它自己的生长和变化规律，其中一个最重要的规律就是：做什么、做多少、什么价格交易、什么时候交易，这些应该由市场主体来进行。

每个企业都会操心很多事。我们这几年转型到大健康，聚焦大健康细分领域的不动产，也做了四五个系列的产品。每个企业做的可能有一点不一样，但是都会做。这就是我们所要强调的，让市场恢复市场的功能，行业才能够持续而健康地发展。

邓庆旭：艾总，您预测一下2019年调控会不会放松？

艾路明：冯仑其实已经把这个问题讲得很清楚了，就是把市场的事情交给市场去做。如果要坚持改革开放的基本想法和思路，那就应该按照党的十八届四中全会提出的在资源配置上让市场来发挥决定性作用。

我预测2019年在多数地方，只要城市的人口是增加的，就业情况是好的，产业是在发展的，那么房价就应该适当地按照市场的办法来对待。某些城市觉得有另外政策上的要求，所以不愿意那样做，认为那样未来还会影响到自己的产业。从这个意义上说，更多地遵循市场的规则，让市场的力量来配置资源对一个城市的发展更有效，对一个行业的发展也一定更有效。所以，我认为未来更多的城市会遵循市场的规则。

邓庆旭：刘总和丁总的想法是什么？

刘道明：我还是认为，2019年的调控政策会放松。因为整个宏观经济压力还在，市场的购买力还在。目前是经济下行压力比较大的时候，政策肯定会放开，一城一策，更灵活一些。大家还会问是不是晚一点买房？实际上买房子什么时候都不晚，因为刚需总是在上涨，一般房子的价格不可能下跌。

丁佐宏：我认为，市场放开很重要，政府调控更重要。那么春天的政策在哪里呢？我认为就在于政府怎样合理而科学地调控，该放的放、该收的收。

我在牡丹江搞了一个大项目，三四十万元可以买一套房子，但是，同样的钱在上海只可以买4平方米。中国经济严重不均匀导致房地产的畸形发展，这是一个事实。从2000年开始，随着房地产政策的放开，房地产迎

来了一个风口，因为有人说站在风口上猪都会飞，如果我们老是天天在台风当中，认为猪永远会飞，那风一停下来，猪就会摔死。所以，我还是要提醒大家，过去的红利只是一个特殊背景下的红利。

房子盖了至少要有人住，要去计算、统计到底这个城市对房地产的最高需求量是多少以及现在我们已经有多少，但是我们国家很少有开发商在计算。政府靠房地产吃饭，所以房地产一旦被打压，地方政府就锅都揭不开了，只能靠卖土地过日子。这个情况绝对是不可持续的，一定要改变。政府和企业家要理性、科学地去寻找各自的发展机会，而不是一拥而上。

中国房地产20年前无古人、后无来者，特殊的时代造就了一代房地产企业。这是一个特殊的时代，如果我们还用这种方式一直下去，那将是一个灾难性的问题。

邓庆旭：微博上有人说，2019年各地"两会"都强调要防范楼市可能出现的风险，也有人说现在房企的负债水平、现金流状况都是风险点。包括2019年1月的数据，房企公布的融资事件超过70件，合资金额超过1 600亿元，刷新了2018年1月的融资月度新高。另外，房地产行业的境内外公司债、ABS等债券到期，2019年将同比增长50%，达9 000亿元，房

企的现金流压力也在增加。各位如何看待房地产行业的负债水平，对可能
的风险有什么认识？

胡葆森：现在实际上房地产行业的洗牌已经基本结束了。洗牌结束之
后，百强企业以外的在资本市场通过发债、ABS、高息债这种获取大笔
贷款的现象也不是很普遍。为什么可以发债，而且一发就是几亿美元、十
几亿美元？第一，说明市场上资金多；第二，说明排在前五位的地产商贷
款肯定都在2 000亿元以上，负债达2 000亿元、3 000亿元、4 000亿元，
甚至更高。听起来都是天文数字，但我相信他们的董事长、CFO（Chief
Finance Officer，首席财务官），对于自身的偿债、融资都会有很高的计
划能力。在洗牌阶段，可能还有人算不清账、还有一些盲目，但是洗牌结
束之后，大家都已经很理性了，现在都知道自己的日子该怎么过。

邓庆旭：冯仑本身是地产商，也是一个主持人。在2018年的"风马牛
年终脱口秀"中，崔永元问冯仑怎样看待房价问题？房子还能不能买？请
您再给我们说一说。

冯仑：在脱口秀中，我开玩笑说你要是捡的钱可以去买，你要是攒的
钱就先歇会儿，大概就是这个意思。关于房价这个事，我讲讲历史资料。

谁记得《人民日报》发文谈调控房价是什么时间？是在1999年3月。那时候北京的房价每平方米不到2 000元，结果被媒体和大家关注了，20年以后，北京的房价平均每平方米5万元左右。现在的人均住房面积是35~36平方米，大家都娶上了媳妇，多数人都住进了新房。所以反过来看，媒体关注这事儿是个问题吗？如果是个问题，2 000元就该停下来，就没有后面的事儿了。

另外一件事，1949年10月1日，城镇人均住房面积为1.99平方米，1976年和1978年的时候，人均住房面积是1.8平方米，还少了0.1平方米，人口数量从4.5亿增加到了7亿，这是一个阶段。那时候没有人研究房价问题，都是配给的，结果每人还少了0.1平方米。但是我们从1978年改革开放时的人均1.8平方米干起，干到了2018年，这40年人口增加了1倍，人均住房面积接近40平方米。现在人均GDP超过8 000美元，城镇化率超过50%，每个城市新增人口量也都放缓了，甚至出现了负增长，空间格局大体也都确定了，这个时候住宅基本处于一个稳定的状态中，而且二手房比一手房的交易量越来越高，特别是在一线城市、强二线城市。所以这种情况已经不是问题了。再过20年，房子会多出来多少？所以既然供给都不是问题，房价自然也就不是问题，今后要担心的房价不是过高而是过低，不是买不起而是卖不出。所以，我觉得大家不要像过去那样关注价格问题。

至于每个人的生活，可以根据自己的不同阶段去规划，比如卖掉北京一室一厅的房子，可以卖得将近1 000万元，在云南大理买套房后手里仍有现金，可以住别墅，可以旅游，还可以投资。如果这么比较，房价是高还是低？这要看人生的选择。所以我觉得现在房价不是问题，市场怎么健康才是问题。

艾路明：冯仑已经说了房价不是问题，所以我也不再回应这个问题了。我还是说要坚持一个市场的导向，这确实是最重要的，而且这个市场导向里包括所谓的科学性管理和科学性政策。

我认为，在经济领域里面，要尊重市场的规律、尊重市场的选择，而不要相信有一个上帝之手能够把这些事情都安排得很科学。只有市场化了才能科学，不市场化就不科学。所以，我最希望的是未来在房地产领域里

面，市场的作用发挥得更加充分，让市场真正成为在房地产领域分配资源的决定性力量。如果能做到这样，我觉得无论是房价、企业的不同选择，还是每一个老百姓对房子的需求，一定会出现一种真正合理而适当的安排。那时候你再问房价如何就真的没那么重要，大家会按照自己的选择来做某种事情。所以我觉得让市场的力量在资源的分配中发挥决定性的作用是最重要的。

丁佐宏：我认为房价已经到了一个峰值，不可能再往上涨了，除了少数地区之外，并且有些地方不是降价的问题，而是一文不值。因为商品房虽然是商品，但只能在当地卖，不能卖到其他地方去。如果房地产或者是商业地产没有使用价值、卖不出去，那它就是负价值、建筑垃圾，要花钱把它炸掉。中国是市场上爆破炸房子最多的国家。我相信将来一定有房子要么是"鬼屋"，要么被炸掉，因为不管是住宅还是商业，严重过剩是不科学的。中国房地产业还有很多不合理、落后的地方。当然这只是我个人的想法。

邓庆旭：河南网友问胡总，河南建业是一家非常有特色的地产公司，坚持省域化战略，同时养育了建业足球俱乐部。请问胡总坚持的动力是什么？未来在其他方向有什么想法？

胡葆森：我们在中国房地产行业里，就算不是唯一也是为数不多把房子从省城盖到地市、县城、乡镇的企业，现在已经盖到农村了，我算了算是五级市场。我们公司内部有50后、60后一直到90后，共有五代人，内部激励的时候叫"五代同心、五级联动"。在北京卖一套房子，平均价格是每平方米5万元，三环以内已经是每平方米10万元了，而我们现在在县城卖一套房子，每平方米是四五千元。现在在建面积超过3 000万平方米，我自己听到这个数据时都觉得很不真实，一个企业一年怎么能盖这么多房子？

房地产行业已经开始进入一个没有太多新闻的时代，我们当然期盼市场化、法治化，这两点是一边喊着，一边实现着。

邓庆旭：艾总，你们公司涉足很多产业，在这些产业里，您是怎么看待房地产板块的？您最期待产业布局中哪个产业成为增长点？

艾路明：我们自己也在研讨如何在一些行业里面做减法，比如说做医药，要把我们自己的优势发挥出来。当然，境外并购的项目，其实还是有很大增长潜力的，我们会继续推动。不能因为某一时间段出了问题就不去做，要研究为什么会出问题、出了什么问题，这些问题能不能解决，以及如何解决。

房地产领域在我们的布局中只占很小的比例，大约10%，所以我每次来参加房地产论坛，都觉得很惭愧，因为我完全不了解。但是，我觉得这个行业还是值得做的。实际上，我们整个企业在很长一段时间里的稳定器就是房地产，所以我们还会坚持做下去。

如何走出资本寒冬

过去 10 年由于人口红利，移动互联网发展迅速，风险投资机构因此获利。如今，人口红利逐渐消失，宏观经济整体进入下行周期，监管趋严、刚兑打破，这种环境下如何进行投资？随着募资难度的逐渐加大，资本进入寒冬的声音越来越强烈。但中国经济只是增速放缓，市场并未萎缩。机会与挑战并存，资本如何转守为攻、迎来不远的春天？

在 2019 年亚布力年会上，美国国家科学院院士、复盛（LDV）创投创始合伙人沈志勋，顺为资本创始合伙人 CEO 许达来，航天产业基金总经理马乐，信中利美国创投公司创始合伙人王维嘉，天明国际投资集团创始人兼董事长姜明，物美集团 CEO 张斌，正略集团董事长赵民，上海景林资产管理有限公司合伙人曾晓松就上述问题进行了深入讨论，财新网总编辑张继伟主持了本场论坛。

张继伟：众所周知，VC（Venture Capital，风险投资）和 PE（Private Equity，私募股权投资）在经历过去几年的突飞猛进之后，2018 年出现了明显回调。"融投管退"这四个环节都遇到了较大挑战。在这样的情况下，投资人该怎样应对？在这样一个经济下行期和全球贸易摩擦的阴影下，我们还有哪些机会？要怎样去面对风险？

沈志勋：2007 年，我曾创办过两家企业。2014 年，其中的一家上市公司被并购了，这时我们当初的合伙人和投资人一起出资创办了 LDV 基金。在我们看来，相对于早期，当下在美国做投资的情境是不错的，因为

从经济的周期角度来看，第一，估值现在变得越发合理。如果比较美国和中国的情况，我们会发现情况大体相同的企业，其在中国的A轮融资额会是在美国的2.2倍，而且第一轮融资成本会比美国贵1.5倍。第二，硅谷几乎所有的资金都流向了晚期投资，可能也是出于出资人的要求而已。

反观以前的经济规律和周期，我们会发现，一些非常成功的公司，如谷歌、思科和雅虎，都是在经济周期低谷的时候沉淀下来的。现在正是一个非常好的机会。我们在投资过程中，会观察大的社会需求、趋势及市场，判断哪个技术能够实现新的突破。

如果对科学有所了解，能够对科学和技术进行分辨，我们就会发现很多投资机会。比如在初期的投资领域里，很多人选择投资量子计算，从对科学、国家投资的角度来看，这类投资非常正确。此外，也有大量投资者选择投资生命科技领域中的基因编辑项目，这些技术都非常具有前途。

我的看法是，虽说现在是很好的时机，但投资也要理性估值，而当下正是适合长线投资的时候。

王维嘉：我们的投资方向非常广，主要偏向中后期投资。2019年是美股迈入牛市的第11年，这已经是历史上持续时间最长的牛市了。虽然股

票从2018年年底到现在存在一些反弹，但是从整体来看，人们认为在不远的未来，今年或是明年，经济会有一次衰退。从历史数据来判断，股市已成强弩之末。股市这个二级市场会对整个一级市场产生非常大的影响。目前，在美国市场中，整个VC、PE状况还是不错的，从融资到投资都还没有受到什么影响。如果股票下跌，那么IPO（Initial Public Offerings，首次公开募股）窗口就会关闭两年，一旦IPO窗口关闭，影响马上就会传导到一级市场。现在我们公司内部均认为，要上市的企业应赶紧抢在衰退之前上市。这些都是从宏观角度进行的分析。

如果从微观角度出发，在VC方面，我认为，过去四五年中可能存在两个所谓的风口：一个是区块链，一个是人工智能。

第一个风口是区块链。实际上，从区块链的涨跌情况可以看出，90%以上的投资人和二级市场的股民没有本质区别，都在盲目跟风。当比特币的价格在2万美元的时候，大家都闭着眼睛投资；到2千美元的时候，大家都不敢投了。

虽然区块链在监管方面遇到了困难，但我个人比较看好它的技术本质和长远发展。尽管我到现在还没有投资区块链，但我非常看好，其实在低谷时期，反而正是投资的好时候。我觉得投资需要非常独立的思考，你的胆量来自你对市场、公司和行业真正透彻的认识。投资是基于透彻的认识，而不是赌出来的。

第二个风口是人工智能。2012年是人工智能元年。2012年以前美国机器识别的准确率一直徘徊在76%左右，现在硅谷的公司都不再提自己是人工智能公司，因为人工智能就是很多公司使用的工具。在我看来，人工智能现在进入了比较理性的阶段。三年前，一个和其他公司大同小异的自动驾驶公司，对自己的自动驾驶软件估值在2 500万美元甚至3 000万美元。现在很多公司遇到了巨大的困难，包括激光雷达公司，它们都意识到市场是不需要100家自动驾驶公司或是100家激光雷达公司的，所以都理性了很多。

我个人更看好人工智能，因为人工智能相对于区块链来说具有更深度的价值。我认为，人工智能会掀起比互联网更大的浪潮。现在这种回潮期对投资人而言是非常好的机会。

姜明：我是从2015年李克强总理提出"大众创业、万众创新"时开始接触投资的。2015年，我以"让创业更容易，助创客更成功"为旨，将天明打造成创业的生态链，并举办了"中国创客领袖大会暨双十二中国创客日"。如果说过去的黄金时代是地产时代，那么未来将是股权时代。

在投资方面，我认为，春有春的浪漫，冬有冬的魅力。如同刚才嘉宾们所说，当资本的冬天到来时，资金少了，估值变得更加合理了。正如巴菲特所说，当别人贪婪的时候你胆怯，当别人胆怯的时候你贪婪，最重要的是要看准时机。在我看来，创始人是投资的关键，只要投对了创始人，即便是寒冬来袭，也能渡过难关。

许达来：顺为自2011年创办至今已经有七八年的时间了。2017年年底，我在年终邮件总结中提到，我认为市场已经接近高点，能够IPO的公司应该尽量IPO，有融资计划的时候要赶紧去融资。所以2018年顺为资本完成了8个IPO，顺为自己也成功募集了12.1亿美元。

2018年年底，我在给同事们的年终总结邮件中写道："我认为今天从'守'的角度来看，现金为王，虽然说我们募资到了大量资金，但是并

不着急让资金流出，已IPO或者是未IPO的公司如果有退出的机会就从市场退出。与此同时，我也认为这是非常好的投资时间点。热钱没了，投机型的创业者便没了。我们应在短时间内踏踏实实地做好深度研究，看好方向，做好尽职调查，我相信三年以后再看今天——2019年同样是丰收年。"

我觉得既要"守"，也要看准机会继续进"攻"，我相信还是存在很大机会的。同时，过去两年我们开始在印度和东南亚进行投资，我国的移动互联网经济已经相当成熟和发达，但是在印度还有印尼等东南亚国家，移动互联网经济还处于刚起步的阶段，所以我们认为，这几年在印度、印尼或者是东南亚的投资，在5～10年后才能够看到回报。

张斌：物美从事的是消费领域、快销品领域、流通领域，最近几年，这些领域受到的市场冲击比较大，原因有两个。

第一，整体经济下行。经济下行让老百姓对如何花口袋里的钱考虑得更为谨慎。

第二，更重要的是技术进步带来的压力。众所周知，现在阿里巴巴以及其他很多电子商务公司都在不断地进行各种各样的尝试。实际上物美也在进行不同的尝试，我们认为在未来10年，有五项技术即互联网、物联网、云计算、大数据、人工智能，会使现在的整个流通行业发生翻天覆地的变化，从业人员数量将会急剧下降。物美目前和多点一起在研究开发智慧收银系统，未来可能会使收银员数量大幅度下降；研究智能防损系统，可能会使防损人员数量大幅度下降。物美正在这些领域加大技术投入。

我们的投资主要集中在三个方面。

第一，行业整合。行业整合会使强者更强，技术应用水平更高。这是我们投资的第一个领域。

第二，流通科技。流通科技的应用范围非常广泛，我认为10年内我国流通行业的从业人员数量会下降一半，这一半是怎么下降的呢？是不同领域的科技进步导致的。我们也投资了很多不断提高效率、让顾客更满意的科技公司。这个领域是非常热的领域，包括智能购物车、智能POS机等。

第三，向供应链上游进行延伸，与生产企业进行很好的配合，使生产和销售结合得更加紧密。

这三个领域是我们投资的三大方向。同时，我们也认为行业和经济严冬的时候可能会是投资比较好的时机。

赵民： 关于VC、PE资本转攻为守，我认为其根本原因是"三期叠加"。

第一个因素是世界经济形势变化。从2016年美国总统大选，到2017年酝酿，进而到2018年开始的中美贸易磋商，这是一个巨大的不确定性。这是世界经济和世界格局的变化所带来的。中国经济论坛中有讲到今后有一个世界经济格局新机制的挑战，我认为这也是我们2019年今后投资界要遇到的三期叠加的第一期叠加。

2018年党中央国务院提出了三大攻坚战：一个是脱贫，另一个是环保，还有一个是金融去杠杆。2018年的LP人部分来自上市公司的大股东或者高管，这个来源形成了巨大的挑战和压力。这是第二期叠加。

第三期叠加是VC、PE产业本身的发展规律。前几年是该产业发展的高潮时期，鱼龙混杂，很多不成功的企业家也进入了这个行业。在这个行业里，我们很难去判断一个人的投资水平。一个基金的期限是5+3，如果以8年为一个周期，那么最少需要16年的时间才能判断出他是否为一个行家。我判断目前在各种各样的基金尤其是小基金里面，有一半以上的人其实未必是合格的投资人。这样的市场本就需要淘汰制。

三个因素合在一起，造成了2018年的这种低谷状况，我认为2019年这一低谷状况还不会完全改变。在这三个因素中，中美贸易磋商是最小的一个因素；其次是金融去杠杆，这个因素的影响相对比国际因素大一些；但最根本的因素，我认为是VC、PE本身内部结构的周期调整，前段时间兴旺发达，现在要有一个低谷才能够形成新一轮的高潮。

在VC、PE内部，我认为又有三个因素造成了VC、PE现在投资、融资、投后管理和退出的一些困难。

第一，在过去几年中，我们投资公司很多都是投了A轮、B轮，而在C轮的时候终止了，这与整个融资环境有关，但另外我认为，与当时过高的估值、过高的期望和过度的投资数量有关。很多项目在当时拥有很高但非理性的估值，现在才回到较理性的估值上。

第二，基金本身的融资有问题。中国大陆有很多人民币基金是通过打电话来进行投资的，一开始说投100亿元，后面说先投50亿元，余款在后面到位，但最后钱却到位不了，可能是因为投资者客观上对项目估值进行了减值。

第三，我认为还与VC、PE本身内部人员的结构有关系。前几年VC、PE行业的人员数量增加太快，很多基金公司都设立了自己的投后管理团队和研究团队，我认为这些都是缺乏经验的做法。其实这些都不需要自己内部设立，内部设立的团队永远都不如市场化的团队。在市场机制下，第三方独立资源的合作比内部设立天生具备着优势。

我认为2019年的形势会比2018年的好一些，尽管中美贸易摩擦不一定能完全解决，但至少不会像2018年那样纠结。最重要且最明显的是金融杠杆这一外部环境的变化，2019年1月之后中央政策所释放的信号是非常明显的。另外，2018年有一批融资困难的VC、PE正慢慢被市场淘汰，活下来的头部基金和一些头部专业化的实体会发展得更加健康、更加良性。创业团队也不会再虚高报价、虚高估值，大家都努力地商谈实实在在的交易，那么存活的概率也就更高。

马乐：在我们看来唯一不变的就是变化。就算是在过去10年、20年经济大环境更加稳定、更加良好的情况下，每个企业所面临的挑战也是非常多的。很多企业在好的经济形势下面临着很多技术和外部环境的冲击。所以其实我们还是应该按部就班，回过头去看看自己的内功有什么做得不够的地方，把心思花在团队上、花在员工上、花在管理上。我们基金从2010年成立至今，所投的企业较多属于医药、教育等传统行业，也比较偏向投资成长期和中后期的企业。实际上自成立之初开始，我们更多的是把自己摆在一个企业家的角度上来看企业。因为中国的环境太复杂、太多变了，如果只是纯粹地从投行的视角来看企业，往往看不到事情的本质，甚至可能会带来一些很大的失误，所以我们从成立之初就开始专注于一些行业，特别是跨周期的行业，同时把自己摆在一个企业家的位置来理解这个行业，真正做到了除资金帮助以外，还对企业提供一些其他帮助。

所以其实在今天所谓的寒冬的时候，我们看到更多的是一些机会。一些真正卓越的企业家、真正有护城河的企业，现在也在对传统行业的方方面面进行改变和寻求突破，这些对企业影响很大。企业家纷纷在考虑未来10年的事情，所以我认为现在仍旧大有可为。

我们在过去的四年里，也对基金做了很多的尝试，包括对一些绝对控股型的企业进行并购，相当于我们的团队去当管理者，在这一过程中也有很多的苦辣辛酸，但最后的结果都是很好的。我们的基金团队也还会沿着这条道路继续发展下去，希望能够结合外部的资源为被投企业在战略上、管理上提供更好的帮助。

曾晓松：我们公司是一家在我国成立较早的较大型的私募基金管理公司，从投资二级市场起家，2004年开始做海外私募基金，2006年开始进军PE领域。因为我们在二级市场做得比较多，所以做PE项目时的视角与大家可能会有些不同。我们是通过二级市场来反馈公司的估值，从二级市场的角度去挖掘一级市场好的投资机会。我们不是在现在中国经济下行的时期才去留意这种防御性的机会，由于我们一直在二级市场摸爬滚打，又是从海外起家，因此我觉得我们可以提供一些更新的或者更长期、更机构化的视角。

我们一直专注于深耕这几个领域的投资：一个是消费，一个是电商，一个是服务，还有一个是医药医疗。在这里我想跟大家分享一下我们在这几个领域的投资案例，让大家了解一下我们的投资思路。

在电商领域，我们在几年前中国经济和电商领域的发展都非常好的时候，就已经开始布局于投资和收入来源于海外的电商了，它的目标市场主要是欧美、中东、亚洲和非洲的年轻消费者，立志要做非中国电商领域的ZARA，其在Facebook、Twitter上找欧美的网红做时尚电商的代言人，并大获成功。在过去三年中每年收入增长都超过100%，2019年的增长可能达到80%～100%。对于做海外电商的中国公司而言，这样的财务状况是非常可观的。

在教育领域，我们投资了"新东方在线"。大家不要认为，做二级市场投资就只关注上市公司股价的变化，如果想做价值投资，你要对所投公司的业务有非常深的了解。我们对"新东方在线"就有较深的了解。该公司当时是在国内新三板上市的，我们认为这是一种浪费，因为新三板成交量不是很乐观。我们跟他们讨论，认为应该把这部分分拆出来，将来到海外上市，或者在国内主板上市。因此，从二级市场投资入手，帮被投公司将价值释放出来，这是一个非常好的角度。

此外，我们还投资了国内的一些医院管理公司，甚至在生物医药领域，我们也做了比较深的布局。目前，在二级市场我们已经投资了一些企业，在PE市场我们也会有很深的布局。

这些公司都是在当前中国整个格局发生结构性变化的情况下，既有增长，又有防御性，我们相信无论将来这个市场和经济如何变化，他们都能给投资人带来良好的回报。

张继伟：刚才几位嘉宾都提到了政策变化，比如原来鼓励创新，可能有点过头了，现在监管开始收紧，共享经济、平台经济、区块链、互联网金融等这些曾经非常火的概念现在都受到了挑战。在这种寒冬的情况下，很多投资实际上都向头部转移，就使得少数企业的估值变得非常高，它的一级市场估值甚至超过了二级市场，投资机构该怎么应对这样的情况？请几位从各自的角度讲一讲，这种企业生态和监管环境的变化给我们带来了什么挑战？我们又能从中获得什么机会？

沈志勋：其实企业基本上可以分为两种：一种是自己有造血能力的企业，还有一种是自身没有造血能力但有着巨大潜力的企业。我们要多关注有造血能力的企业；如果没有造血能力，对它的要求就要非常高，而且估值要比较合理，因为这就意味着下一次融资相对比较容易。

王维嘉：刚才主持人说大家会去抢一些头部公司，把估值抬得很高，据我观察，这种情况在硅谷也有，但是非常少。相对来说，这些风险投资公司判断一个项目的独立性还是比较强的。

当然有一些后期的项目，比如一些快上市的项目，如果再开一轮融资，那大家可能会去投资。早期项目投资都是A轮的，最多就是到B轮，这需要投资者对此具有很独立的判断，对产业、企业和技术有很透彻的了解，所以不太会出现一窝蜂去抢的现象。通常这种估值的不合理都是由一次错误的收购造成的。比如，驾驶软件为什么都会有那么高的估值呢？就是因为3年前GM（General Motors Corporation，通用汽车公司）以10亿美元的高价收购了一家公司，此后所有同类创业者的估值都会受其影响，这对行业而言是一种非常不健康的情况。

还有一种现象，在国内人工智能领域也出现了抢头部公司的情况。在我看来，在移动互联网时代，假如你能抢到一家头部公司比如滴滴，或是在美国抢到Facebook、Twitter，不论投入多大，最后一定都会赚钱，因为互联网是一门2C的生意，有非常强的"赢者通吃"的特点，这个市场只能容下一家公司，因此一旦抢到头部公司你就一定能赢。

而人工智能是一门2B的生意。比如人脸识别领域，中国是最大的人工智能市场，它能容纳下多少家公司？我所知道的目前中国的人脸识别领域公司就有上百家，这又是为什么呢？因为它是一门2B的生意，一家公司不可能把全国市场都占了，所以到最后需要竞争的东西和所有2B的生意一样——销售，技术重要不重要？当然重要，但问题是中国这些公司除了少数几家可能有自己的核心技术外，其余大部分都是用谷歌、阿里云的技术，那些算法都是一些开源代码，真正把它剥开了看，最核心的技术并不多，所以到最后就是拼销售。到了一个拼销售的市场，一家公司就不可能通吃，这时你抢到的哪怕是最好的公司，它也不会是头部公司，在像人脸识别这样的市场中一定会有5～10家公司各自占领一部分市场。所以人工智能的投资逻辑和互联网是完全不一样的，如果按照每家公司都会"赢者通吃"的逻辑来投资，就会把10家公司的估值推算成一家公司的，泡沫自然就产生了。这是一个核心的错误，它最大的问题就在于大家对人工智能背后的逻辑不理解。

张继伟：很多企业在寒冬的时候，发展模式都会发生变化，以前有些企业的打法完全是靠资本去砸，非常暴力地占有市场，然后冲出重围。现在这种环境下，PE投资的打法是不是应该有一些变化？

姜明：我们天明资本的投资原则，首先就是不烧钱。我们希望所投资的企业，不用投资它也能够活下来，只不过成长得慢一些。它必须能够自我"造血"，能够实现自我现金流的平衡。也就是说，如果它的现金流不能平衡，还处于烧钱的阶段，就不适用于天明的投资原则。

许达来：顺为的投资策略还是偏稳健的。其实，我们在过去几年中投资的这类项目还是偏少的，在今天融资环境比较困难的时候，这种模式显然行不通。

几年前我们做过一个分析。在京东上市之前，资本圈内一提到京东，基本上所有人都说京东是一家特别烧钱的公司，亏损巨大。但是两年前我们做过分析，发现在京东之后有大量的知名公司烧钱的金额至少是京东的一倍以上。在今天这种寒冬的环境下，其实我们很注重企业的运营效率，即花一块钱能够产生多少收入或者能拉来多少用户。我们通过各种指标将已投的公司跟同类的公司作对比，让他们也相应地提高效率。这是我们当下对已经投资的公司特别强调的地方。

张斌：在上一轮互联网时代，在B2C的模式下，烧钱可能还可以烧得出来，但是在今天线上、线下一体化的时候，靠这种模式是很困难的。最近有几个失败的案例：第一，开放货架，把线上这种烧钱的模式放到线下来，事实上并不合适；第二，前一段时间比较火的便利店，最近也遇到很大的阻力。单纯想靠烧钱来把事情做好，在这一轮线上、线下一体化的模式之下很难实现。

张继伟：现在还有一个很典型的例子就是瑞幸咖啡。

赵民：我认为在现在这样一个低谷和寒冬的阶段，还是要看赛道、看大趋势，尤其要看团队一把手。我认为关注点要转到团队上来，尤其要关注一把手，任何一个部队打败仗，首先是因为一把手的指挥存在问题。而对于团队一把手，我认为要看的不仅是他的战略能力、理论能力或者沟通能力，最主要的是要看他的执行能力。我认为现在做得成功的企业，一把手的执行能力一定是到位的。虽然每个人的办法和手段不一样，但他一定要对中国的市场、国情很了解，对中国的客户和员工很了解，如果不够了解，那么他的执行力是不到位的。

张继伟：在创新和监管的关系这个问题上，2018年教育、医疗、金融等领域都发生了比较大的跳转，如何在鼓励创新和加强监管间取得一个平衡的关系呢？

马乐：实际上我们的投资首选弱监管行业，因为监管政策出台的节奏是不可控的。

从我们自己出发，我们更希望投资那些命运掌握在自己手里的企业，这些投资会更加健康。我们基本不投资那种依靠政策红利、政策套利的企业，基本不找整天期待天上掉下个政策"馅饼"的这种抱有机会主义心态的企业家。

如果监管变化真的到来，我认为心态要平静，要理性看待，有些监管是从骨子里要求的，比如医药行业，从业人员要接受这个变化。比如我们投资的一些企业，有些是在监管之前投资的，其实它并没有受到监管变化的影响，因为我们在成立之初开始找的就是这种立志于研发真实治病、救命药的企业家，国家政策也在鼓励它们，因此这种监管对我们没有影响。

所以我认为不要以一种投机心态来看待这种监管。如果真的有一些影响，我们也要积极面对。中国有这么大的空间与市场，我们应反视自己，反思自己的战略、团队、管理、执行力等方方面面是否做到位了。对于机会主义者而言，这种监管其实是一个淘汰的过程。

曾晓松： 我认为监管是必然的。从投资来看，第一，要选有刚需的行业和企业。例如打车行业，我们很早就投资了滴滴，当时就考虑到打车的需求确实很大。那么政府再监管，也一定会为它想出一个办法来，如滴滴发生的一些安全事件。政府对滴滴的监管措施和政策可能会改变整个行业，这是一个现实。在这种情况下，我们更得投资那些头部公司，投资那些刚需大到政府监管时都要各方考虑从而达成妥协共赢的公司。

我为什么这样讲呢？因为在监管的时候，政府也需要进行全面考虑，真正有智慧的监管者会考虑是否要因为滴滴的安全事件就关掉整个行业，实际上他要思考它与传统打车行业相比究竟谁的危险性更高。其实传统的出租车行业危险性是更高的。所以监管者如果足够聪明，他就一定会想出一个办法，不抹杀这个行业而让它更健康地发展。行业监管从严其实反而对企业提出了更高的要求，而不是让一个行业无知者也能够拿到很多的钱，如果那样对行业反而具有非常人的伤害性，待潮水退去后，就会发现这个行业已经被拖垮了。

Chapter 2

第二章　40年的启示

• • • • • ◆ •

　　那是一个火红的年代，有创意的改革想法会得到高层支持，很多年轻人都愿意把自己的想法拿出来，献计献策，希望能为国家的经济改革做出贡献。

一个"九二派"企业家的"前世今生"

文 田 源 元明资本创始人，亚布力论坛创始人、主席

我想讲一讲"一个'九二派'企业家的'前世今生'"。

"九二派"这个概念是由泰康人寿陈东升董事长创造的，是1992年从政府机关下海创业的这批企业家的通称。我算这里边的一个成员，过去这些年，有些事情还是很值得回忆的，有些事情现在想一想还是非常激动的。

我是"文革"以后毕业的第一届研究生。我研究生毕业后，留在武汉大学当了两年老师，后来觉得当老师不过瘾，经一个偶然的机会被调进了北京，在国务院发展研究中心工作了八年。那是20世纪80年代，我特别感恩那个时代，进入国务院发展研究中心以后我非常幸运，用了一年的时间没有经过科长、副处长、处长，直接当上了局长。这个纪录至今还没有人破过。

为什么会有这个机会？因为我到国务院发展研究中心工作以后经常参加调查研究、写文章、参加各种会议等，通过调研和学习，收获很多，进步很大。有一次，有个机会在一个小的会议上讲我对价格改革的观点。我的同学，就是后来跟我一起创办中期公司的卢建，找了中央政策研究室的领导听我系统讲了关于价格改革的一些想法。那次我讲了大概两个小时，他们觉得我的整套想法非常好，但是我没有想到他们后来整理了两页纸的材料，直接送给了当时的国务院总理。

于是，我就有了一个机会。上级领导通知我去国务院汇报想法，我忐忑不安地去了中南海，向三位国务院领导做了当面汇报，大概用了40

分钟。我汇报完了之后，领导同志就说今天非常开脑筋，说我有很多新的思想，说"看来研究中国的改革问题，除了老同志，还要年轻同志一起参加，要采取两代人对话的方法来研究中国的经济改革问题"。然后又说："以后再研究中国价格改革的问题要让小田参加。"后来我就加入了一个高层研究小组。两个月后，我被直接提拔成了局长。

马洪先生和薛暮桥先生是当时中国经济改革过程中两位职务最高、最具影响力的国务院领导顾问，都是知名的经济学家。那个时候，我们就跟着他们去研究中国的改革问题，去帮助国家设计改革方案，我们做了很多这样的工作。当时真的是30来岁，不知道什么叫胆怯。

那是一个火红的年代，有创意的改革想法会得到高层支持，很多年轻人都愿意把自己的想法拿出来，献计献策，希望能为国家的经济改革做出贡献。

在这个过程中，我扮演了一个比较重要的角色。因为我提拔得最快，所以就有更多的机会去参加一些国务院的会议、了解更多的情况，回想起来，我在那8年里确确实实做了一些事情。

比较重要的大概是两件事。一件事是关于中国双轨制的改革。中国经济从计划经济转向市场经济期间经过了一个价格双轨的阶段。在这个过程中，我也参加了非常知名的莫干山会议，还和张维迎教授、华生教授一起我们三人在20年后拿到了一个"中国经济理论创新奖"。获得这个奖的标准是两个"重大"：一个是重大的中国原创经济理论，另一个是在中国经济改革中有重大贡献。我们的价格双轨制理论得到了认可，三个人一起获得了100万元的奖金。我拿到奖金后，当天就捐给了基金会。

这是当年我做的其中一件事情，现在想起来是比较自豪的。

另外一件事情是在价格改革的过程中产生了如何平抑市场价格并建立一种机制来防范价格风险的问题。1986年我访问纽约，在纽约期货交易所学习了期货知识。1986年回来以后，我就开始研究期货市场，然后在郑州设立了期货市场的试点。当时证监会还没有成立，也没有后来的这些管理部门。我们当时做改革的方法，就是把一些改革想法汇报给国务院领导，如果获领导同意了，我们就有了"尚方宝剑"，就可以选择最适合的地点进行一项改革。后来经过多种方案比较，最终把期货市场试点选定在了我的家乡郑州。所以，郑州期货交易所是中国的第一个期货交易所。

这两件事是我8年中做得比较重要的事情，因为它们都对中国经济产生了实际的影响。

1990年我去美国留学，那一年在美国芝加哥交易所学习了很多关于期货的知识，完成了我的博士论文，同时也感受到一种冲击。

张文中跟我曾是同事，比我年轻，当时在旧金山做一个决策支持系统的研究。当年，我完成出国学习任务，回国前去看他，我们俩坐在旧金山湾区的山坡上，看着万家灯火，就开始筹划未来。我说我回去要下海，准备去经商了，他说他也计划去经商。当时我们俩都在国务院发展研究中心，回来之后我们就先后下海经商了。这个过程对我来讲是一个非常自然的过程，我在政府部门干了一段时间，也有相当的成就，但是当另外有一种新的机会出现的时候，我就选择去抓住这个新的机会。

这时候什么机会出现了呢？我是1991年从国外回来的，1991年年底被转到国家物资部做对外经济合作司的司长，我边做司长就边筹办公司，这时正好赶上邓小平同志南方视察，那时整个国家机关都在办各种公司，物资部也办了很多公司。当时若一个人出主意说要成立一个什么公司,然后找几个人,部里再给一部分钱,这个公司就成立了。且每个公司都有司局等行政级别。

我用的也是这个方法,因为当时有《有限公司条例》和《股份公司条例》,我们就按照条例成立公司。但是当我要把手下的几个人任命为副总经理、总经理的时候,我们部里的人事司提出反对意见说:"你那几个人原来都是处级,物资部的公司都是局级单位,所以他们不能被提为副总。"后来我就问他们几个人,咱们几个怎么办?咱们要下海,是不是要"脱光了"下海?不要行政级别了?结果我们团队里所有的人都说:我们下海就下海,不要行政级别了!

我就去跟人事司的领导说:"你把成立这个公司的批文给我批下来,我们去拿牌照。我们这几个人就都不要行政级别了,包括我在内。"他觉得我骗他:"你肯定是先把那几个人任命了,然后还会回来为那几个副总要行政级别。"我跟他说了一句很绝的话:"我今天到你这个门上,咱们把这个事谈妥,你放心,我永远不会再回来。"

我当时决心特别大,就辞职办了一个期货公司。我们是1992年成立公司的,也就是所谓的"九二派",1993年我们做国际期货赚了很多钱。

我是公司董事长,我的同学卢建是总经理,他是亚布力滑雪场真正的创始人。当时他跑到亚布力这儿来滑雪,并发现了这个地方。当时亚布力山上只有一条单人吊椅缆车,是运动员用的简陋缆车。那时黑龙江要筹办一个国际赛事——第三届亚洲冬季运动会,从今天的观念来看,这是一个非常小的国际赛事,但对当时的中国来说,又是一个非常大的事情。当时西方封堵中国,中国需要这种国际赛事。

那时,黑龙江省经济非常困难,就招商引资,招到了我的同学卢建,他就在这儿画了一块地,带着我来看。我也不清楚需要多少钱,我们从来没有做过房地产,也从来没有做过滑雪度假村,接着我们在这个地方买了一块地,决定在这个地方建一个滑雪俱乐部。

我当时跟我的同学说,我们刚成立公司,一年只有几千万元的利润,千万别把公司赔光了。我说这个项目最多只能花5 000万元。他说行。但是，这个项目到底要花多少钱，其实真的不知道。

最后，我们这个项目花了3亿元人民币，这3亿元人民币建的不是今天开会这个楼，而是旁边的风车度假酒店。我后来创办了亚布力论坛，当时的主会场就在这个酒店。按今天的标准来看，这就是一个大的"农家乐"，但在当时它是全中国第一个建在滑雪场的三星级酒店。这里建有包括4人吊椅缆车，10条初、中、高级雪道，国际滑雪学校等，都是用这笔大投资建成的。

从那时开始，我们就跟亚布力滑雪场结缘了。大家知道当时中国有多少人滑雪吗？全中国只有200多人滑雪，其中100人是专业运动员，另外100多人是外国大使馆的老外。你想想，全国只有200多人滑雪，一个投资3亿元的项目，根本就没什么生意。开亚洲冬运会时，我们接待了运动员，非常好地完成了国家任务，被授予"特别贡献单位"。但是运动会结束后，又没什么生意了，整个项目开始亏损，一直亏损到什么时候呢？一直亏损到今天。从1994年开始建设至今，25年过去了，一个项目还在亏损，大家可以想想一个滑雪场有多么难搞。

今天我特别高兴的是什么呢？我给大家宣布一条最新的消息，2019年2月17日下午，我们开了全国企业家支持黑龙江发展的座谈会，在这个座谈会上，全国工商联徐书记高度评价了亚布力论坛，高度评价了我们前19年在这边做的所有工作，高度评价了我们论坛所有的企业家，同时还做了一个重要的决定——工商联要把这个地方变成全国企业家培训中心。

徐书记要我们尽快做一个规划，做好规划以后，与黑龙江省政府的规划对接，进一步推动亚布力地区新一轮的发展。2020年是亚布力论坛创建20周年，酒店旁边的亚布力论坛永久会址和企业家博物馆就要落成了，其中大会场可以容纳1 700人，今天这个会场只能容纳450人。由此可见，亚布力这个地方肯定会火起来。听到这个消息我特别高兴。

2007年以后，我决定出国学习，退出了我任职的所有公司，包括在亚布力这边的公司等。我在美国学习了2年多的时间，重新强化了自己的英文能力。我可能是亚布力论坛企业家中最早辞职出国学习的，比王石去得要早，在哥伦比亚大学学习了整整2年，每天背着书包上学，属于全日制学生，学习成绩还不错。但是，作为一名企业家，我心里还是有一种不甘心。

虽然我从以前的公司全部退出来了，什么都没有了，但是我觉得还是要想办法再找一个行业做起来，所以我就进入了大健康行业。

2012年，我从美国学习回来，陈东升找我说，你回来就专心致志地做"论坛"吧。我说我还要继续第二次创业。我就想，一定要再做一个成功的企业。2015年，从100万美元首笔投资开始，我跟朋友姜明成立了元明资本。到今天4年过去了，我们基金管理的资金总额约25亿元，管理总资产40亿元。我们投资了美国最好的、全世界排名第一的小型质子刀企业——美国迈胜，投了2.4亿美元，战略性控股这家先进的技术公司，我成了这家公司的第二任董事长。我们现在的想法是，要把这家公司的设备落地到中国，进口到中国，为中国400万肿瘤病人服务。

我觉得做企业成功要有一个标志，什么标志？上市。因此，我还有一个很强烈的心愿——一定要做一家上市公司。我现在管理的公司规模、资产规模都已经超过了当时我创办并管理的中国国际期货公司，从这一点来讲，我已经越过那个坎儿了。但是我有一个目标，就是要把现在的这个公司带上市。我们接管这家公司之前，这个公司2年才卖了一台设备，一台设备大约2 500万美元，相当于一架私人飞机。我们接管半年之后卖了4台设备，2019年的目标任务还准备大幅增加。

既然我是亚布力论坛的主席，那么在做企业方面，我要再一次证明我自己可以把企业做好，我们整个团队的目标是2021年公司在国内外选一个交易所上市，完成我这个目标。完成这个目标之后，我定的下一个目标是，在武汉大学成立一个研究中心。武汉大学经管学院院长宋敏是美国留学回来的博士，我们两个人会作为联合创始人，在武汉大学设立中国第一个企业家研究中心来研究成功的企业家和他们的企业。我们要做500个企业家的案例库，要总结一套中国企业家成长发展的规律，用这些研究成果去教育更多的在校大学生，使他们在大学期间就树立一个终生目标——要成为一个成功的企业家。

　　当然，做这件事情需要大家的支持。我们研究中心需要招聘兼职教授、兼职研究员，需要很多企业家的支持，还需要很多赞助，我自己会捐1 000万元成立一个基金会去做这件事。我的朋友张文中已经准备给这个项目赞助100万元，还有另外一个朋友准备赞助100万元。今后，我会在自己所挣的钱中拿出相当一部分捐给大学，培养像亚布力论坛所有理事和合作伙伴一样优秀的人才，为我们这个国家的经济发展服务。

香港如何吸引人才

文 梁锦松 南丰集团董事长兼行政总裁、香港特区政府原财政司司长

我想在这里谈一谈经济发展。因为国与国之间的竞争，很重要的还是经济的竞争。怎么样发展经济最好？我用香港特区的经验做一个分享，虽然香港跟内地是不一样的，但是也供给大家参考一下，讲得不对的地方，请指正。

改革开放40年是中国经济腾飞的40年，民营经济与民营企业家从无到有。如果以区域来讲，民营企业家最多的可能就是在珠三角和长三角，而且这两个区域经济的总量和排名都是靠前的。这也从一个侧面看出民营企业跟企业家精神的重要性。因为经济的发展，这些区域在吸引人才方面也很靠前。其实在现代经济、知识经济中很重要的一个要素就是人才。所以，有人说国与国之间的竞争、区域跟区域之间的竞争、企业跟企业之间的竞争其实就是人才的竞争。在这里，我就谈一下如何吸引人才。

2018年是改革开放40周年，而香港特区是改革开放的一个重要参与者。香港提供了内地需要的资金、市场、管理和技术，香港的发展也得益于改革开放，香港变成了最重要的金融中心、航运中心，也提供了很多专业人才，很多企业包括国企在香港上市。现在，我们有一个很重大的机遇，就是粤港澳大湾区。未来我们会看到国家出台的规划，在金融、科技、产业创新等方面都有重要的举措。

我要强调一点，香港从来都是我国重要的对外窗口，香港的发展模式跟内地可能不一样，但是仍有参考的价值。香港是全球最自由、最市场化的经济体，美国传统基金会连续24年评选中国香港为"全球最自由的经

济体"。

　　我们的强项主要有两个：一个是在制度上，另一个是在生活方式上。在制度上，"一国两制"使中国香港有独特的法治和自由。现代经济中很重要的因素是人才，而很多不同的研究都显示，人才首先喜欢的是法治和自由，其次很重要的就是生活方式。我经常举的例子是美国加州，谷歌的总部在硅谷，距离旧金山45分钟的车程。但40%在谷歌总部上班的员工不住在山景城，而是住在旧金山，主要的原因就是他们喜欢旧金山的生活方式。人才不只是喜欢与同公司、同行业的人才交流，更喜欢的是跟不同领域的人才思想碰撞，这才是创新的来源。

　　我国香港就有这样的一个生活方式，非常开放、多元、国际化。香港地区的税收很低，非常安全，也有非常好的医疗，还有很好的营商环境，经济自由，物流畅通。此外，在世界大学排名前100位中，中国香港占了4所，它能够吸引很多科学家和留学生。

　　粤港澳大湾区其实就是旧金山湾区、纽约湾区、东京湾区这全球三大湾区的综合体。我们可以看到，粤港澳大湾区拥有很强的综合实力，它有深圳突出的创新能力，有广东优秀的制造业，有香港的"一国两制"以及吸引人才的能力，非常有前途。

习近平总书记强调要深化改革开放，这是未来发展的一个很重要的方向。而粤港澳大湾区建设作为国家战略，与深化改革开放结合起来，特别是发挥香港的制度优势和人才优势，一定会为中华民族的伟大复兴建立新功。

"人才战"靠什么胜出

为了应对环境的快速变化，跟上新经济时代不断迭代更新的节奏，人才队伍升级已成为企业面对的重大课题，是各行业、各企业谋求发展的"重头戏"。那么，企业如何在人才战中胜出？是靠薪酬、平台，还是靠人力资源战略？

在 2019 年亚布力年会上，北京大学光华管理学院管理实践教授谢克海以"'人才战'靠什么胜出"为主题，详细阐述了 iPODAR 的核心思想；中国企业家联合会副会长，华泰保险集团创始人、董事长兼 CEO 王梓木，新疆维吾尔自治区工商联副主席、德汇集团董事长钱金耐，创合汇创始人、上海交大 SIPA 经管中心主任邵钧作为讨论嘉宾分享了自己对人才管理的看法；高风咨询公司创始人兼 CEO 谢祖墀主持了本场论坛。

谢祖墀：今天讨论的题目是"'人才战'靠什么来胜出"。我们所处的时代变化越来越多，不确定性也越来越多，特别是科技的发展对社会各个层面及企业都产生了重要的影响，每一个企业都需要做出不同的改变，包括未来的发展战略、愿景以及组织形态等。其中，很关键的一点，就是如何构建人力资本。请谢克海教授围绕"'人才战'靠什么胜出"这个主题分享一下他的观点。

谢克海：我主要讲一下 iPODAR（I, People, Organization, Differentiation, Action, Result）的核心思想。

先讲 P（People），就是关于人。我认为，到了公司最高决策层，人的问题最终就落到了四个字上："谁上谁下"。谁现在上？谁未来上？谁

现在下？谁下一步可能下？

　　要解决好这件事，最重要的一个前提条件是你要对人性有比较准确的理解。我们可能已经了解了人力资源技术层面的内容，但是我认为对人性的理解同样是解决好这个问题的非常重要的一个前提。一个人的秉性容易改变吗？根据我多年来的经验及经历的许多案例，我可以得出一个结论：从管理实践的角度来看，"人性不变"。

　　一直以来，围绕人的个体差异，人们有很多思考和研究，主要存在两种说法：一种叫遗传决定论，另一种叫环境决定论。

　　遗传决定论认为，人的个体差异是遗传来的。如高尔顿，他通过研究认为："一个人的能力是由遗传得来的，它受遗传决定的程度，正如一切有机体的形态及躯体组织受遗传决定一样。"这是最典型的遗传论的代表。再如霍尔，他也是遗传决定论的代表人物，是美国心理学会的首任主席，他有这样的观点：一两的遗传胜过一吨的教育。

　　另一种说法是环境决定论，认为人的差异是由环境决定的。最典型的是英国哲学家洛克提出的"白板论"。还有一位代表人物是美国的心理学家华生，他说："给我一打健全的儿童，一个由我支配的环境，我可以保证，无论这些儿童的祖先如何，我都可以把他们培养成为任何一种人，政治家、军人、律师，抑或是乞丐、盗贼。"环境决定论会衍生出教育万能论，也就是说教育可以解决所有问题。

遗传决定论和环境决定论都有一定的道理，而我认为在企业实践中应该遵循的观点是：人性不变。我想基于麦克里兰的"胜任力"概念和冰山模型来证明这一点。很多组织都据此开发出自有的素质模式，纵观这些素质模式，大体可以把素质分成三部分：第一部分是知识、技能和经验；第二部分是能力、逻辑性、影响力；第三部分是价值观、诚信、敬业度。哪个部分是容易变化的？第一部分容易变化，因为知识用心就可学会，经验和技能可以积累。第二部分很难改变，比如一个人糊涂，难道改变环境他就不糊涂了吗？《首先，打破一切常规》的作者在调查了14万人后得出"人的基本素质在人的早期就奠定了"的结论。第三部分基本不变，如道德品质。有研究表明，一个人最晚在18岁的时候他的道德品质基本就已经定型了。也就是说，一个人的价值观在去一家公司之前就已经形成了。

总结来看，在一个人的幼年时期，这三部分素质都是可变的，但是到成年之后三部分素质分别是可变、难变和不变。如果你是教育工作者，我希望你相信"教育万能论"，相信这些素质都是可变的。如果你是企业高管，你聘用的人是成年人，就另当别论。华生说："我可以把儿童培养成任何一种人。"但他的前提是"儿童"和"一个由我支配的环境"。企业招的是儿童吗？企业的环境完全可控吗？想改变，做得到吗？由此引出我的第一个提示："管理实践：人性不变。"也就是，在管理实践方面，我希望各位按"人性不变"这一思路去思考问题。

我们都知道，有问题的人不能用，那么问题人长什么样呢？在我20余年的职业生涯里，经常遇到这种现象：一名员工或者高管，平日口碑良好、业绩优异、有远见、有担当，但是一审计却出了问题。这样的事尽管是小概率事件，但具有一定的普遍性。为了摸清这种现象产生的原因，我曾对"360度评价"的数据进行深入分析，猛然发现这类人有个共同特点，即他们的综合素质都非常强，只是在某一个单项指标上出问题。比如说，可能只是在品德上出问题，说得更具体一点，就是这些人能力很强，但就是贪，有些人喜欢贪钱，有些人喜欢贪权，感觉权力不够便把副总的权力抢过来，但无论哪种贪，都是大事。

对此，我称之为核心指标单项否定。也就是说，若核心指标出问题，只需一个指标就足以毁掉这个人。比如一份体检报告，绝大部分指标都正常，但只有血糖这一项指标不正常，也许就是糖尿病了，而血糖就是一个核心指标。由此引出我的第二个提示："核心指标单项否定。"一定要想一想在你的周边有什么人在核心指标上有毛病，基于人性不变，如果说核心指标缺失一项的话，你就知道谁应该是被淘汰的。

我有篇专门讨论"该淘汰谁—ABCD淘汰论"的文章，愿意拿出来分享一下。设想一家企业在完成考核之后，把员工分成ABCD四个等级，B和C之间是市场平均表现，应该淘汰谁呢？我强烈推荐"360度评价"这个管理工具，由于时间原因，这里我只谈一个角度，就是ABCD淘汰论。

以360度的素质评价为例，所谓D就是低于平均分最多的一类人。简单地说，他们是在100个人中排名倒数一二三的人，我建议要优化淘汰。你说他可能变好吗？他或许能变好，但是通常还是低于平均分，过段时间又回到倒数后几名。所谓C则是高于D且略低于平均数的这类人。如果这类人连续几年负责某块业务，这个业务就慢慢被毁了，他主管的这个组织也就变成C类了，充斥着C类的流程、C类的制度、C类的人和C类的文化。长此以往，就会被竞争对手远远甩在身后，这些人往往会找诸如行业不景气、预算定太高等所谓客观理由，总而言之，他们不停地钙化这个组织。等你发现问题的时候，已经来不及解决问题了，这块业务或企业已经被毁得一塌糊涂。D类人很快会被发现，而C类人恰恰不易被发现，因此，在企业里比D类人破坏力更大的是C类人，如果这类人在管理岗位上，我建议优化淘汰，最起码让这类人离开管理岗位。

所谓A类人就是高于平均分最多的一类人。A类人是不是都该重用呢？我以前的认识是A类人都应该重用，但是今天不再这样简单地认为了。对于A类人的评判要格外小心，因为A类人并不是全部优秀。看某个人该不该重用，这个人是不是优秀人才，不能只看综合能力，而要将其指标分解来看。比如，某位员工综合分数很高，但清正廉洁度很低，这个组合是有问题的，因此这是问题人，我称之为假A。由此，我的第三个提示是："能力看综合，品质看组合。"

所谓B类人，就是分数比平均线略高的人，这类人不能在核心的岗位上，因为在核心岗位上的必须是顶级人才，这样才能带动企业发展。如果B类人在核心岗位，他们没有能力带领队伍突破，一定会在激烈的竞争中输掉。

总结起来，原则上说，排名倒数的D类人，建议解除合同；那些略低于市场平均水平的C类人，不能承担管理岗，他们可以被人领着干活；B类人不能放在核心岗位；对于A类人，要发现并清除假A。这就是我的第四个提示：你该淘汰谁？ABCD淘汰论。

根据这个结论，如果要做一个企业，就要不停地扫描以上这些岗位，发现不匹配的，就要调整。这种按照级别扫描的思路是一种传统的思路，还有一种思路是把公司里所有的核心岗位标出来，扫描核心岗位上都是什么人，如果有假A或是BCD类，就用A类人换掉。

你可能会说，需要这么多A类人吗？我认为核心岗位需要A。我想分享一下拿破仑的观点："高卢人不是被罗马军团征服的，而是被恺撒征服的。""让罗马人心惊胆战的不是腓尼基大军，而是汉尼拔。""远征印度的不是马其顿方阵，而是亚历山大。"

历史是人民创造的，人民是由英雄和群众组成的，因此可以进一步说：历史是英雄带领群众创造的。业绩也一样，业绩是由顶级员工或顶级的经理带领员工创造的，我们需要顶级人才——每个企业都一样。你需要顶级人才，因为你需要英雄，历史是英雄带领群众创造的！这句话我在此口头提示各位。

以上是iPODAR中的People的部分。下面我讲一下O，也就是环境。环境重要不重要？试想如果道路高低不平，那么再好的车也跑不起来，所以说环境很重要。

2018年是改革开放40周年，1978年到底发生了什么？经济学家、金融学家、社会学家、历史学家等各有其洞察和感悟，我从人力资源微观的角度看，最重要的是创造了能干、想干事的环境。

对比地球与月球也能说明环境的重要性。为什么地球生机勃勃，月球却一片荒芜？其实就是因为月亮和地球上的环境有差别，月球和地球都有阳光，但是地球有空气和水，有了空气和水之后，地球就慢慢变绿了，也孕育出了各种生命体，同时也产生了人类文明。因此从自然界的规律来看，生命需要合适的环境。

所以我们做领导的需要为大家提供能干事的环境。能干事的环境产生想干事的氛围，想干事的氛围则产生会干事的氛围，打破这个循环很容易，只要把"能干"去掉就什么都没有了。根据我的实践观察，一流的企业抓"能干"，二流的企业抓"想干"，三流的企业抓"会干"，刚入门的企业抓"考核"。所以，我的第五个提示是：创造能干、想干事的环境。

这个环境里包括高管想不想干，也包括普通员工想不想干。举一个例子。很多单位都有员工辞职，辞职比例10%高不高？对比12%或15%的话，10%确实不高。我们看一个HAY的调查结果，调查中58%的老板被归为挫伤积极性这一类。新浪网调查显示，经常感受到不受老板尊重的员工比例是59%、偶尔和很受尊重的分别为34%和6%。很神奇的是，比较新浪的调查结果和HAY的调查结果，虽然两个调查的时间不同，调查的人群也不同，但感到不受尊重的比例非常相近。作为老板，你有59%的可能是挫伤员工积极性的，而你或许感觉自己还挺受欢迎的。紧接着新浪调查第二个问题——问这59%的人：面对不受尊重的情况，会做什么动作呢？他们选择混、辞职离开、浪费资源、告诉外界公司不尊重人，一共4项——留、走、留、留，请注意比例，只有38%的人想到走，其他三种都没想要辞职。想辞职的两个人找工作，有一个找不着工作，所以38%的人只有一半找到工作了，因此，$59\% \times 38\% \times 50\% \approx 10\%$，这就是为什么现在市场离职率就是10%左右了。

也就是说，10个人中6个人不受尊重却只有1个辞职的，谁没有走呢？就是在公司拿工资不干活的那部分人。于是10个人中会有1个人辞职，另外5个人没干活，3个人偶尔干活，只有1个人在全力干活！所以我给大家的第六个提示是：思考一下您的公司有多少的潜能尚未释放？我希望大家仔细想想这个事情。

既然有很多问题，那么该怎么破解呢？应该严格地区分，区分的报告必须清晰，这就是iPODAR中的D。企业里有很多区分的报告，无论是环境调查报告，还是人员调查报告，往往都不清晰。什么叫清晰？就应该像医院出具的化验单一样，看箭头就知晓孰高孰低了，非常清楚。我们需要这样的报告，比如说企业高层谁特别优秀，谁应该解除劳动关系；比如说中层，哪些是我们的中坚力量，哪些应该淘汰，观点清晰，一目了然。真正好的报告是什么呢？是从含混不清到结论清晰，这是最理想的报告。

有人会说，报告清晰就能决策吗？当然没那么简单，我们要综合研判。在现在的报告中，很多中高层、职能部门不给清晰观点，理由是反正也不一定被采纳。我要说，这是两回事。仍然拿医院举例，报告清晰相当于检验科应该提示哪里有病灶，而决策者相当于主治医生，医疗小组要进行诊治，但无论怎么诊治，手术做不做，检验科必须要提供清晰的观点。所以我有第七个提示：报告必须清晰。所谓的清晰报告既包括纸质的报告，也包括各个部门的"观点"。

关于A就是Action（行动），我只讲一个字，就是"快"。有时候在企业实践中，其实第三季度的时候我们就知道某大区老总带领团队完不成任务了，综合考虑到前一年的情况，实际上完全可以在那个时间点上做岗位调整决定。但是通常来讲，我们不这么做。大部分的企业怎么做呢？说还有一个季度呢，我们再看看吧。其实等到12月底看业绩，乃至1月中旬财报出来了，还是那样。这时候按道理应该提出调整了，但马上就过春节了，不好意思沟通，于是就等着过了春节再说。这就到了2月底3月初，结果沟通调整，本人反应强烈，再讨论讨论又耽搁一个月。等到3月中旬或3月底决定必须换人，开始通知人事部招人。一般招聘高管不容易，要两三个月，新人6月份才上岗。大家想想后果是什么？从前一年9月份发现无法达成业绩，一直到新人第二年6月份上岗，中间的9个月时间实际上没人管，想想损失大不大？这是损失之一。损失之二是，新人是6月份来的，能让他对全年的预算指标负责吗？一个新人到岗，现状已经是一塌糊涂了，我们也不好意思要求他把收入和利润都完成，于是新一年的业绩实际上仍没人负责。所以最终的结果是，前9个月浪费掉了，本年度还没有人管，这就是慢的结果。慢是很可怕的，因此我说要"快"。你可能会说，有这么严重吗？这是不是个案？不是。东方财富Choice数据公布的结果显示，2016年以来，沪深两市上市公司高管离职数量在3月、4月、5月最多。所以我第八个提示是：快！第四季度优化人。

我个人多年来的体会是这样的：理念必须有流程支撑，辅之以工具，最后才会有结果。长期这样循环，就形成了自己的企业文化，形成了自己企业的DNA（Deoxyribonucleic acid，脱氧核糖核酸），形成了"惯性"，就有了基业长青的基础。能够这样做，理念在这个企业就彻底地落地生根了。遗憾的是，绝大部分企业都是从灵光一现的理念到灵光一现的理念，当然，有些穿插着二流、三流甚至不入流的所谓"落实"，结果是差之毫厘，谬之千里。

最后，引用法国前总统戴高乐的话：总统的职位是暂时的，家庭是永久的。我换几个字：总裁是暂时的，专业是永久的。

谢祖墀：非常精彩的演讲，谢总的观点给予了我们很多启发。华泰保险集团股份有限公司董事长兼首席执行官王梓木王总是很资深的企业管理

者。刚才听完谢总的观点，不知道您有什么想法？

王梓木："人才战"靠什么胜出？"人才战"是靠人才战略胜出。我认为很多企业在相当长的时间内都没有人才战略。一个企业要达到目标，需要考虑用什么样的人才能去实现。我们很早就提出了人才战略，其中第一个就是人才标准。人才标准每个企业都有，比如我们公司的人才标准就是"事业激情、思维前瞻、决策有力、推动变革、共同成长"。而一个企业领导者的风格，决定了一个企业70%的组织氛围，组织氛围决定一个公司30%的效益，所以看组织的气氛好不好，就知道企业领导者的风格怎么样。如果他一个人说了算，大事小情都等他布置，我认为这不是一个好的企业领导者。真正的企业领导者是能够带动员工提升能力。

我们知道，人的性格是有差异的，不同的层面有不同的表现。我们给公司每个高管都做过测试，我们认为性格有差异，但是可以管理。对人性处于弱势的人要主动去管理，这样他们才能适应工作，才能和岗位标准相契合。我们要清楚这个岗位标准要求相关人员具有哪些人性特点，从而进行选择。

这里我说一点，也是多年前经过我自己的工作总结出来的，就是企业

领导者可以有性格差异，但是不能有性格缺陷，尤其是不能有重大的性格缺陷，包括心胸狭窄、过于自负、难于合作、患得患失、诚信不足、显失公正等。

比如我们公司有一位很重要的领导者是从海外引入进来的，能力极强，但是威信总是建立不起来。后来我发现原因其实他就是在一件很小的事情上没有诚信。作为一个企业领导者，诚信不足是非常可怕的。若一个企业的领导者在人格缺陷或性格缺陷上出现任何一方面的问题，其地位越高，则对公司的损害将越大。要相信员工的眼睛是明亮的，不会放过他。这些缺陷一定会毁掉他自己的工作前程，也一定会给公司带来巨大的损失，所以领导力其实还是回归到了做人的本原上，这是很重要的。我也注意到一些海外大公司的高管都非常出色，在经验和能力方面几乎差异不大，但最后的决战往往是什么呢？是人格的较量、人品的竞争。

谢祖墀：非常精彩。新疆维吾尔自治区工商联副主席、德汇集团董事长钱金耐钱总在人才管理上也非常有经验，我看他也写了很多笔记，肯定有很多想法。下面我们就请钱总分享一下他的观点。

钱金耐：我认为"人才战"的胜出主要靠组织能力。第一，老板要

有好的战略；第二，高层要形成合力；第三，中层要形成非常强大的执行力。这三点构成了强大的组织能力，因此企业才能活下去。

我们创业到现在已经33年了，在人力资源方面也走了很多的弯路，现在总算是摸索出了这么一点经验和大家分享。

我们的用人标准一直都是六句话：志相同，道相合，给舞台，看绩效，塑造人，高回报。

第一，志相同很重要，因为"人才战"在"人"方面无非是两个问题：第一个是怎么培养老员；第二个就是怎么吸引人。我在招聘高管的时候，通常会把公司战略讲给他听，让他兴奋，不是你讲得兴奋，而是他听得兴奋，这样"志"就同了。如果说他对你的整个战略不认同，你是不能把他请进来的，如果非要请进来，那就是一个灾难。在这一点上，我们一定要沟通到位。

第二，所谓的道相合，说的就是价值观和文化的契合度。比如我们公司把责任和担当看得很重。原来我们的总部在新疆，后来新疆的恐怖分子放大火把我们的整个四栋楼烧掉了，最后公司人和我一起走出了困境，我们也沉淀了一些有诚信、有担当的好管理者。所以，在培养年轻干部的时候，还是要把自己的责任担当、价值观和文化的契合度不断地进行宣导。

第三，多给年轻人舞台。

第四，看绩效。

第五，塑造人。关于"塑造人"，我们以前也走了很多弯路。我们正努力从人力资源管理提档升级到人力资本管理，而人力资本的背后，是对"心理资本"的重视。

心理资本，就是这个人的心理素质一定要和企业文化吻合。除了专业能力外，管理者还要有能够和谐共事的能力。我认为，"人才战"胜出的关键要看组织的竞争力，组织竞争力的高低要看企业领导班子能不能形成合力。

心理资本的核心就是几点：自信乐观，充满希望，坚毅并且有韧性。如果一个管理者没有韧性，你就没有办法改变他，那培养他也没有用。心理资本取决于一个人的个性、特点，或者说是否具有企业家的精神。我们在面试的时候，会让面试者说一些过去工作当中的失败经历，同时也要看他有哪些成功的经验。这个人如果有成功经验，他进入你的团队，认可你的战略，又可以和你的团队和谐共事，那就非常难得了。

第六，高回报，每个人都向往美好的生活。我们当年下海创业的时候想的是什么？在创业的前5年、前10年，想的不就是让家里过得好一点吗？反过来，你的员工为什么要和你在一起奋斗？他也想过上自己的美好生活，比如说年薪20万的，3年以后可以变成年薪200万，或者我们给他合伙人的待遇，这样就形成了一个强大的合伙人队伍。

谢祖墀： 非常感谢。你刚才提到的几个观点，我个人也深有体会。其实一个企业或组织，也是一个集体，集体中有个体，个体跟集体之间是相辅相成的。

接下来发言的是创合汇创始人、上海交大SIPA经管中心主任邵钧。邵主任你接触的企业大多都是初创公司，这些公司的成长很快速。在初创公司里经常会碰到人才管理方面的问题，您有什么观点想和我们分享吗？

邵钧： 我们公司主要做创业加速方面的工作，包括一些商学教育。这么多年来，我们作为观察者和实践者也有一些感悟。

当前我觉得最重要的就是面向未来的组织建设问题。据我自己观察，在工业时代，其实每个人对企业贡献度的差异并不是特别大。但是随着社会差异化的发展，人与人之间对公司贡献度的差距可能是几倍。我们叫这类人才为"意志型"或者"经营型"人才，能不能把"意志型"或者"经营型"的人才放在创业企业决定了组织能不能更好地面对未来的挑战。

马克思说资本有天然的差异，人类资本无差异。当今社会的资本没有那么强的优势，反而是核心人才具有很大的优势。因为普通的劳动人才将来可能会被AI等人工智能技术替代，但是无法替代的就是创新型的、意志型的人力资本。这些人怎么凝聚？人性本身是不变的，只不过随着环境的变化，有很多人性的需求被释放出来了。以前我们有一份工作就可以了，而现在的年轻人认为，如果不能实现价值，我宁愿失业，这也是一种人性。

企业面对未来所要进行的调整，体现在三个层面上。第一，是文化和理念上。员工愿意不愿意干是很重要的问题。一个创业企业，能不能建立一个有吸引力的使命、愿景和价值观，且找到对的人一起去创业和发展，这是非常重要的。我们每年都要到硅谷去考察企业，发现很多优秀的公司最重要的就是能够建立一个强大的企业文化。

第二，是人才培养。我不是这个领域的专家，就不多谈了。

第三，是机制。人才决定了能不能干，文化决定了会不会干，机制决定了允许不允许你干。人的选择和淘汰机制、价值共享机制、权力共享机制、责任共担机制，这五大机制是决定一个企业能不能凝聚经营性和意志性人力资本的关键所在。

了不起的混合所有制

文 宋志平　中国建材集团前任董事长

央企和民企天然地就是一家。我总跟媒体讲："你们不要总是一会儿讲'国进民退'，一会儿讲'国退民进'，我们是'国民共进'，国企和民企从来都是一家人，这是我们中国人的文化。"我们不光上了炕，最重要的是，我们还结了婚，生了孩子，这就是我们所做的"混合所有制"。

我觉得混合所有制是一件了不起的事情，所以我想围绕这个题目讲三点。

第一，怎么看待今天中国的国有企业。

讲到国有企业，大家总是想到过去那种政企不分、效率低下的旧的国有企业。可是大家看到，现在的央企发展非常迅猛，到底是为什么呢？有的人说央企靠政府补贴，有的人说是因为垄断，其实这两种说法都不对。央企这些年的变化来源于改革。40年的改革使得中国的国企发生了巨大的变化，中国的国企是被市场化了的国企，是上市了的国企，是被混合所有制了的国企。

现在央企近80%的资产都在混合所有制企业中，当然大多数都是上市公司。如果没有这么多年的改革，没有这么多年的上市改造，没有这么多年的混合所有制，就很难有今天央企的发展。所以，我觉得央企的发展得益于改革，得益于混合所有制。

混合所有制真是中国经济改革的一大创举。其实西方国家也有，它们搞过国有化运动，也搞过私有化运动。像法国现在的雷诺公司、燃气公司中还有国有股，但数量较少。大规模做混合所有制的只有中国，这是中国

的社会制度使然。

　　党的十八届三中全会把混合所有制当成我国基本经济制度的重要实现形式。为什么是重要实现形式？这是因为混合所有制解决了国有经济和市场融合这样一个世界性难题，为国有企业进入市场提供了一个成功的载体，解决了国企政企分开的问题，解决了国企和民营企业市场融合竞争的问题，也解决了国有企业长期以来僵化的内部机制的问题。所以，我觉得混合所有制确确实实是一个好东西，是我国在经济领域里的一个巨大的制度优势。

　　大家对于国企改革怎么看？也有人认为，国企改革好像这些年并没有改变什么东西，我不这样认为。

　　我认为党的十八大以来国企改革做了一件非常重要的事，就是探索出了一种"国资委—投资公司—混合所有制"的体制和模式。现在国资委以管资本为主，国有投资公司以管股权为主，混合所有制企业在市场经济中进行市场化经营。这种体制和模式来之不易，使我们彻底解决了国有经济和市场融合的这样一个根本问题，找到了一个答案，这是对中国经济的贡献，也是对世界经济的贡献，是一件了不起的事情。

第二，中国建材和国药集团的混合所有制实践。

在2014年5月，国资委确定了两家混合所有制试点——中国建材和国药集团。有5年的时间我同时担任这两家公司的董事长，这两家公司有什么特点呢？

一是它们都在充分竞争领域里。

二是它们曾经都是非常弱小的央企。

三是它们的国有资本都在50%以下，非公资本占到50%以上。

四是两家企业都通过混合所有制迅速发展成为世界五百强。中国建材从国资委成立的时候只有20亿元的收入，2018年做到了3 500亿元的收入；国药在2009年只有360亿元的收入，2018年做到了4 000亿元的收入。也就是说，这两家公司的发展实际上源于混合所有制的推动。如果没有混合所有制，这两家企业不一定能生存到今天。今天，这两家企业都是行业里的领军企业。这都是通过混合所有制取得的。

混合所有制不仅使企业获得了资金，例如，中国建材用25%的国有资本吸引了75%的社会资本进行发展，国药集团用40%的国有资本吸引了60%的社会资本进行发展，而且更为关键的是，为企业引入了市场机制。产权制度表明，无论是单一的国有企业，还是单一的家族企业，都不及多元化的股份有限公司管理得好，因为多元化的股份有限公司会使公司管理起来更加透明、更加科学。所以，混合所有制对于企业的监管也是非常有利的。

这么多年来我体会到，凡是上市公司，凡是混合了的企业，凡是有天然的所有者在里面的企业，往往出现的问题少，倒是单一管理体制企业出的问题多一些。所以混合所有制不仅为企业引入了资金，而且还引入了市场机制，加强了企业内部的监管。

有人问我，你们的混合所有制企业是什么样的队伍呢？我们既有体制内的国企干部，也有招募来的职业经理人，也有持有股权的腰缠亿贯的民营企业家。这三种人在一起，会不会出问题呢？我们把习近平总书记亲清政商关系的"亲清关系"引入了混合所有制队伍的建设里。也就是说，我们在合作上要亲密合作，在利益上要清清白白。所以，这么多年来不管国药集团也好，中国建材也好，总的来讲它们的发展是非常健康的。

第三，继续完善好混合所有制。

首先，要解决好认识上的问题。对于混合所有制其实有两种不同的认识：一种观点认为，与民营企业合作很危险，民营企业蚂蚁搬家，把国有资产慢慢蚕食了，造成了国有资产的流失；还有一种观点认为，民营企业跟国有企业打交道会不会被第二次公私合营了？民企本来在体制外好好的，跟国企一混各种管制都来了，变得不自由等。其实在混合所有制中大家是用股权说话的，形成了新的规范的公司制度，就像当年搞中外合资一样，外国公司有几个是国有的呢？不都是民营的吗？我们处理得不是很好吗？我觉得大家要把心放到肚子里去，不用担心。

其次，关于混合所有制的下一步，最重要的是要给它一些制度上的安排。

既然混合了，它就不同于传统的国有企业，也不同于民营企业，它是一个新型的所有制的企业。所以，我认为从政策层面上要给它一些好的政策支持。我最近听说云南白药的事情，是云南省国资委和新华各占一半股权，然后各轮值三年董事长，既不是国企，也不是民企，关键是经理层都实行了完全股份制的制度。我觉得这个很好。应该在制度上有所突破，在政策上做一些新的探索。

最后，搞混合所有制，引入市场机制非常重要。所谓机制，就是指企业的效益和员工利益之间的正相关关系，如果没有关系就没有机制，有关系才有机制。我们的改革不能为了混而混，混的目的是想把民营企业，把市场的机制引入国有企业里来，这才能实现混合所有制真正的目的。

新希望的转型经验

文 刘永好　新希望集团董事长
　　　　　亚布力论坛2019—2020年度轮值主席

作为一个创业的老兵，作为一个老"农民"，我想谈谈新希望集团过去这几年的转型与调整：它在用一种什么样的方式在考虑、在奔跑、在前行？它取得了什么样的业绩，又有哪些经验教训？

2011年，我们的销售额已经超过了800亿元，当时我们满怀信心，因为按照当时每年增长百分之十几的速度，到2012年，最多2013年，销售额就可以过千亿。结果，2012年没有过，2013年也没有过。我们就开始认真地研究：为什么我们付出了那么多的努力，投入了那么多的钱，用了那么多的人，都还没有增长。要知道，我们已经有7万名多员工，在全球已经有六七百家工厂。

我们研究发现，以前市场是供不应求或者基本平衡的，买地、建厂、招人、科研一定能赚钱。但今天不一样了，行业过剩，生产得越多，价格就越低，就越不赚钱。经过内部研究、外部咨询，我们最后形成了一个新的格局——要做"四新"企业。

第一，新机制。

我们转变思路，形成全面合伙制。从五六年前开始，我们的新企业几乎都实行合伙制，老的企业能够转型的，也都转成合伙制了。几年过去了，我们已经有100多家合伙制企业、400多位合伙人。这400多位合伙人跟公司同心同德，心往一处想，劲往一处用，他们甚至比我更关心企业。

为什么？因为他们占了企业的股权，有的多、有的少——有的占百分之十几，有的占百分之二十多，有的甚至是百分之四十多。我们注册资本为1亿元，他们若占10%就需要投入1 000万元。他们为什么愿意投入1 000万元？因为他们有信心，他们懂这个行业。他们都是行业中有业绩的、有能力的、有本事的。他们比我尽责，他们的利益联系比我紧密。我则给他们在品牌、金融、信息等方面赋能。

通过这样的赋能，通过这种合伙制，通过这样的合作，我们统一规划，提出了"四共"。共识，大家一块儿做事；共担，共同来担当；共创，共同来创造；共享。其中最重要的是共识和共享。

六七年过去了，这100多家合伙制企业让我感到非常高兴与骄傲，他们绝大多数都生存得非常好。

比如在制作肉蛋奶方面，以前有很多物流企业，它们有车、有库房，各自为生产服务，利用率都不高，浪费严重。现在我们集中起来成立一个物流公司，同时聘请合伙人，以合伙人为核心。两年过去了，我们在全国整合了30多家合伙制企业，主要城市几乎都有，形成了干线配送、城市配送、最后一千米全解决的格局。这种格局成就了中国排头的物流企业。

第二，新起点。

　　我们研究发现，创业30多年，公司管理层的年龄多数已经五六十岁了。他们为公司做出了巨大贡献，勤奋、努力、忠诚、认真、心无旁骛，但是他们对新经济却不够了解，手机不太能玩得转；他们有房、有车、有家庭，什么都有了，让他们去创新、去拼，一天工作10个小时，是不现实的。我们把这些老同志妥善地做了安排，让他们担任顾问做咨询，或者做培训，或者退休。说起来容易，但做起来其实特别困难。经过几年的努力，我们几乎全部妥善安排好了老同志，充分发挥他们的作用，让他们自然地退到"二线"，把"一线"全部让给年轻人。

　　我们还提出了"新青年、新希望"。5年过去了，现在整个集团2 000多名管理者平均年龄为30余岁，集团总部总裁、副总裁、总监级别平均年龄为40岁。年轻化带来的是活力和干劲，因为这帮年轻人还没有房、没有车，家庭也还没有完全组建稳当，他们有上进心，同时，他们又都是手机玩得溜的、新经济的一群人。

　　有人跟我说，你的女儿刘畅接班接得好。其实，接班的不是她一个人，而是以她为代表的一群人。新青年是我们新希望的根基之一，新青年有格局、有朝气、有活力、有想法。

　　第三，新科技。

　　传统企业、农业企业一定要用好科技。怎么用好科技？搞农业、养猪、养鸡怎样用科技？不要小看农业，农业科技的学问非常大。

　　首先是生物工程。我们在美国波士顿建立了生物工程公司，请全世界著名的生物工程领域的科学家一起研究饲料的转化、研究育苗的品种等。

　　比如，我们跟中国农科院联合培育出的中新北京鸭全世界最好。再比如猪的育种方面，在中国国务院总理、法国总理的见证下，我们跟法国最大的肉猪养殖企业签署战略合作协议，共同开展生态环保猪品种的繁育工作。

　　在科学养猪方面，我们建设智能化的养猪场、无人养猪场、大数据养猪场。养猪场可以采集各种各样的数据，如温度、湿度、空气流动等，还可以通过猪脸识别，观察猪的饮食、生长健康状况等。这就是大数据应用，这就是新科技。

其次在金融领域。我们与雷军合作成立了新网银行，两年过去了，新网银行现在已经成为中国民营银行中排名前三位的银行，在新的民营银行中名列前茅。仅仅两年多的时间里，我们不单单获得了很好的盈利，更重要的是什么呢？我们在大数据风控方面走到了最前列。我们没有一个网点，不收现金，不拉客户，我们通过线上制度控制体系、电脑智慧体系服务数以千万计不能在普通银行拿到钱的人。

我们有牌照、有资质；我们在全国范围内发展，第二年就有盈利，且相当可观；我们的不良率只有千分之三四。正因为这样，很多银行都到我们这儿来学习，包括一些大型银行。于是，我们成立了金融科技公司，专门研究金融科技如何为中小银行服务。现在有好多中小银行都与我们合作，我们为他们提供综合服务。

我们在农业、金融科技、大数据方面都取得了良好的成绩。几年里我们已经荣获了6个"国家科学技术进步二等奖"。我们还承担了很多国家级的科研项目。有近万名贴近市场、贴近用户、贴近生产一线的科研人员。

第四，新赛道。

新希望是做农业的，要养猪、养鸡、养鸭，但与此同时，我们还要研究在新格局下哪个赛道增长最快。

比如，冷链物流增长很快，现在还没有头部企业。我们有没有可能做头部企业呢？我们去咨询，专家说完全可能，因为我们具备这个基础。于是，我们的冷链物流企业成立了，在短短的2年内，各地网络已经布局，现在正在整合发展。

我们还生产饲料，如猫粮、狗粮等，我们以前没涉足这个领域，但这个赛道增长很快，且国产饲料很少，都是国外的。我们在国内整合了几家工厂，开门店，线上线下融合。但与品牌相比，我们还是慢了一步。于是我们在全球范围内筛选，最后我们花了50亿元收购了澳大利亚最大的宠物食品公司，现在增值了不少。更重要的是，它肯定会成为一家具有优势的宠物食品公司。

又如，现在食品结构发生了变化，消费升级，普通的猪肉、鸡肉价格很低，但是牛肉、羊肉、海产品价格很高，为什么呢？因为中国土地不够、资源不够。我们在全球范围内筛选，发现澳大利亚资源最好，我们在那里建工厂、收购企业，现在已经拥有50万头肉牛的加工能力。我们将在澳大利亚生产的肉牛卖到中国，在中国再加工，然后销售到中国香港、中国台湾、日本和韩国。我们在美国也建了工厂。我们把美国大市场、澳大利亚大基地、中国大市场结合起来，就可能形成新的赛道。

面向新消费，通过"四新"来谋求新的发展。

我认为，新希望37年的历史在中国民营企业发展史上算是比较长的，因为改革开放才40年，40年前中国还没有民营企业。像我们这样的传统民营企业，应该面临很多困难，但是今天的我们步履轻盈、信心满满。

大家都说我看上去好像比实际年龄要年轻一些，充满活力和干劲，这可能跟心情愉快、轻松相关。通过"四新"，我们的压力反而减少了，企业可能会发展得更好一些。

2 000多名中层以上的干部、400多名合伙人，成为我们"四新"企业根本的保证，万事万物以人为本，我们在这方面做了我们应该做的事。

所以，在新的格局下，传统企业必须转型、必须更新。我们必须变革，不变就会被市场所淘汰。

中国的大飞机

文 贺东风　中国商用飞机有限责任公司党委书记、董事长

今天我借着这个平台向大家介绍一下中国的大飞机，主要从三个方面与大家进行交流。

关于什么是"大飞机"，大家很关心，概念也各有不同。中国"大飞机"的概念来源于国家的16个科技重大专项，其包括大型运输机和大型客机。我今天着重讲的是大型客机，它的基本定义是载客量在150人以上或起飞重量在100吨以上、飞行距离在4 000千米以上的一种机型。

那么，大飞机有什么特点呢？

第一个特点是产品高度复杂。大家都坐过波音飞机，波音747有600万个零部件，波音777有450万个零部件，波音737、空客320和C919有将近200万个零部件。这么高度复杂的产品，需要人才密集、资金密集、知识密集和技术密集。

第二个特点是市场高度竞争。我们翻开经济学的教科书，比喻寡头垄断竞争的，要么是大飞机中的商用飞机，要么就是操作系统。在全球范围内只有波音和空客能生产大型客机，还有两个搞支线客机的也在2018年和2019年分别被空客和波音收购。大飞机的制造过程一定要以客户为中心，满足客户的需要，它的制造资源来自全球，市场面向全球，竞争也面向全球。就在前段时间，我们看到A380这么一款非常伟大的产品、非常完美的技术创新、非常完美的工业成功，最终却被市场所抛弃。

第三个特点是安全标准最高。飞机离开了地面和水中，几百人飞在蓝天上，不能出现任何安全问题，所以它的安全标准最高、最严。用我们的

专业术语讲，飞机的总体安全性要达到10^{-9}，每一个因系统故障造成的飞机灾难性事件每飞行小时的平均概率要低于10^{-9}，所以对我们工作的严谨性要求极高。我希望通过介绍这几个特点让大家认识一下大飞机。

另外，大飞机的产业非常巨大。我们大概统计了一下，截至2017年6月30日，全球在役喷气客机一共21 662架，市值将近3万亿美元。我们造的这两架喷气客机占了多少？占了万分之一。中国要成为一个大国、一个强国，要不要在这个领域有所作为、有所发展？我想一定要。

大飞机是一个高度复杂的产品，是竞争异常激烈的产品，所以它需要全球合作。例如，波音公司在产品实现过程中有3 500多家供应商，除了产品实现外，还要有围绕产品经营的工业合作伙伴、金融合作伙伴等。

所以我们希望无论是国有企业还是民营企业，同有志于铸就蓝天梦的企业家们都能积极参与到大飞机事业当中来，成为支持大飞机事业的重要力量，国有企业与民营企业一起共同促进大飞机事业的发展，也共同促进国家的繁荣和富强。

2008年5月11日，中国商飞公司挂牌成立，而到这一天，我们整整走了10年。

我想分享的第一句话是"行动就是力量"。过去我们老说："胜于思，敏于行，先谋而后动。"但最终要动，不动就没有这一切。10年前，我们没有厂房，没有人员，连一张图纸都没有。10年后，我们的ARJ21支线飞机已经研制出来了，进入了批量生产，并且在祖国的蓝天上飞翔；我们的C919已经成功首飞，2019年我们将完成6架飞机的全部试飞；2018年，我们的C2929展示样机已经在珠海亮相，2019年将进入初步设计阶段。这就是行动的结果。

我想分享的第二句话是"坚持就是胜利"。中国的大飞机曾经几上几下，1970年我们就开始立项研发运–10，结果1972年才开始研制。从运–10到麦道82，又到麦道90，再到对欧合作的AE100，几上几下，我们想干，但是都没有坚持下去，导致中国现在没有大飞机。其实我们做企业的何尝不是如此？哪个企业没有经历过波折，哪个企业没有经受过困难，但越是在"冬天"的时候，越是在遇到波折的时候，越是在艰难困苦的时候，我们更要牢记：坚持就是胜利！

对中国汽车行业长远发展抱有信心

文 唐仕凯　戴姆勒股份公司管理委员会成员
戴姆勒大中华区董事长兼首席执行官

2018年，中国的经济遇到了一些挑战，我的德国同事常常问我，中国经济怎么样？我说中国经济妥妥的，放心吧！过去的20年，中国汽车产业一直发展得非常快，但是2018年我们也觉得"天气"开始变冷了，为什么这么说呢？

在过去的20年，我们确实见证了中国汽车产业的快速发展，我相信汽车产业的发展也是中国改革开放40年所取得成就的最佳例证之一。在主机厂、供应商和经销商的共同努力下，中国汽车产业为整体GDP增长贡献了10%。但是2018年的最后几个月，中国汽车市场整体降幅达到了两位数，导致2018年全年出现了过去20多年中整体市场销量的首次下滑。

我们现在确实经历着行业增速的放缓，但我坚信中国经济增长的基础一直都非常好，我们对中国经济的未来与中国汽车产业的未来抱有信心，梅赛德斯–奔驰品牌也会继续加大在中国的投资，继续深入我们在中国市场的发展。

在全球、特别是中国，汽车行业正经历着颠覆性的转型，我们认为这将主要发生在四大领域，我们将其总结为"瞰思未来"即"C·A·S·E"。它包含四大趋势，即智能互联、自动驾驶、共享出行和电力驱动，每一个都对未来10年汽车产业的发展至关重要，而这些变化，可能比过去汽车诞生以来的130年多年的变化总和还要多。

"C"代表了智能互联，意味着车辆会更加智能，用车效率也会提高。"A"则代表自动驾驶,将是汽车行业的另一个巨大变化,同时也会改变大家的用车方式,未来完全自动驾驶的实现将还给予人们更多的时间。然后是"S",它代表共享出行,大家都对共享出行在中国的快速发展有目共睹,所以共享汽车也会在中国变得更受欢迎,将改变人们目前购车出行的方式。最后,"E"代表电力驱动,未来几年电动车会越来越多,中国已成为全球最大的新能源汽车市场。现在我们谈论的是汽车产业的未来,我相信汽车产业会对城市生活做出更多贡献,下面是我们对未来智慧城市的愿景。

得益于车联网、人工智能及智能车辆共享和租赁业务的发展,城市中的路网和交通状况将变得更加高效,城市居民将能够实现公共交通和私人出行的无缝衔接,人们将享受到创新的服务,而城市也将变得更加宜居。为了实现这一愿景,我们还有许多工作要做,智能网联汽车正是实现这一愿景的关键所在,而且全球多个国家也正在探索实现这一愿景的最佳方案。接下来,我主要给大家介绍一下智能互联及自动驾驶技术能够为客户带来的不同出行方案。

在完美的情况下，所有车辆能够彼此互联沟通，并且实现高度的自动驾驶。使用场景很好想象：你的车辆以完全自动驾驶的模式将你送达目的地，而在车辆行驶过程中，你可以工作、休息甚至小憩。或者，你并不想拥有属于自己的车，那么你可以呼叫一辆自动驾驶出租车，同样以全自动驾驶的模式将你送达目的地。或者你也可以选择乘坐公共交通工具——自动驾驶公共汽车。不过，并不是所有的车都能很快实现高度的互联和自动驾驶，在未来很长一段时间里，传统汽车将与智能网联汽车一道在路上行驶。

那么，我们如何才能实现这样的愿景？在不久的未来，很有可能将实现自动代客泊车服务：当你驾驶车辆抵达购物中心后，无须再花费时间寻找车位停车，只需下车，然后通过智能手机进行简单操作，车辆将会自动驶向停车位；当你要离开时，取车也同样便捷。我们已经在北京进行了相关的技术测试。另一种典型的道路交通解决方案是：目前，你的车辆已经可以实现在一定时间内自动跟车，完成自动启动和刹车动作，并在短时间内无须人为操控方向盘；不久的将来，在高速公路或特定车道，抑或是在交通拥堵状态下，你的双手可以长时间离开方向盘，并做些更高效的事情。或者，你可以让车辆以自动驾驶的状态在有一定限制的、非复杂路况的特定区域内行驶，比如说在特定车道、校园里，或者是在工厂、机场以及部分城市道路中。

从技术上来讲，我们有很多种解决方案。作为汽车生产厂商，我们既可以给车辆装配上大量的传感器、雷达以及计算能力，简言之就是给车辆装上强大的大脑，很多厂商可能会选择这种方式；或者，我们也可以将这个智能大脑放在云端或交通基础设施中，这样一来车辆本身就只需装配少量的智能设备。

我们的汽车产业正在发生一系列变化，因此，我们要采取正确的技术策略来应对这些变革。同时我们也注意到，越来越多新的非传统汽车生产厂家也就是"造车新势力"开始进入市场，我们非常关注他们的发展。毫无疑问，与中国伙伴的合作关系对于我们来说也愈加重要。我们与中方合作伙伴们有着良好的合作，并且我们会正在中国及全球范围内加强这种合作。

　　刚才已经介绍过汽车产业面临的诸多变化和挑战，我们必须加大在各方面的投入，才能实现对未来交通出行的愿景。对此，我并不感到焦虑，我对汽车产业的未来发展十分有信心。我在戴姆勒已经工作了30年，希望可以将我的一些经验与洞察同大家分享。对戴姆勒或者汽车行业而言，应对未来挑战，或许以下三点可供参考：第一，我们必须持续创新，这样才能够给客户提供出色的产品和服务；第二，我们必须持续关注客户需求，不断赢得他们的满意和信任，同时洞悉市场未来的变化和趋势；第三，我们必须加强品牌的力量，因为强大的品牌可以在困难的时候帮助我们应对挑战。

　　最后，我想就关注客户这一点举个例子：对女性车主的关注。中国的女性购车者对于我们来说越来越重要。一份研究报告表明，女性贡献了一半的家庭收入，她们对买车的决定有着非常重要的影响。作为一个国际品牌，我们致力于充分理解、尊重并欣赏中国客户（无论男女）所追求的梦想。同时，我们希望能够从情感和精神层面与中国客户产生共鸣，这亦将成为我们共克时艰、走向新时代的强大支撑。

如何看待中西科技差距

文 窦贤康　武汉大学校长、党委副书记、中国科学院院士

大家知道最近一段时间以来，我们面临着很现实的问题，就是中国和西方在科技领域里面的某些"短板"在瞬间暴露出来，这可能会使大家产生一个认识误区：感觉中国科技这几年的发展是不是有很大的问题。我是在20世纪80年代末90年代初出国的，根据我个人和科研团队的成长经历和亲身感触，实际情况不是这样的。当然，这并不仅仅因为我一直是一个很乐观的人。我们现在在某些领域，尤其是核心技术领域方面同发达国家确实存在或大或小的差距，但是大家想一下，这个差距是现在被放大了呢？还是现在才有的呢？在改革开放初期的时候，我们与发达国家相比，差距是不是更大？如果说大家有这样一个基本判断的话，那么看待问题就会更加客观。中国科技发展经历了这么多年的快速增长，我们和西方的差距在缩短，而且在快速缩短。自1978年党中央召开全国科技大会之后，中国科学技术的春天开始呈现，科技发展速度、科技体制改革在不断地深化提升。我有一个印象，国家自然科学基金委在20世纪90年代中期对国家的基础科学资助额为每年8 000万元左右，而现在高水平的科学团队一个月便可以得到国家的科研支持将过亿元。由此可见，中国在科技投入方面的增长速度是非常快的，现在我们的科技研发投入总量在国际上排第二位，已经超过了德国和日本。

但是科技和别的不一样，与企业生产产品有差别。企业今天投几块砖头、几袋水泥，明天楼可能就盖起来了，但科技不是这样的。今天把经费投进去，指望我们的科学技术研究获得立竿见影的效果，基础科学的成果

可以迅速转变为科技实力，这是不现实的，科技需要时间积累。但只要基础打牢了，或早或晚、或快或慢一定会产生比较大的成果。

另外，在研发人员占总人口的比率方面，大家知道我们过去的这个占比是很低的，现在快速增长，但是它由量变到质变是需要两三代人积累迭代的，包括科学观念、科学行为和科学习惯都不是一代人可以完全更新好的。但是不管怎么讲，中国正在迅速地追赶。我们的科研基础条件也在不断改善，包括国家实验室、大科学装置等，这些都给中国做原创性研究奠定了很好的基础。从FAST天眼望远镜到上海光源，再到散裂中子源，这些大的科研平台建设完成后，很快成了中国的科技创新中心，并开始不断地产生一些原创性、在国际上可以拿得出手的科研成果。在这里我只举一个例子——量子通信，中国在量子通信领域的进步是比较明显的。国内虽然仍有部分微词，但量子通信领域的杰出代表潘建伟团队前段时间刚刚拿到美国的克利夫兰奖，这是自美国科学促进会设立克利夫兰奖90余年来，中国科学家在本土完成的科研成果首次获得这一重要荣誉，这也是我们第一次感觉到中国在前沿科技领域产生的一些突破，发达国家也开始进行跟跑与模仿。还有我们的高铁、我们的北斗导航系统，我相信再过5~10

年，北斗导航系统一定会被越来越广泛地使用，我们在全球创新排名的位置也会逐步提高。

所以大家应该安静下来，踏踏实实地潜心把研究做好，有时候不要操之过急，不能指望我们国家在基础研究方面在很短的时间内从数量到质量都能够和世界上最先进的国家相并肩。记得20世纪90年代初我出国的时候，我们是很难受的，因为一批国内学者外语基础较差，在国际会议上听不懂外国学者提的问题，所以后来国外学者也不给中国人提问题，因为知道我们听不懂，学术报告通常就是一个幻灯片机械地放完就结束了。但改革开放这40年来，中国经济的发展给中国的科技提供了强有力的支撑，我们在世界顶级期刊上发表论文的数量超过了美国。当然，我们在原创的顶级水平文章方面与美国还有差距，但是不管怎么样，我们首先在发文量上领先了，这是将来质变的基础，这也给我们国家基础研究的进步做出了很好的佐证。

改革开放40年以来，对于科技发展，我有一个深切体会，那就是我们一定要避免两种情况出现：一是当我们不了解世界上其他国家发展现状的时候，总感觉自己是最好的，因为不知道别人在做什么，因此很容易产生盲目自信；二是在我们学习国外高水平研究的过程中，尤其是学得八九不离十的时候，又容易产生自满情绪，感觉自己什么都懂。这两种情况都是要不得的。我们确实在快速地发展，但同时我们也存在客观差距，这种差距通过自己不断地努力，是可以赶上甚至是可以超越的。我理解这就是对中国科技现状比较客观的、合理的认识。

中国的高等教育也是一样的，改革开放最大的成就之一，就是恢复了高考。各位在座的企业家，有相当多的管理层和技术研发层骨干都是改革开放之后培养出来的新一代大学生。世界上任何一个国家，只要这个国家处于领先的地位，那么它必定拥有一些非常知名的大学。大家知道，无论世界高校用什么样的排名体系，在排名前50的高校里面，美国大学基本上都占据绝大多数，比如说麻省理工、加州伯克利、芝加哥大学等。这也是美国保持世界科技第一强国的重要基础，这些大学都为国家乃至人类社会的文明发展做出了巨大贡献。每年由高校主导或主要参与的全球十大科技进展也占有相当份额。改革开放40年来，我从自身的求学和工作经历中能够深切感受到中国高校给中国科技发展带来的变化，尤其是当我看到越来越多海归青年人的时候，就回想当年我回国的时候，大家是什么水平，再看看现在引进的年轻人是什么样的水平，这使我深刻体会到中国高等教育几十年来发生的巨大变化。

我国高等学校的数量、每年毕业的大学生数量都在不断增加。作为大学，最重要的任务就是把国内的优秀青年人才培养好。此外，我国高等学校的科技担当也引人瞩目，如清华大学成立了航空发动机研究院，集中清华全校之力为我们国家航空的发展服好务。特别是党的十八大以来，高等学校为我们国家承担了科技领域50%以上的贡献，培养了大批的人才，并成为我们从海外吸引人才的重要媒介。正是因为武汉大学的校友们在各行各业、在亚布力论坛的杰出贡献，才使得我作为母校校长能来到亚布力论坛，并有资格站在这里给大家做汇报。

作为溯源于1893年自强学堂的武汉大学，迄今已经走过了125个年头，武汉大学从诞生之日起就为促进国家富强、推动社会进步这一梦想而不懈努力。老校长王世杰曾经说过："武汉大学不办则已，要办就当办成一所有崇高理想、一流水准的大学。"老校长王星拱认为，要把武汉大学办成全国的知识中心。抗日战争期间，武汉大学被迫西迁乐山，在乐山又经常遭遇日军轰炸，但即使在如此艰苦的环境下，王星拱校长还在尽他所能引进、保护一流的教授，把武汉大学办成了国内名列前几名的大学。

在民国时期经济十分穷困的情况下，武汉大学盖了18栋别墅——珞珈山十八栋，到现在看来都是相当豪华的。为什么盖了18栋别墅呢？是想通过这18栋别墅为学校引进一流的大师，为国家培养一流的人才。现在也是一样，进入新时代，我们作为武汉大学的传承者，一定会努力把武汉大学办成更加优秀的大学。2016年年底我担任武汉大学校长，2017年被定义为武汉大学的"人才强校年"，经过2017年、2018年连续两年的持续努力，武汉大学的人才建设在国内名列第六，真正进入中国顶尖大学的行列。

最后我想谈一点，大学在发展过程中一定要得到企业家的支持。希望在座的企业家能够平稳度过困难时期，当你们有更多钱的时候，一定要像西方一些企业家那样投入大学中去，大学办好了，国家才有希望；大学办好了，企业才更有希望；大学办好了，企业才会有更好的发展。谢谢大家！

Chapter 3

第三章　文化到底有没有用

• •

　　文化有什么用？它最重要的是构建想象。我向来觉得，我们做文化也好，做企业也好，其实很多时候是在做想法，你不是在生产产品，你是在生产一个想法。

文化到底有没有用

在当下社会环境中，人心浮躁，似乎什么都可以作"有用""无用"之分：这个人有用，设法近之；这件东西有用，拼命夺之；就连书籍也不例外。知识与文化似乎都被功利化了。我们该如何看待这种"两分法"？庄子曾说："人皆知有用之用，而莫知无用之用。"我们该如何理解其所谓的"无用之用"？而在现实生活中，"无用之用"体现在哪里呢？我们该如何做？

在 2019 年亚布力年会上，北京看理想文化传媒有限公司总策划梁文道，经济学家、得到 App《薛兆丰的经济学课》主理人薛兆丰就"有文化有没有用"这个话题展开了对话。

梁文道：欢迎各位来到今天这场对谈。我叫梁文道，坐在我旁边的就是大名鼎鼎的薛兆丰教授。我们今天要谈的题目是《有文化有没有用》，我们先让薛兆丰老师说说看"有文化到底有没有用"。

薛兆丰：谢谢文道兄。首先很荣幸能够来到亚布力论坛。这是一个企业家的论坛，来的都是企业家，更是成功的企业家。文道兄是文化人，我虽然文化不高，但有一点点像文化人。我们来这里发言，是因为企业家想听我们说话，我们自己有文化了以后，也想做经营，但我们的文化好像没帮到我们多少，所以我们希望来进行一次反思，看看文化对创造财富到底有多大作用。

实际上，"有文化有没有用"是一个带有反思性的话题。因为如果从正面回答这一问题，答案当然是：文化有用，谁都说有用，但我们希望能从反思的角度来看看文化到底给我们带来了什么样的约束。

回归我们的正题：文化有什么用？首先我要做一个限制，有文化当然有各种各样的用途，但我们想讨论的是有文化对挣钱有没有用？对创造财富有没有用？我自己觉得，今天的社会上有三股很重要的力量，使得我们的知识限制了我们去挣钱、去创造财富。

我是一个经济学家，在我自己求学的过程中，我最常被问到的问题就是"为什么大多数经济学家的个人经济都挺成问题？"他们的个人经济条件都不太好，他们自己都不挣钱。我当然有一个比较得体的回答，我一般会说，经济学家研究的是一般规律，不是用到自己的身上。这有一定的道理，就像一个医生，他掌握了很多健康的规律，但他自己不一定很健康。一个体弱多病的医生，可能是一个好医生，而你一直陪着一个很健康的人，你却不见得就会健康。

同样，很多人以为，你去听成功企业家的故事，你就能够变成一个成功的企业家，这错了。你再看看首富的司机和阿姨，他们天天耳闻目染，却不见得就知道当中的规律，不见得会变成"次富"。

其实，这个问题的背后还有一个更根本的原因，那就是关于世界运行规律里很重要的一点——不确定性。什么叫不确定性？我这次来亚布力，听了很多场论坛，企业家普遍关心的一个问题就是：怎么做到基业长青？怎么样才能成功？什么才是企业家精神？有些企业家本身在实践，也有一些商学院的老师在总结。在我看来，这些总结是对的，是有积极意义的，但永远有一个不可弥补的缺陷，那就是他们永远不知道这个世界有不确定性。

企业家以为，通过总结，通过聪明才智，就能够找出一条成功的道路，遵循这条道路就可以走向成功，总结得越好，你就越有可能成功。1950年，一位叫阿尔钦的经济学家写了一篇文章，叫《不确定性、演化和经济理论》。这篇文章讲的就是：人聪明不聪明，其实不要紧。

举个例子，有几个人要开油站，其中一个人很聪明，他说后院的土地很便宜，应该把油站盖在那；另一个聪明人说山顶人比较少，竞争少，于是把加油站开在了山顶上；还有一个傻瓜，他把油站随便开在了路边。请问谁能盈利呢？是那个傻瓜。这跟你聪不聪明没关系。又比如，有一棵树，向太阳的一面长得比较好，背阳的一面长得不好。你感觉树叶有IQ吗？有智慧吗？没有。但即使是在一个所有人都是傻瓜或者树叶的社会里，仍然能够观察到赢家和输家，他们以为自己有智慧，但其实没有。所以我经常说，当企业家成功以后，他说什么都行，他回顾过去的历史，他说多了自己也就相信了，仿佛成功真的有一条必由之路。我们商学院喜欢请成功的企业家回来讲成功的故事，但事实上就算你照着成功的企业家去做，也可能会失败，因为不确定性是我们没办法处理的。

我觉得大多数人对经济学有一个误解，以为它能够教我们怎么看未来、怎么预测世界的走向，以为今天高度精密的经济学有数学模型、统计分析，就能告诉我们未来是怎么样的，但这是错的。为什么？这里我们需要区分两种不同的未知，一种我们称之为风险，英文叫Risk，那是一种我们知道有些事情我们不知道的未知。我们不知道到底会出现哪些风险，但我们知道自己不知道。所以它的概率分布是可以用数学、概率分析来解决的。

但是世界上还有另外一种未知——我们不知道哪些事情自己不知道。比如100年前，我们肯定不知道什么叫5G，不知道什么叫人工智能，正因为你不知道自己不知道，所以你无法把握。你相信知识是进步的，相信知识、思想是能够影响世界的，但这个进步的变量、增量你永远不可预知，所以世界的发展永远不可预知，这就是不确定性。

2008年金融危机的时候，英国女王的财富大幅贬值，她自己很困扰，刚好她受邀去伦敦经济学院演讲，她问当场所有的经济学家：你们那么厉害，怎么没有人能够预测经济危机呢？经济学家们觉得这是女王提的问题，必须认真回答，于是组织了一个小组，研讨了半天，提交了一个官方的答案。答案是：我们集体丧失了对系统风险的想象力，我们缺的是想象力，而不是数学模型。

这其实也解释了为什么凯恩斯（约翰·梅纳德·凯恩斯，英国经济学家、现代经济学最有影响的经济学家之一）到今天仍然受到大家的尊崇，被人们所提起。这主要是因为在如今这样一个数学被广泛应用的时代，凯恩斯能够让我们去想一些数学处理不了的事情，所以每当危机发生的时候，人们就会想起他，重提他，讨论他。

我想说的第一点就是不确定性对我们的影响。我经常说，在经济学里，我们要避免精确的错误，我们宁愿要大致的正确。诺贝尔经济学奖获得者、美国经济学家保罗·萨缪尔森的主要成就就是将数学放到经济学里，发展成了今天的经济学。迄今为止，他的经济学教科书是全世界范围内卖得最好的。他每一版教科书的前面都有一个章节是用数理经济学推测苏联什么时候超过美国。他有一个表，在每一版中都有更新，直到1989年苏联解体就停更了。他的这个预测完全是错误的，他自己从来没有去过苏联，他用的都是数据。

当年互联网内容平台刚出来的时候，我们会觉得这样的内容平台是不需要招人的，它只需要编辑拷贝和粘贴就可以了，所以它会永久地取代所有的记者和编辑。但结果呢？内容平台越做越大，招了上万个人，记者和编辑用一种新的方式替代另外一群人。

第二个对我们产生巨大影响的就是学问。高深的学问造成的约束具有高度的复杂性。最近我参加了一个饭局，大家对未来都有一定的担忧，他们的推理严丝密缝，认为如果怎样怎样，中国就会怎样。后来我唱了一个反调。我说你们讲得太有逻辑、太严密了。我们想象一下，如果今天的对话不是发生在今天，而是发生在10年前、20年前、30年前，那时候也存在着很多的不利因素，那时候的推理一定跟你们今天的一样。假定那时候你面前有一张船票，可以让你离开中国30年、20年或10年，但离开后就不能回来了，你会怎么选？当时在座的好几位马上就举出各种例子，说谁要是没离开中国，他今天就怎么样，他肯定怎么样。我说可见你们前面严丝密缝的推理是错的，你们对当时时局的推理，肯定包含着各种错误。

我听太多人说过"修身齐家治国平天下"，但这句推理肯定是错的。因为我们见过很多真实的例子，一个人的修养很差，但他平了天下。其实大量有才华的人、有重要贡献的人，他的道德不一定很好。所以说"修身齐家治国平天下"的推理肯定是错的。错在哪儿？根本的问题是过度的抽象一定错。当我用这个话跟罗振宇谈的时候，他说感觉这个时代可能是一个对有知识的人进行惩罚的时代。因为有知识的人喜欢抽象，而由于世界过分复杂，任何抽象都会导致错误。

最近我看了查理·芒格对经济学的批评，其中有一点和我想表达的相关，那就是过分重视宏观经济学。我们喜欢听有关宏观经济学的分析，比如世界大局怎么样，特朗普怎么增加关税，我们会怎么样等，在经济学上，我们会开始计算，如果他征收多少税，我们会损失多少之类的。但真实事件不是按照这种计算发生的。美国的关税增加了，我们可能就会绕道，开始在越南、墨西哥等地办企业。可见，高度抽象的学问有问题。

第三点是关于虚拟世界的。我经常问别人，物质生活要奢侈到什么程度？周其仁老师曾经说过，人穷的时候，他的需求是很容易预测的。你三天没吃饭，你的需求是什么？我肯定可以精确地预测到。但如果你吃饱了，穿好了，那么你的需求就太复杂了、太匪夷所思了。

今天，我们越来越多的时间和生活都投入到了虚拟的世界里，像《头号玩家》那样的世界离我们越来越接近了。人可能会有很多条命，你在这个世界是失败者，但在另外一个世界可能就是王者。

这个时候我感觉单一标准的文化会有很大的局限，说这样是好文化，那样是不好的文化，就太狭隘了，因为这里面有巨大的可能性。

总的说来，今天的世界具有高度的不确定性、复杂性及虚拟性。这些都给了我们一个启示——凡是太精确、太抽象、太单一的理论，都可能存在缺陷，会限制而不是改进我们的判断和行动。

梁文道：谢谢兆丰兄。所谓的文化到底是什么？文化的范畴太广了，100年前，人类学家克洛德·列维–斯特劳斯就做了一本关于文化定义的书，像辞典一样，罗列了160多种关于文化的定义。如果我们按这个定义谈下去那就完蛋了。简单直接来说，我们各自钟爱的、擅长的、从事的、抽象的领域，如经济学、哲学等都是文化。

刚才兆丰兄提到，学问越抽象，就越容易出问题。我是念哲学的，我们念哲学的人是相信相反的东西的，我认为越抽象的越是真的，越是对的。比如我们讲三段论，大家都知道，三段论是一个高度抽象的格式，但是由于它太抽象，所以它可能是对的。这就有点像数学或逻辑的定理，只不过问题在于太抽象的东西有没有用。

我想讲讲我失败的故事，尤其在商界是怎么失败的。我失败的原因就是因为太喜欢讲文化，太喜欢讲哲学问题。大概四年多以前，我加入了一家公司，这家公司是做出版起家的。大众觉得你们这帮文化人做什么生意

好呢？除了卖书、做视频、做节目之外，还能做什么呢？大家说你看你的老朋友许知远，他做的单向街笔记本卖得很好，为什么你们不卖笔记本？现在很多书店都做笔记本，你一个做书的人，你去做笔记本不是一件天经地义的事情吗？说到这里，有一个很有趣的事情。

刚才我们提到科技的发展会带来什么？这个世界真的充满意外，有时候我们在预测科技进展时，会说科技会取代一些东西。比如现在，21世纪的第二个10年都快要过去了，没有人能相信我们居然还在用纸，而且还在用笔记本。在座的各位都有纸做的笔记本，你们不是有手机吗？不是有ipad吗？不是有电脑吗？为什么还要用笔记本呢？其实，现在做笔记本的公司比以前多了，而不是少了；笔记本的销量在上升，而不是下降。这一点，我们从全球不断上升的耗纸量中可以看出来。几十年前，我们预言笔记本的寿命会结束，但是它没有。这个世界上有一些东西很奇怪，它出现之后没怎么改变过就存在至今。我们总是追一些新的科技发明，但是我们忽略了一些老技术在出现的时候，就已经相当接近我们今天认同的完美标准，所以它被沿用下去了。举个例子，比如说轮子。轮子这个东西大概是八九千年前由印度发明并传播到全世界的。我们今天有没有想过要做一个东西来替代轮子呢？比如，将轮子做成方形？或者做没有轴的轮子？我们不太会这么想。因为轮子已经很好了，我们就很少去想怎么样取代它这件事情，所以老科技顽强地存活了下来。

我在想一个问题，一个东西为什么还存在着？它有用的地方在哪里？当我们参考了朋友的意见，决定做笔记本之后，我们就开始研究：笔记本好在什么地方？怎么做好的东西？我们研究了八九个月，花了很多精力，做了大量调研，买了无数笔记本。最后发现，如果我们做一款各方面都非常好的笔记本，还想有利润的话，它卖出来的单价肯定是超过百元的。我们知道，有很多很贵的笔记本品牌，它们都是逆电子通信时代的典型产品。我们公司的设计总监是一个比我还"怪咖"的人，他问了一个很正确的问题：我们是做书的，却改做笔记本，然后卖得比书还贵，这合理吗？我一听就感觉太有道理了，为什么一个空白的笔记本要比印了莎士比亚或曹雪芹文字的书还贵？有什么理由？后来我们都认为是不是现代人的执念太深了，感觉自己在一个空白笔记本上记下的东西要比莎士比亚的句子重要得多？我发现这已经不是我们做文化或者做出版的最初立场了，所以最后我们宣告这件事情终止，不做了。

这是一个很典型的失败案例。如果我们什么事情都这样的话，那基本上什么都做不成了。所以说，一群文化人开公司，通常到最后结果都很凄惨。可是回过头来看，如果今天我们都说经济学没什么用，哲学也没什么用，结论是文化真没什么用，这就很不好了。所以我还是想说，文化还是有用的。

我先说一个听起来跟我们今天谈的方向有点远的一件事情，就是我小时候开始读哲学的经历。我为什么喜欢读哲学？那是因为在我小学六年级的时候，我们学校的校务主任跟我讲了一个人一生的过程，我发现人最终都难免一死，于是就想：上不上中学都要死，那为什么要上呢？这是我第一次思考自杀的问题，我感觉人活着其实没什么意思。

有人告诉我，这种问题叫哲学问题。于是，我开始喜欢读哲学。那么读了那么多年哲学，我得到答案了吗？其实没有。因为我发现哲学家给出的各种套路、讲法、理论都不一样，但这其中有一套讲法我觉得比较有趣。它是由一位很重要的伦理学家麦金太尔提出的。他在20世纪80年代末推出了一本在哲学界尤其是伦理学界影响非常大的书，叫《追寻美德：伦理理论研究》。20世纪80年代人文科学、社会科学、历史学、人类学集体出现了一个倾向，叫叙述转向。在那个年代，哲学界也开始关注叙述是怎么回事。这本书里提到了一个很有趣的讲法：人生是什么？人生是一个一个的故事。你的人生有没有意义，就在于你能不能把你的人生说成一个好故事，即假设我活到了一个快闭上眼睛离开的时刻，回想我这一辈子，我能不能把这辈子浓缩成一则故事。我们知道，故事通常有起头、中间、发展和结尾。无论结尾如何，我们通常都感觉好像说了一些故事之外的东西，这些东西好像别有意义，好像留下了某种启示。那这些东西到底是什么呢？这就是每个人故事的特点。

这套讲法如果成立的话，就会涉及另一个东西：讲故事是需要很多素材的，这个素材除了你人生中现实发生过的种种事情外，还牵扯到很多的方法、叙事的记法等。有时候，叙事的记法是假想的能力、观点和角度，同样的故事，用不同的观点和角度去说肯定不一样，所以说故事有一个好处，就是它在虚拟一些东西。很多时候，文学、哲学、艺术给我们的是一种虚拟人生的能力，这是很好的东西，因为人生充满虚拟。我们常常觉得看小说、看电影不重要，但我们仍然喜欢电影，喜欢故事，为什么？因为人是很特别的动物，跟别的动物不一样，所有高等智商、哺乳类的动物都会玩游戏，但是只有人类会玩虚拟游戏。从这个意义上来讲，人是什么动物？哲学上有一种定义，说人是一种会说故事的动物。我们说故事给自己听，这种说故事的能力甚至构造了我们的人类社会。

前几年非常火的《人类简史》里有一些核心观点，比如国家是什么？一个国家的成立是不可能没有故事的，要有英雄牺牲的故事，有建国致富的故事，有挣扎成长、破土而出的故事，假如没有这些故事国家可能就不成立。我们大量的东西都需要故事，我们要信任一些虚拟的、假的东西，而这种信任其实是对一种虚拟状态的假想。而文化在很多时候提供的就是这样一种空间和能力，它在滋养我们想象第二种、第三种人生，想象有没有另一种可能。

所以我感觉文化最麻烦的地方就是：有时候我们容易一做就觉得自己很了不起。经济学家感觉自己很厉害，但他们投资经常失败，做哲学的人就更不用讲了。我认为，哲学也好，经济学也好，任何文化事业也好，更重要的是提供另一个平行世界来让我们考虑现实的世界。而在那个平行的世界里，我们可以有很多反省的余地。如果说一种抽象的学问停止反省了，那么这个学问就离死不远了。我感觉，这种反省、这种想象另一种可能的能力就是文化最核心的一点。

薛兆丰：我唱一点反调。第一，为什么笔记本不可以比书更贵？我们绝大多数的产品要满足的都不是物理的需求，而是精神上的需求。我买过很多笔记本，当我每次买笔记本的时候，我都相信，只要我买一本质量很好的笔记本，我就有质量很好的思想记下来，但每次都是没写两页就扔了。其实我没什么思想，但我会停止买笔记本吗？不会，我只要摸到好的就买。而要找一个好的笔记本很难，但你要捕捉到那种挑剔是非常不容易的。现在也买不到我们在国外看到的那种看起来很厚，但平摊开来又很软的书本材质，其实就是胶水和装订的问题。那么这个需求有作用吗？有，人们最后要的就是这个。

周其仁老师讲过一个例子，他说治疗高血压的药分两种：国产的和进口的。进口的当然贵很多，但疗效是完全一样的，唯一的区别就是进口药吃了之后手不会抖。你说治高血压，手抖一下要紧吗？其实要紧。大家花钱去研发，目的已经不是要治病，而是要手不抖，最后人要求的就是这个。

第二，我们讨论人的意义，是因为我们还能活着，不管结论是什么，我们都还想活着。我自己也常想这样的问题，我不觉得人生没有意义。我特别喜欢《流浪地球》中的一个情节。其他所有的科幻片都说讨厌地球，要去寻找另外一个星球，而《流浪地球》却是要带着咱们的家去一个更好的地方。我们说："龙床不及狗窦。"这个再糟糕的家都比你举头看的任何地方更适合人类居住。

我为什么要说这个？这就是人生的意义。举头看天，我感觉做一次人太不容易了。有个比喻说，你拿起砖头往天上抛，砖头掉下来刚好砌成一栋房子的概率就是做人的概率。做了人以后怎么样？我相信爱因斯坦说的一句话：时间就像一个筛子，大多数耸人听闻的事情，最后会落入大海，默默无闻，而被这个筛子筛剩的也不值一提。这也是我的宇宙观、世界观和生死观：死了就什么都没有了，很不容易活一遍，就要活得有意义。

最后一点，文化有什么用？它最重要的是构建想象。我们再也不要以为我们的产品是一个具体的产品，是拿来用的，它的功能应该是满足人类极大多数的虚幻需求。而我们所做的各种建设甚至是反省，目的是让这个虚幻的世界，而不是真实的世界，变得更好。

梁文道：我很同意你的想法。我向来觉得，我们做文化也好，做企业也好，其实很多时候是在做想法，你不是在生产产品，你是在生产一个想法。想法是什么？想法包含的就是想象力。这种想象力对我们来讲是非常重要的，尤其在今天更重要。

大家都说面对一个不那么好的国际局势，今天的中国要怎么办？我们其实除了反省和冷静地考虑现实种种条件以外，还要有一种想象力，这种想象力有时候是做企业的想象力。

那么，怎么样才叫好企业呢？过去几年，很多人谈匠人精神，但另一方面，我们过去40年都相信一件事情，就是做企业要做大、做强，而且是越快地做大、做强就越好。但是我感觉这两者不一定能和谐起来，有时候匠人精神追求的恰恰不是做大、做强。我见过的许多匠人，他们可能一辈子都没有想过要做大、做强，更不要说很快地去做大、做强。他们通常想的是把一个事情做对、做好，然后呢？一个事情做对、做好之后，也许他能做得久。这是另一种非常不一样的、对"什么叫好企业"的评价。

京都旁边的宇治市有一家烧日本茶具的名家，叫"朝日烧"。他们家的名字是由日本天皇所赐。他们很奇怪，天皇一换人，他们就需要请新的天皇重新再把这个名字赐给他们一遍。他们是1569年创办的，现在的当家是第16代，很年轻，还不到40岁。他们家每一代的当家人都叫松林丰斋，比如说，我是爸爸，我接班后，我就叫这个名字，我死后，我的儿子接班，他就要放弃他原来的名字，改叫我的名字。有一次，他带我走进一个仓库，里面放着他用来预备烧制陶器的泥，被切割成了砖块。我一路看过去，发现那些泥的颜色、质地各不一样，原来是因为它们存放的时间不一样。我们知道，陶泥挖出来之后不能马上用，但需要放多久取决于你的需求。他把我带到一处，告诉我眼前这些泥是他的祖先在120年前挖出来的。祖先们当时得知，这种泥超过120年之后就可以做某种东西。所以从那时开始，他们家的规矩就是要挖这种泥。这是他的祖先留给他的，而如今他也要带着儿子再挖一些，这些泥现在不会被用掉，也不会看到它被用的那一天，他是为了让120年后的后人去用它。这是一家很小的企业，但很有名。

我还见过一家更小的企业，如果也能称作企业的话。京都有一家小吃摊，它打破了吉尼斯世界纪录，是世界上最长寿的餐厅，已有1 160多年的历史。它在一个神社的入口处，日本人去神社参拜时喜欢吃年糕，他们就卖年糕，卖了1 000多年。我去他们家看的时候，那个老奶奶摇着扇子看炉火，她60多岁的女儿在烤，30多岁的孙女在帮忙弄，还有一个刚放学回来的小女孩在收拾竹签。我通过翻译了解到，他们对门那家店也很古老，有400多年了。但老奶奶告诉我，对门那家虽然做得也很好，但是他们换人了，换手了，不是原先那家人了。我问这是什么时候的事，她说在200年前。这个故事让我震撼了，他们整体的时间感跟我们完全不一样，他们的时间坐标是不同的，所以他们的故事讲法也是不同的。人会不会有一天不想吃年糕了？她们感觉大概不会，于是年糕还能做下去，因此卖了1 160多年。它们的基业长青，但它们就永远这么小，这样的企业是不是好企业呢？

薛兆丰：我感觉他们这么做要的不是钱，是另外一种感受，当然也是一种虚拟感受。

【互动环节】

提问1：我在香港地区从事资本领域，接触了很多想要去香港地区上市的企业，我发现一个很有趣的现象：很多企业家可能做了十几年、二十年的企业了，但其实他们没有很好的文化背景，很多都是"草根"，但他们成功的概率反而很高。我在想，能够成为一个企业家，或者把企业做强、做大的概率与文化的关系到底是怎么样的？我想听一听两位老师的见解。

梁文道：我不是专家，我不能乱讲，但我认为我们判断一个企业家成功与否有太多的条件，如果只抽离出他的教育背景或文化水平，而忽略掉其他的背景因素，恐怕是会出问题的。而且你要分析他们各自的出身背景，如果只抽离出文化教育水平，我认为不够全面。

薛兆丰：我非常同意。今天唯一能够非常确定的是，文化的高低跟你有没有钱，或者会不会创造财富没有必然的正反比关系。我们看到很有文化的人可能很穷，也会看到没有文化的人也很穷。前两年当我们大谈创业的时候有一个现象，就是台上的00后、90后给台下的70后、80后讲怎么样创业。我自己对这个现象持怀疑态度，我的朋友更质疑。他说，我们印象中的科学家都是白发苍苍的老头儿，但现实中刚好相反，在科研中做出贡献的往往是年轻人，科学家应该是年轻的。而今天我们看到的这些企业家刚好相反，若企业家在商场里没有积累20年、30年的经验是掌握不好分寸的。

有位物理学教授曾跟我说，相较于写物理学的论文，人世间的事情更细、更复杂，处理那种复杂的事是需要经验的，所以说科研的推动，往往源于比较年轻的科学家跟有经验的企业家之间的组合。不同的行业有不同的节奏。

梁文道： 我认为不要轻易听信一些成功人士的故事，我自己就很少相信那些故事。我看到很多成功人士在台上，在节目里或在书里分享他们的成功经验，总结出一些经验和规律。你发现其实他们大部分的经验和规律，都是有人走过类似的道路，但别人都失败了。大部分成功人士很看重成功过程中自己的才华和勤奋，他们往往不那么看中或者是忘记了周边其他的环境因素和条件因素。而那些条件因素，有时候由于我们无法穷尽分析，我们将它们称为"运气"。但事实上，"运气"是存在的，但很多时候这些故事里都没有出现这些重要的因素，所以这种故事我就只当故事。故事虽还是好故事，但不要以为有多大的教育意义。

提问2： 我从事制造业近30年。听两位老师谈文化或知识对财富或企

业的作用，我似乎更同意梁老师的看法。我认为，根本的事物还是有普遍规律的，尽管做企业面临着复杂性和高度的不确定性，但根本的东西还是共通的。目前来看，高学历人群的知识比较丰富，他们的收入还是相对较高的，但是做企业需要胆识、需要领导力，这和知识可能无关。你再有知识，但是胆子很小，可能做不成事情；你再有知识，但人品不行，没有领导力，也不行。但我认为，就如何做好一个企业家或者做好一个企业，普遍的规律，比如商学院里教的一些东西，还是有道理的。

梁文道：我感觉我们讲的并没有不协调。知识有时候的确是追求普遍抽象的东西，但知识有不同的门类。我刚才说，抽象的东西、普遍的东西有可能变成废话，变得没有用，比如数学。从表面上看，数学是很没用的，哲学也是，可问题是我们需要从一些事物、现象中找寻或总结出一些抽象的道理去解释它们，但我们要随时留意这种解释本身到底有多大效力，要随时反省。

世界上有很多感觉上有逻辑的东西，但事实上并不一定。我常说，对20世纪的中国影响最大的两个"老外"：一个是马克思，另一个是达尔文。社会达尔文主义在中国经历了很奇特的变形，使得中国人形成了一个弱肉强食的丛林观念。比如说"落后就要挨打"这样的口头禅，这是我一直觉得很奇怪的一句话。我们的教育若强调的是"落后就要挨打"，而不谈挨打本身的不正确和不正义，那恐怕是有问题的。

同样，我认为是时候重新想象现在的中国和它的未来了。2018年，年轻人中出现了两个流行词：一个是"丧"，另一个是"佛系"。我觉得很有趣，这两个词对我来说是改革开放40年的一个信号。"丧"和"佛系"背后的心态是"我再怎么努力都差不多，所以我为什么不干脆'佛系'一点呢？我为什么不干脆'丧'一下呢？"在这些年轻人看来，经济的发展已经到头了，那种我们过去40年里能够通过个人努力创造财富、迅速往上走的路已经被堵死了。在他们看来，他们在北京、上海再怎么努力，20年都无法买到一套房子，那这时候为什么不"佛系""丧"一点呢？这是一个很重要的信号，认识到这个信号，就会发现下一步该怎么走，很多我们过去40年都相信的经验可能要变了。而我们的文化就包括要怎样用想象力来观察社会，想到别的可能性。

薛兆丰：我的感觉可能要积极一些。我理解的"丧"和"佛系"是年轻人努力的方向、追求的方向发生了变化，不再是我们传统的房子等。但他们的追求也不容易达到。人是永远会攀比、会追求的。我穷的时候跟你比球鞋；再有钱一点，我们比手机；更有钱一点，我们比假期去哪儿玩，比小孩上哪所学校；最后，我们比去哪家医院做心脏搭桥手术。人永远要攀比，但它的内容发生了变化。

我非常乐观地认为，我们的社会从来没有像今天这样自由过，从来没有像今天这样有这么多的上升渠道。很多时候年轻人会说，我不同意这个观点，我们现在没有上升渠道了。但我们今天有很多"奇葩"，这是一个现象。为什么年轻人会很"奇葩"？为什么今天"奇葩"会出现？他们为什么能够生存？是因为市场经济，因为竞争。越是竞争的社会，越是市场经济完善的社会，人们找到自己有活路的机会、找到自己上升渠道的机会就越多，这时候他就越敢彰显自己的特征、特点，而他受到的歧视是最小的。这时候他们若出现，就能活下来。当然，这不是说以前没有，而是以前他们不敢出现。

梁文道：但是我感觉他们要的东西不一定是我们过去大家想要的东西了。

薛兆丰：不是了。这是老一辈所不能够理解的。

梁文道：好的，谢谢各位。

胡葆森论"商道"

胡葆森对河南的情结、对河南人的热爱以及他在商海 30 多年的闯荡和抉择，最终铸就了今日"建业集团"的模样。他表示，哪怕未来房地产进入万亿时代，建业集团也会努力保持在百强之中。是什么给了他底气？是什么让建业稳居百强榜？真正的成功企业的标准是什么？

在 2019 年亚布力年会上，亚布力论坛 2018—2019 年度轮值主席、建业集团董事长胡葆森向我们诠释了他的商道；亚布力论坛创始人、主席，元明资本创始人田源，亚布力青年论坛主席、高瓴资本创始人兼首席执行官张磊，美国国家科学院院士、百济神州创始人、北京生命科学研究所所长王晓东，天明国际投资集团创始人兼董事长姜明参与了讨论；《英才》杂志社社长宋立新主持了本场论坛。

宋立新：众所周知，2018年各行业都在下滑，但在最近的年报里，房地产行业投资仍保持了两位数的增长。2019年我们的轮值主席恰好是河南建业集团董事长胡葆森。胡葆森认为自己不是一个纯粹的商人，但今天他的演讲题目却叫《商业与商道》。《史记》有云，"天下熙熙皆为利来，天下攘攘皆为利往"，太史公眼里的商道是这样的。下面有请胡葆森用自己的商业实践来阐释他对商道的理解。

胡葆森：在亚布力论坛的理事中，论经商的时间，我应该是最长者之一。1980年，我在纺织品进出口公司工作，这是一个很大的外贸公司，当时占河南省外贸40%的份额。那一年，外经贸系统对全国的外销人员进行考核，我考了河南省第一名，之后才开始被领导重视、重点培养。

　　从1979年大学毕业到现在整整40年，我非常幸运地经历了改革开放40年的全过程。在2018年亚布力年会上，我受邀在"中国商业心灵"环节演讲，朗诵"给40年的一封信"。我朗诵的这封信的题目是《循道追光，感恩时代》，我是发自内心的感恩，因为无论是城镇化还是改革开放，我都特别幸运地赶上了。在这个过程中，最重要的不是你得到了多少，而是见证、参与、体验了整个过程。

　　1982年，《中英联合声明》还没有签订，那个时候中国香港还是英国的殖民地。同年，我被河南省对外经济贸易合作厅委派，代表外贸厅赴香港地区成立进出口贸易机构。1982年7月1日，我坐着绿皮火车去香港；1983年我回河南的时候，绿皮火车已经变成了电气化火车。

　　我在香港工作了2年多之后，1984年年底，河南外贸厅的整党运动惊动了北京，中纪委派了一个工作组到河南来调查。现在投资界有一个大咖叫方风雷，他当时在对外经济贸易部纪检组工作，正好被派到河南参与整党工作。

　　河南整党工作结束之后，方风雷被河南省领导看中，调到河南省经贸厅，组建河南省第一个综合性的外贸公司——中原国际经济贸易公司（后简称"中原国贸"）。在整党运动过程中，他调查了几十人。当时有一批货发到了法国马赛港，半年后货没有人提就被拍卖了，7万多美元的钱没有收回来。作为一个业务员，这是我的失误，当时因为没有用信用证的支付方式，我把这个责任扛下来了。老方说，他就是看中了我这一点。1984年，他把我从香港调回来，一起组建了中原国贸。

我们俩组建中原国贸之后干得非常红火，公司各项业务发展很快。1988年，河南省决定成立一个更大的企业，以中原国贸为依托，将四个副厅级机构合并成为中国中原集团。但这家公司寿命很短，在1990年全国清理整顿公司的过程中，它和康华公司一起被撤销了。中原集团被撤销之后，我和方风雷就"下海"了，他去了美国，我回了中国香港。

这是我经商生涯中很重要的一段经历，特别是在中原集团负责海外业务的过程中，我阅读了大量书籍，研究了许多商业经典案例，包括美国管理最好的100家公司、日本的九大综合商社、韩国正在崛起的六大商社以及中国香港的一些大机构等。

所以，我对商道的理解是经过长时间的认识、探索、总结、提炼而形成的。

河南是黄河文明的核心，"商圣"范蠡就诞生于商丘。2 000多年前范蠡就写出了"三谋三略"——人谋、事谋、物谋，货略、价略、市略。当你看到这些的时候，你会感到自己很渺小，也会感叹人类进化得太慢了。这个世界变化太快了，好像危机明天就要到来，但是我们又会发现，很多方面并没有变：春夏秋冬没变，人性没变，人心没变。

大概十几年前，我看到了一本书叫《商道》，它主要讲商道是什么。商道就是赢取民心。品牌的支撑点是产品和服务，产品和服务是为了赢取民心，赢取了民心，你的品牌才有价值。

14年前，我对一个伟大企业的理解就是"四个高度统一"，即经济效益和社会效益、物质追求和精神文明、企业利益和员工利益、战略目标和执行过程的高度统一。经济效益、物质追求、企业利益和战略目标是规定动作，做不好这些，企业就无法生存下去；社会效益、精神文明、员工利益和执行过程是自选动作。要想成为伟大的企业，就必须在做好规定动作的同时还要自觉主动地去承担更多的社会责任，去兼顾更多的自选动作，才有可能走向伟大。按照这个标准，如果满分是100分，当时的建业可能就只有30分左右。但在过去的27年中，建业自觉和主动承担了更多的社会责任，并在2018年，有幸入选全国工商联发布的《中国民营企业社会责任优秀案例（2018）》，成为20个经典案例中的唯一一家房地产企业。所以，现在建业大概有五六十分了，快及格了。

2016年，我参加郑州大学毕业典礼的时候讲了三句话："顺天时、借地利、求人和。"我们经常讲，成功有三个要素——"天时、地利、人和"，但是讲多了我们就麻木了。其实大家细想，天时只能顺着，地利只能靠借，人和是我们必须要求的，但这是一个利求、物求、人和的过程。只有这三个条件具备了，才有可能成功。所以我们的核心价值观——"根植中原，造福百姓"的含义中，首先是匠心。匠心中首先是初心，初心正确了再坚持下去，这才叫匠心。

1999年，我们确定了"不出河南"的战略。李克强总理担任河南省省长时提出把中原城市群建成河南经济增长极和发动机的思路。河南有1亿人口、120多个县市，20年前我就想能不能用20年的时间占到10%的市场份额，没想到我们只用了18年，2019年就实现了120个县级城市的全覆盖。这是我自己都不能相信的一个现实，但是我们坚持了18年最终实现了。

大约在10年前，我们就提出了文化自信、战略自信和品牌自信，还有不断地培育和树立自己的产品自信和服务自信。我们计划在2019年3月推出来一个App，叫"建业+"，我们希望"建业"这两个字在河南中原这片土地上可以加无数多的东西。我们有这个底气，就是因为"建业"这两个字背后就是一个"信"字。

我说了这么多事情，就是想表达人性没有变，商道也没有变，最重要的是你自己没有变。我们的价值观就是为人民服务，为客户创造价值，与中国共产党为人民服务的价值观是一致的。我们不是为了刻意地迎合，而是要党员在企业内成为先进分子，党员要在企业有困难时站出来，要在过坎儿的时候挺身出来。

现在很少人把诚意、正心这件事儿看得特别重，但是佛家讲发心，儒家讲诚意。现在很多企业死了之后，问企业的初心是什么、价值观是什么，做企业的人没有任何想法，他们根本没有想过这个层面上的事情，只想着赚钱了，这肯定不行。

现在学校里，人们容易把儒家思想学术化、职业化，在民间人们又容易把它形式化、功利化甚至庸俗化。其实，企业家应该把儒家思想、道家思想、佛家思想的精髓付诸实践，自觉地把它和今天的实践融合到一起。这就是知行合一，其实知难行更难，知行合一最难。所以，做一个企业应该先知道怎么走这个"道"，然后把自己的"意"也就是诚心诚意加进去，最后把"心"摆正。

"知、止、定、静、安、虑、得"，不知道行业的边界划在哪儿，你的心就不定，不定就不能静，不静就不能安，不安就不能虑，不虑你就不能得道，因此很多企业都走不了多远就死掉了，死掉了还不知道是如何死的。所以把这些儒家思想的精髓跟今天的实践结合起来，尽量在知行合一的道路上达到30分，这样企业基本上就能够成功了。我们一般做不到70分、80分，因为做到70分、80分的都是圣人。

我想说，在知行合一的道路上企业家应该做出表率。只要沿着商道，有诚意正心，沿着自己的初心，在一个地方做好一件事情，最后的结果都不会差。

宋立新：感谢胡总的精彩演讲。下面有请几位对话嘉宾上台，开始讨论环节。2018年是改革开放40周年，评选出了百位改革先锋人物，但是在这百人里独缺房地产行业的代表，为什么？

胡葆森：第一，说明自己的贡献还不够大；第二，时间还很长，不必刻意去争。中国房地产行业在过去的30年间，为中国的城镇化做出了很大的贡献。经济适用房也好，安居房也好，一共有200多亿平方米，其中80%~90%都是开发商建的。但国家有国家的考虑，有一定的导向，我们争取能在改革开放50周年的时候入选。

宋立新：张磊是一位优秀的投资家，我知道你是胡葆森的朋友，又是他的河南老乡，而且现在手上资本很多，但是你投资了这么多公司，为什么从来不投资房地产？

张磊： 我们投资的第一个标准就是不能太挣钱。不太挣钱的企业才有机会跟我们一起能把"朋"这件事儿做好——就是一起挣钱。这就是我不投资房地产的主要原因，房地产挣钱太容易，它很难作为"我们"来一起创造长期价值。

比如最早投互联网公司，我们把它们叫作不挣钱的公司，公司有收入，但是没有利润。王晓东的公司市值目前已经超过100亿美元，但基本上还没有收入。以前人们说，互联网公司做到市值达100亿美元还基本没有利润，王晓东他们公司现在是做到了100亿美元但坚持没有收入，为什么坚持没有收入呢？他们不要，他们要的是创新，是十年磨一剑，对于投资者来讲这是激动人心的。就像亚布力缆车下面的路一样，很多人都不太敢上去，我说我要来挑战。

我同意葆森所说的，挣快钱容易，但20年耕耘一块土地，不仅要考虑自己，还要把各方面的事情全都照顾到，又能够形成自己长期坚持的商道，这非常不容易。

宋立新： 田源主席，从你和东升发展亚布力论坛19年的经历出发，能不能给我们分析一下：什么样的商人能够走得更远？

田源： 这个题目其实是出给大家的，谁想以后19年还坚持不断来亚布力论坛？如果非要找一个标准，陈东升就是标准。因为19年来，陈东升从第一届亚布力年会到现在，一届不落，每年都来。

我从北京来牡丹江，坐飞机坐了很久，飞机上1/3的人我都认识，全是知名企业家，他们来这么远的地方，乘坐的都是经济舱。但他们仍然要来，因为到了这儿，他们感到开心、高兴。企业家们应该坚持来亚布力论坛，来这儿互相交流、学习，企业也会越做越好。

宋立新： 你刚才说的实际上是一种信念，这种信念的具体延伸就是价值观趋向和战略定位，要保持这种定力。请问王晓东，你坚持没有收入的这份定力也很难得，能不能跟我们分享一下？

王晓东： 今天听葆森讲，有一点特别有感触，就是商道要有一个边界。你知道你的边界在哪里，心才能够定下来，定下来才能够静下来，静下来才能够思考，思考才能够得道，这跟我们做科研是相通的。

其实世界上万物都是相通的，做商业和做科研都是相通的，不过大家术业有专攻。如果我们大家做科研的、做投资的、做实业的、做媒体的都在一起为一个共同的目标去奋斗——为人民服务，那我们肯定是无敌的。我们有14亿人，我们聪明又能干且还不抱怨，那么我们肯定能够解决任何困难。

宋立新：你们公司什么时候能有收入？

王晓东：商道其实也是赢得人心。这对房地产业重要，对医药行业则更重要，因为人命关天。我们之所以到现在还没有收入，就是因为我们想精益求精，把这件事情做到最好。而且我们希望成为第一个从中国成长起来的生物医药企业，能够使中国自己的医药品牌走向世界。我们的目标就是，要给中国人做最好的抗癌药，同时也要作为中国人给全世界做最好的抗癌药。这条路很漫长，还没有人走过。虽然现在我们还没有收入，但是一旦有了，那我们做的事将极有意义。

胡葆森：就像我经常说一句话：成功的路上并不拥挤，因为坚持下来的人不多。

张磊：在中国，我们投资出去的资金约有600亿美元，投资的企业也有几百家，但是我们还没有投过一家在全球某个药品类别中排名前二的中国企业，百济神州有可能是第一家。

宋立新：姜明，你看着显得很年轻，但是你跟胡葆森认识的时间可能也最长，能不能用几个词来形容胡葆森？

姜明：我想用四个符号来形容：河南建业、建业足球、河南老胡、老胡你好。

第一，河南建业。建业前年所缴纳的税在河南省企业中排第二，包括国有企业和民营企业。除了中央企业烟草公司之外，建业是全省交税最多的企业。河南建业绝对是河南的一面旗帜。

第二，建业足球。这是25年来唯一的一个"行不更名，坐不改姓"的足球队，在建业足球38亿人民币的总投资里，胡总用自己的股东分红净投入了19亿人民币。这就是情怀，这就是赢取民心的商道。建业足球现在有25万注册会员，有300万球迷，承载了河南人民的一个符号。

第三，河南老胡。顺天时、借地利、求人和、走正道，这是老胡悟出来的道理。老胡常说："明日河南之于中国，必同于今日中国之于世界。"他把他个人的命运与河南的命运、与中国的命运紧紧联系在一起。他是一个特别有情怀的人。

第四，老胡你好。在建业足球成立20周年时，我有幸应邀参加纪念比赛，我听到现场3万球迷同喊："老胡你好！"这是河南球迷的心声。我想老胡再苦再累，在他追求卓越、根植中原、造福百姓的那一刻，所有的委屈都值得了。他赢得了人心，赢得了球迷。

【互动环节】

宋立新：接下来是嘉宾互相提问的环节。

胡葆森：想问田源兄，亚布力论坛是你创办的，你在亚布力这么多年，为什么不敢说自己是河南人？

田源：我从来没有不敢说自己是河南人，我敢，我一直都说我是河南人。我以河南人为骄傲，以老胡为骄傲。但老胡还是有缺点的。作为河南人，河南的商帮不太行。楚商有陈东升，浙商有马云，此外还有广商、晋商。但现在还有许多人都不知道河南人的伟大。河南有一亿多人口，豫商的大旗却还没有挑起来，这是一个重大的失误，胡总要赶快弥补。

宋立新：建业为什么踢不好足球呢？足球，河南踢不出来，中国也踢不出来。花了这么多钱，为什么就踢不好呢？

胡葆森：足球就是中国社会的一个缩影。它表面的和内控的东西与中国社会其他领域的问题都是一样的，如医疗、教育、司法等。对待事物应捕捉到它的规律，更要按照规律办事，才能够结出一个正确的果。发展足球最少要制定一个20年的规划。日本曾制定了一个50年振兴足球的规划，到今天才30年，可他们已经在"世界杯"崭露头角了。现在我们只抓了3年，不能太心急，中国足球需要时间，它没有止境，现在才刚找到了方向，刚开始前进，大概20年以后才能看到成效。

宋立新： "止"不是静止的"止"，是一个动态的平衡，中国企业家有希望永远在盈利的路上。

胡葆森： 我对中国从来没有失去信心，中原文化小镇一定能够走向世界，中华文化走出国界的时候，中原文化自然也就走出了河南、走出了中国。

提问： 想问老胡一个尖锐的问题，胡总的起点那么高、条件那么好，但是也一直守着河南这个地方，是不是曾经吃过大亏？你为什么有这么大的定力？或者说你是不是太封闭了？

胡葆森： 我做事情有一个原则，就是量力而行。早在2 500年前，老祖先就告诫我们要量力而行，厚德载物。前几年总有一些明星出问题，为什么？因为中国这二三十年来得到了太多的财富，思想上还没有来得及做好准备，修炼都没有到一定程度。"厚德载物"这个"物"就是名和利，你载不住这个名和利，它就会把你压垮。这就警示人们，要有敬畏之心。你得到点东西，得到点名和利，要能托得住，托的前提是德，德有多厚，你就能够托住多少东西。

所以我在河南就一直在"厚"德，一直在积累。我为什么一直要守住河南呢？因为我自己对这种规律还一知半解，所以还托不住那么多"物"。培根说过同样一句话：当欲望超过能力时，即使你是一只象、一只狮子、一个战神，也是弱的，只有那些对自己的能力感到满足的人才是强者。

宋立新：我一直在各位的身上琢磨亚布力的魅力。这里的企业家坚持勤奋，不靠财富成就未来，不靠关系成就未来，不靠权力成就未来，而是靠自己的勤奋，不断提升自身的能力，来创造自己可控的未来。这也是当前巨大的不确定性因素中的一点确定性。

我们最初来亚布力论坛，是坐着绿皮火车来的。我们彼此都是见过底的人，我们更见过亚布力论坛的底。亚布力是我们最初开始的地方，那就是我们的底。而今天大家聚在一起，我相信也能够一起筑底。我们希望，我们能够筑最坚实的底。感谢亚布力论坛，感谢大家！

我始终对未来充满好奇

文 张树新 联和运通控股有限公司主席

今天，我能够站在这里，回顾我的前半生（我生于1963年，已经年过半百），必须要感谢40年前开始的改革开放。没有1978年的改革开放，我们都没有今天，我更没有可能度过这样的前半生。

说到我的前半生，一定要介绍一本书——《沉重人生》。这本书是我母亲在1992年我父亲癌症去世以后，花了九年时间写就的一本个人回忆录，其中讲述了我的父母——一对生于20世纪30年代，成长于中华人民共和国成立初期，在"文革"中饱受冲击的普通知识分子的艰难经历。当然，这也是我童年生活的背景。

这本书中最重要的一页是关于我父亲的日记本，日记本封皮上写着"为了祖国"。这个日记本是在我父亲去世以后我和母亲一起回到辽宁，在我父母住的房子中翻出来的，里面用小楷写了密密麻麻的字。它是一本政治学习笔记，又是日记。在这个日记本中，我父亲记录了"文革"开始被揭发时他的痛苦和忏悔。

我1978年，我父亲恢复工作，还被评为国务院有特殊贡献的专家，当时他负责我国核潜艇特种钢材料的研发，每月享有100多元的国家特殊津贴。那时，我15岁，念中学。我读到了第一本和未来有关的书叫《小灵通漫游未来》，这是作家叶永烈在1961年写的，但直到1978年才发表。这本书里讲到了原子能气垫船、水翼艇、电视手表、水滴形的飘行在空中的车、机器人服务员、360度的环幕电影、太阳能灯、可人工控制的天气系统、反季节蔬菜、转基因食品、隐形眼镜……这是一个后来在北大学化学的年轻人在1961年时的想象。

当时15岁的我读到了这本小说，是对我的想象力的重大开发，而正是这个开发导致我对科学以及科学可能导致的未来开始充满好奇。然后我开始读《十万个为什么》，开始关心天为什么是蓝的、鸟为什么会飞、鱼为什么会游。在40年前，那遥远的20世纪70年代，《十万个为什么》是我科学的启蒙。从那时起，我开始读科幻小说，一直到今天。

1981年，我18岁，抱着成为"居里夫人"的梦想走进中国科技大学的校园去学化学，业余时间我继续读科幻小说，那时候的大学图书馆已经开始有了阿西莫夫的基地系列。当时我就读到了很多关于未来的幻想，比如24世纪以后的宇宙，非常震撼！无法想象曾有人用如此庞大而缜密的思维想象着几百年后关于太阳系、银河系的复杂系统中具体而完整的星际战争故事。这是什么样的一种思维方式！

1986年，我离开大学校园来到北京，先做了三年记者，又在中国科学院机关工作了三年。那是空气中都洋溢着理想主义的20世纪80年代，我在那六年里结婚、生女儿，也从单位分到一间两家合住的只有10平方米的幸福蜗居。

1992年6月，我离开中科院机关下海自谋职业，所以，我也应该算是"92派"。我做过策划公司，倒卖过PC（Personal Computer，个人计算机），做过寻呼台生意，直到1994年年底去美国，发现了神奇的互联网，从此与互联网结下了不解之缘。

1995年，全中国的上网人数大概只有一万人。两年后的1997年10月，CNNIC（China Internet Network Information Center，中国互联网络信息中心）第一次公布了中国网民数量：62万。2018年6月，中国网民数量已超过8亿，其中98%是通过智能手机联网。

瀛海威应该是中国互联网商业的"早产儿"。多年前我接受记者采访讲起早年创业的经历时曾说过：我们在错误的时间、错误的地点做了一件正确的事。不过，我从来不后悔那么早就遇见互联网。

1998年年底，我离开网络实业，与一帮志同道合的朋友们以合伙制的模式创建了联和运通投资公司，从此开始了10年投资生涯，直到2008年退居二线。

联和运通在创业伊始就实行了合伙人制，所以我才可以在11年前就逐渐退出商业去做我自己喜欢的事情。我也很幸运，找到了非常合适又优秀的接班人，其实今天的联和运通领导者做得比我好得多，当然，我也就乐得成为一个越来越小的股东。

2008年的夏天，我45岁。坐在我的海边书房，蓦然回首，开始追问自己当初的梦想。那一年秋天，我重新开始读书，并与丈夫一起结伴环球旅行，这一走，就是十年！

我现在公司的职位是CTO（Chief Traveling Officer，首席旅游官）。我没有出门旅行的时间大多用于公益活动。

我大概从2014年开始介入了很多与公益相关的事业，最重要的是阿拉善SEE生态协会。截至2018年年底，阿拉善SEE生态协会已有近千名会员，24个项目中心。我很早就讲过，阿拉善SEE生态协会是从亚布力论坛生长出来的，它的七任会长中有六任是亚布力论坛的理事。我在最初的五年做过两届第一副会长，参与了最早的所有文件的起草工作。我很骄傲为此贡献过时间和精力，也很骄傲今天有更多的人正在继续这个事业。

我还有另外一个公益事业。2006年，我跟一帮校友创立了中国科技大学校友新创基金会，2006年9月至2018年3月，我连续三届、11年担任执委会主席。

2015年，我回到母校开了一门公共选修课——《互联网发展史》。这一年对我来说是一个巨大的转折，我开始重新整理互联网和人类相关的历史，从技术、文明变迁的角度来探究互联网和人类的关系。

从2008年开始至今，我和丈夫二人结伴自驾。我们先用2年多时间游走中国，几乎到达过中国大部分县市，行程近15万千米。后来去了世界各地所有我们能去的地方，我们大多在当地租车自驾，至今已行经129个国家，自驾行程约25万千米。

2015年以前，我记了大量的日记。有了微信以后，我在朋友圈写了很多文字。

我是地图专家，而且特别喜欢看地图，所以在GPS（Global Positioning System，全球定位系统）和智能手机还没有被广泛应用的时候，我们家有全世界各种版本的地图，我可以开一个博物馆。

我是一个一直在看书的人，这一路走来一路读。经常有人问，你为什么要旅行？因为我一直充满好奇：这个世界为什么是今天这个样子，这个世界将来又会是什么样子。

2016年冬，我们曾专门去南太平洋上的跳岛旅行，在旅行路上我一直在读《库克船长日记》。库克船长是1769年英国皇家海军的一个上校，他当时接受了一个任务：帮助英国皇家地理协会测量金星凌日。他当时驾驶的是一个三桅帆船叫"努力"号，是无动力船，他用很多非常原始的工具测量海湾、海岛、海流，以及南太平洋一带的天文地理。但即使这样，库克船长所描绘的新西兰海岸线和澳大利亚的南海岸线，包括太平洋的洋流，依旧在指导着我们今日的海洋地图。在大航海时代，有多少这样的无动力帆船，探索并发现了我们今天的世界。他们拥有着什么样的精神和怎样的好奇啊！

我希望我自己能够永远保持对这个世界的历史和未来的好奇。

我希望，未来能有足够的时间再去苏格兰旅行，探访这个诞生了大卫·休谟、亚当·斯密、詹姆斯·瓦特，从而发明了现代世界的神奇高原。

我希望，未来有足够的时间坐下来认认真真地反复研读厚厚的《辩论》，想清楚为什么在1787年的夏天参加美国制宪会议的商人们会花上116天严肃争论，认真研究，通过谈判和立法，而非武力，真正建立了共和。到底什么是他们的精神根源？

我希望，再去一次埃及、印度、土耳其慢慢行走，用心观察这些拥有古老文明的国度如何艰难地向现代文明转型。

我希望，将这个世界再走一遍！

做一件纯粹的事

文 郭 为 神州数码集团股份有限公司董事长

我的人生很"被动","被动"地做了一些事情,"被动"地走到了现在,所以我心存感激。

第一,要感激这个伟大的时代。

1976年,我13岁。那一年我读初中,时刻准备着去下乡。但是1977年发生了一件我认为对我们影响至深的事情,就是恢复了高考。我想今天在座的大部分人可能都是这个制度的受益者。

所以,我们必须感激这个时代,感激改革开放。以邓小平为代表的党和国家的领导人,以极大的政治智慧和勇气,在那种积贫积弱的环境下,推动了一场翻天覆地的变革。这次年会之前,亚布力论坛的理事们在讨论主题的时候都在强调信心的重要性。如果和1976年、1977年相比,我们就会发现,今天的困难其实小很多。我们相信领导人的政治智慧。另外,从1946年电子计算机发明之后,人类进入一个信息化的时代,一直到现在,互联网对整个人类社会的影响仍是巨大的。所以,改革开放和技术革命的融合,使我们置身于一个伟大的时代。

第二,特别感谢中关村,中关村成就了神州数码这样的一批企业。

我是从中关村走出来的。中关村不仅有开发者,其实中关村还有科学院,有北大、清华,是一个人才和知识高度密集的地方。在这里,大家进行思想交流和碰撞,产生了很多创造力和想法。有了中关村就有了"十八条"(《北京市新技术产业开发试验区暂行条例》),这推动了整个中国一系列的改革。今天来看,当年在中关村创建并活到今天的企业已经是凤

毛麟角，联想算一个。联想的前身是中国科学院计算所新技术发展公司，神州数码是联想发展的延续。所以，没有中关村，就不会有神州数码，今天我也不会站到这里。

在给公司起名字的时候，我们首先想到要有"中国"，其次要有"数字化"，于是就叫"神州数码"。公司始终以"数字中国"为使命，致力于成为数字化的探索者、实践者和推动者。探索者，是给自己留点余地，因为有可能失败，有可能走不完就牺牲掉了。实践者，神州数码首先从自身的数字化开始做起。最终，可能由于神州数码的努力，全社会都朝着数字化方向转型。走到今天，我们正在实现第三个目标，推动整个社会向数字化转型。

有个事情很有意思。2008年、2009年神州数码提出"智慧城市"的时候，像一个布道者，四处给人讲什么叫"智慧城市""大数据"。但是到2016年、2017年之后，几乎所有的IT公司都说自己在做智慧城市了。应该说，在智慧城市建设这个领域，神州数码是不折不扣的先行者。

第三，很感谢亚布力论坛。

为什么感谢亚布力论坛呢？我加入亚布力论坛，最初是出于情感，因为根本不懂这些东西。加入后，我发现亚布力论坛的企业家真是一群有思想的企业家。大家领域不同、公司大小不同、发展不同，但是每一个亚布力人都非常有思想。这些年，我学习到很多东西，受益很大。另外，亚布力论坛的各位企业家都非常正派，在社会上有着非常高的声誉。亚布力论坛这些年来一直坚持思想性，传播正能量。我们没有把亚布力论坛变成一个商业机构、一个商业氛围很浓的地方。在这里，大家不是做生意，而是真正洗涤自己的心灵，汲取正能量，约束自己，使自己成为一个好的企业家。

第四，非常感谢父母，他们让我去做一个纯粹的人。

我父亲一辈子只做了一件事，就是修长城。我是秦皇岛人，秦皇岛有一段长城，这段长城始终都是在翻修的过程中，因为不断地塌，需要不断地修复。父亲花了几乎半辈子的时间修长城、建长城博物馆。在这个过程当中，父亲有机会接触到很高层的领导人，但是他的心很平静，他觉得他只需要做好一件事，做一件纯粹的事。

我现在也是只想做好一件事，真正把数字化中国这件事情做好。虽然在这个过程中经历了很多挫折，但我都以非常积极的心态来面对，因为我觉得只要努力了，只要全社会在向着数字化转型的方向走了，整个社会在进步，那么这份工作也就算做到位了。

在父亲去世之后，我突然想到毛主席在纪念白求恩的时候所说的："一个高尚的人，一个纯粹的人，一个有道德的人，一个脱离了低级趣味的人，一个有益于人民的人。"我想，这也是每个人、每个企业家应该对自己的鞭策和要求。

追念父亲：自强的一生

文 赵 民 正略集团董事长

2016年中秋节前，我的父亲在安详中告别了这个世界。

父亲出生于1932年，人的一生有73和84两道坎，父亲顺利地迈过了73岁的年龄，在84岁这一年没有迈过去。

老百姓口中流传着很多人生哲理的俗话还是非常有道理的，这背后是大量生活实例堆积而成的概率论，换个时髦的词叫"大数据"。

父亲出生的那个地方最早的地名是江南松江府，后来上海开商埠，到我父亲出生时已经改成上海市上海县，属于上海的郊区，位置就在今天的虹桥和闵行这一代，父亲的村庄现在属于闵行区。

父亲在世的时候从来不跟我们讲年轻时候的事情，更不讲上一辈人的事情。后来我们兄弟都是从姑姑那里一点一滴积累起对父亲往事的了解。

父亲的爷爷，也就是我的曾爷爷，是典型的贫下中农，饱一顿饥一顿，贫寒之家难以维持。到了我父亲的老爸，也就是我爷爷这一辈，吃苦耐劳、起早贪黑、省吃俭用，家境慢慢开始好转，但爷爷自己不识字，吃了很多没有文化的苦，于是下决心送自己的儿子上学念书识字。

父亲兄妹5个，父亲排行第二，上面有一个兄长，下面是三个妹妹。我爷爷的老大、老二都念书认字了，念书识字的结果是爷爷的大儿子、我的大伯在1949年之前成了共产党的地下党员，我的父亲1949年在我当地下党的大伯的动员下，背着我的爷爷和奶奶悄悄报名参加了人民空军。

知识改变命运，知识启迪思想。就这样，父亲作为一名来自上海的学生兵北上东北、投笔从戎，成为刚刚创立的人民空军的一员。经过短暂的学习，参加了抗美援朝。

父亲参军之前一直是个好学生，进了空军的航校之后，学习的优势很快体现出来。但是由于种种原因，父亲最终没能当上飞行员，没能驾驶战机飞上蓝天，反而在机械师的岗位上成为佼佼者。后来他当上了所在部队的军首长座机的机械师，负责军首长飞机的检查。

后来我在北京工作，有一次和一位在空军工作的苏州老乡吃饭聊天说起这段事时，我的这位空军现役老乡说，这种机械师一定是那支部队里机械水平最好的。父亲随部队参加抗美援朝，转战在牡丹江、丹东一带的军用机场。所以，我从父辈开始就和黑龙江结下了缘分。

从亚布力论坛第一届开始，我就来了，后来还给我发过一个创始理事的小本子。

从2001年开始，每年的正月十五我都会跟着田源主席、东升大哥在亚布力过，没有一年缺席。到2020年亚布力论坛成立整20年，我们再来相会。

父亲是在1964年离开部队的。大学毕业以后，我成了一个历史迷，到处自己买书，收集历史资料和图书，才慢慢地搞清楚当年部队越来越政治化、政治挂帅的变化背景。我父亲在1949年中华人民共和国成立之前就在

上海识字读书上学，家里如果没有一点收入肯定是读不起书的。因此，土改的时候家庭成分就成了中农。

20世纪50年代，家里出了一些变故，结果就是我父母抱着一岁的我哥哥从东北长春回到了距离家乡最近的江苏省苏州地区吴江县，紧挨着青浦县，作为军转干部，进入了税务系统。

父亲对部队的感情表现在一件具体的小事上，从我一出生我们家就一直订阅《解放军报》和《参考消息》，我对时政的初步启蒙就来自这两份报纸，一直等到我父亲退休之后还在订。后来父亲年迈，离开吴江，和我们这些儿子们生活在一起，到那个时候才没有续订《解放军报》。

父亲60多岁时专程北上长春，到自己当年生活过的大街、大院里重走了一遍，从长春回到北京和我聊天，谈了很多、很多。看得出来，父亲一生对那一段岁月——从1949年至1964年这15年的军营生涯是最为铭心刻骨和万分珍惜的，军队之情深深地刻在了他的骨子里。

父亲转入地方重新学习，再次显示了他学习的功底和能力，很快成为业务骨干，专事税务稽查，就是查账查税。父亲退休前是我家乡税务系统中专门负责企业税务问题的专家。

20世纪80年代改革开放以后，我们开始重新有了注册会计师和注册税务师，父亲成为苏州市最早的一批注册税务师，因为业务熟，得以在退休以后又被单位返聘。父亲的身体因为年轻时在东北从军，留下了很明显的职业后遗症。

第一，多数指甲被冻坏、冻掉，那是早上起来在冰天雪地里、天寒地冻中脱下手套，检修飞机的工作病。

第二，父亲患有严重的关节炎，也是在那个环境下工作的结果。在我上中学时，父亲曾有一段时间一到冬天就要用大木桶灌上滚烫的开水泡脚，直到双脚通红，那时我和我哥哥、弟弟还小，喜欢把父亲烫脚治关节炎的土办法叫作"烫猪脚"。

父亲小名"顺心"，大号赵志强，2016年9月17日星期六上午11点10分离世，谨以此文追思父亲。

我与白酒的28年

文 刘　淼　泸州老窖股份有限公司党委书记、董事长

40年，在时光的长河中，仅仅是那么一瞬间。但我们共同经历的刚刚过去的40年，却又意义非凡！

40年改革开放，书写了民族复兴的壮丽史诗，可以说是改变了中国，改变了世界。40年波澜壮阔，我们既是亲历者，也是参与者。回首往昔真的可以说是感慨颇深，诸多往事仍然历历在目。

今天，很荣幸能与在座的各位企业家一起，共同探析历史脉络，在回望中思索，在思索中积蓄力量，奋力前行。

与酒结缘　从一而终

我出生在四川泸州，一座酒城，也是江城，境内有长江、沱江、赤水河三条主要河流。地处北纬28°左右，空气温润，四季分明，因为这里独特的微生物环境，被世界粮农组织赞誉为"地球上最适合酿造纯正蒸馏酒的地方"。

从我出生开始，呼吸的第一口空气就饱含着酒的芳香，可以说我是在美酒的熏陶中长大的。父母为我取名刘淼，三个水的"淼"字，在中国传统中，自古以来就有着"水即是财""肥水不流外人田"等说法，在中国白酒行业更是有着"水乃酒之魂"的认识，大概是希望让我身上有家乡酒城和江城的烙印，也在冥冥之中注定我今生会与白酒结缘。

1978年党的十一届三中全会后，改革的大潮席卷了中华大地，拥有

白酒产业基础的泸州也迎来了春天。当时，整个泸州城乡可以说是酒厂林立，呈现一片处处因酒而生、人人因酒而忙的景象。那时，在中华人民共和国成立之初36家古酿酒作坊公私合营基础上建立起来的泸州曲酒厂，就已经是闻名遐迩的"中国四大名酒"之一，酿造的泸州老窖特曲酒在全国家喻户晓。当时还是少年的我，在耳濡目染中，逐渐在心里埋下了向往酒业的种子。

1983年，酿酒业成为泸州"三大支柱产业"之一，以泸州老窖为代表的泸酒开始奔向改革开放之路。20世纪80年代末，泸州老窖的销量就已经是川酒"六朵金花"中其余五朵之和，是当时中国白酒行业无可争议的"老大哥"。

泸州白酒的发展成就，让每一个泸州人都引以为豪。高考填报志愿时，我毅然选择了与白酒息息相关的生物化工专业；1991年大学一毕业，我就回到了家乡。当时还有个小插曲。其实最初，我是分配到政府机关的，但是因为我对老窖的向往之情，又刚好学的是跟酿酒有关的生物化工专业，经过一番努力争取之后才成功进入了老窖，从此开启了我与老窖的缘分。结果，我的人生就这样与泸州老窖紧紧联系在了一起，一干就是28年。这是我毕业后的第一个工作，也极大地可能是我最后的一个工作，我经常开玩笑说，从婚姻爱情观来看，我这叫从一而终，矢志不渝。

艰难转型 市场搏击

历史有跌宕起伏，企业有兴衰成败。到20世纪90年代初，泸州老窖已经是具有万吨曲酒生产能力的全国大型酿酒骨干企业，但是因为很多原因，我们逐渐失去了行业第一的"头把交椅"。"百年老店"的泸州老窖，也迎来了改革的风口。

1994年，泸州老窖酒厂改制成泸州老窖股份有限公司，在深交所挂牌上市。

1997年，亚洲金融风暴爆发，中国经济遭受了很大的波及，白酒行业也难以独善其身，泸州老窖承受着"酒好也怕巷子深"的考验。

1998年，计划经济向市场经济转变成为燎原之势，泸州老窖的转型成为历史必然。也就是在那一年，公司提出了"一流人才搞生产管理，超一流人才搞市场销售"。当即，重新组建销售公司，从5 000名员工中选取50人组成了泸州老窖营销"第一梯队"。精锐之师，会战长沙，打响了泸州老窖在激烈市场环境中杀出一条血路的"第一枪"。

当时，我本来可以留在管理部门担任负责人，但还是接受了来自销售一线的呼唤，成为泸州老窖销售"第一梯队"成员之一。因为，我觉得自己还年轻、还有冲劲，还可以为泸州老窖做点事情，尤其是在公司当时那种危难之际、用人之际，这是一份不容推卸的使命！

现在回头来看，从基础业务员到策划部长、销售公司负责人，每一步真的都饱含无尽艰辛。很感谢那一段经历，让我认识了市场的残酷，让我积累了营销的经验，让我后来行走的步伐更加坚定。

国窖臻品 横空出世

如果要追问泸州老窖这么多年来做得最正确的事情，我想应该有三件：一是保留下了老祖宗传承690余年的酿酒技艺，以及连续使用440余年的国宝窖池，成了品质的保障；二是在行业中较早实行了全国化布局，成为市场的保障；三是成功推出了国窖1573，成为品牌的保障。

国窖1573的推出，要追溯到2001年。当时，中国历尽艰辛终于加入了WTO，驶入了经济腾飞的"快车道"，也带来了消费的加快升级。

泸州老窖敏锐地察觉到了这个趋势，响亮地提出了"统治酒类未来消费的是文化"。随后，我们深挖"浓香鼻祖"的历史资源优势、文化资源优势和品质资源优势，瞄准和满足消费者对白酒产品日益提升的品质和文化需求。随即，中国白酒三大高端品牌之一——国窖1573横空出世。

当时，我担任公司策划部部长，有幸作为主要骨干全程参与了国窖1573从创意策划到产品设计定型，再到宣传推广的全过程，也亲历和参与了这一代表性中国白酒高端品牌的崛起过程。

如今，"你可以品味的历史"已经成为耳熟能详的经典，国窖1573正以"浓香国酒"的姿态，与中国白酒一起走向世界并让世界品味中国。

这也给了我们启示：白酒作为中国最古老的传统民族产业，不仅需要坚守的恒心，传承的匠心，也需要有创新的决心。我想，这对于很多其他的传统民族产业也有一定的借鉴作用。

深度调整　改革突围

2012年，国际国内经济形势急转直下，中国白酒行业在经历了"黄金十年"后，进入了深度调整期，市场严冬到来了。2015年，我被任命为公司党委书记、董事长。当时的形势十分严峻，因为，在前一年，公司业绩出现了大滑坡，营业收入几乎"腰斩"，如何推动泸州老窖"突出重围"是我和班子、员工面对的生死之战。

上任之初，就有关心我的人告诫我说：自古守成者全身而退，改革者粉身碎骨。但是，很快我就将这一"至理名言"抛之脑后。因为在当时的形势下，不改肯定死、改才有活路！

我们对行业形势进行了深入思考和分析研判，对公司多年以来发展经验教训进行了彻底的总结反思，最终以"壮士断腕"的决心实施了一系列大刀阔斧的改革。

我们确立了"重回前三"的总体目标，规划了泸州老窖"一二三四五"发展战略，调整了组织架构，形成了"双品牌、三品系、五大单品"的布局，强力推动了"品牌瘦身"等行动。

在2015年年底，我们用短短半年时间，终于在严酷的市场竞争中实现了企稳回升，重回了快速发展通道。新班子交出了上任后的第一份捷报：销售收入增长接近30％，全年利润增长超50％。

改革，说起来无非是对既有利益、原有格局的调整，但是其中的艰难险阻，不言而喻。开弓没有回头箭，我们继续加快了调整布局的步伐。

2016年以来，我们更是以刮骨疗伤的决心，坚决推动品牌清理，将公司条码数量缩减了超过90％，将原有20余支销售团队整合为四大品牌公司，治愈了困扰泸州老窖20多年发展的"顽疾"，首次实现了品牌的聚焦和力量的整合。

2017—2018年，我们又全面打响了国窖1573"浓香国酒"、泸州老窖"浓香正宗"的品牌复兴之战。连续取得了白酒营收超越百亿、市值跨越千亿、体量规模超越历史最好水平等一系列关键性胜利，可以说是载入泸州老窖发展史册的。

现在，回过头来看这一切，我想说：既然不负所托，何惧千难万险。正确的努力，肯定会有丰硕的回报。

致敬时代　品味中国

进入新时代，国际、国内政治和经济形势可以说是风云变幻，国际贸易格局和产业分工都发生了重大的调整。对此，有很多人感到迷茫。但我有三点坚信：一是中国改革开放的脚步不会停下，未来不会更糟；二是坚韧智慧的中国人民，能扛得起重压；三是中国的产业与品牌，会在世界市场占据更加重要的席位。

中国白酒，这个中华文化的优秀载体和民族产业的杰出代表，是中国少数具有完全自主知识产权和定价权的优势产业，最具希望代表中国制造走向世界。

泸州老窖作为"浓香鼻祖"和中国"四大名酒"之一，我们一直主动肩负起引领推动中国白酒走向世界，让世界品味中国的发展责任。

我们认为，品牌要走出去，文化就要先行。因此，我们始终坚持加强传承和弘扬中国传统文化。

这些年来，我们举办了国窖1573封藏大典、"让世界品味中国"全球文化之旅、国际诗酒文化大会等一系列活动，面向全球展示中国白酒文化的深厚底蕴。

我们深度携手"2018年俄罗斯世界杯"和"澳大利亚网球公开赛"，用全球共通的"语言"讲述"中国故事"。

我们积极参与了"一带一路"高峰论坛、中欧论坛、厦门金砖国家领导人会晤、南非金砖国家峰会等国际大事，将中国文化的芬芳和中国白酒的浓香传遍世界。

经过几代人的不断努力，目前我们已经在全球50个国家和地区完成了布局，成为海外能见度高、分布较广、大受欢迎的中国白酒品牌之一。

"始于秦汉、兴于唐宋、盛于明清、发展在新中国"，我们相信繁盛千年的泸州老窖，从悠远的历史中走来，在中国改革开放的浪潮中展翅腾飞，必定也将在新的时代伴随民族的复兴和国家的崛起闪耀世界。

在此时此刻，如果要让我说一些内心话，我只有两个字——感恩！

感恩国家。因为国家创造了这个伟大的时代，让我们每一个人的梦想，有了实现的可能！

感恩企业。因为我一直认为，不是我成就了企业，而是企业成就了我，是企业让我挥洒的年华比黄金更有价值！

感恩同事。因为所有的荣耀与业绩，不是我一个人奋斗出来的，是公司领导班子、所有员工共同努力的结果，荣誉属于大家！

感恩家人。因为是他们让我有了坚强的后盾，无论成功还是失败，他们都是我人生的避风港，心有温暖，虽远不怠！

最后，更要感恩在座的每位企业家朋友，每位嘉宾，感谢你们喜爱泸州老窖、选择泸州老窖、支持泸州老窖！

从军人到企业家

　　军人出身的他们为何选择"下海"？从军的经历对他们的"下海"经商有哪些影响？在商海浮沉几十年的他们，如何回忆那段军旅生活？对于军人的身份，他们有着怎样的感情？

　　在 2019 年亚布力年会上，由当当网联合创始人、董事长俞渝担任主持人，山水文园集团董事局主席李辙和美好置业集团股份有限公司董事长刘道明一同回顾了他们的军旅生活，讲述他们的从军经历以及转战商海的风云故事。

　　俞渝：大家好！我是本场论坛的主持人俞渝，也是当当网的创始人和董事长。今天我们请到了两位企业家朋友来到现场，谈谈他们曾经的军旅生涯。他们分别是美好置业集团股份有限公司董事长刘道明先生和山水文园集团董事局主席李辙先生，大家掌声欢迎。首先，我们请他们分别谈谈各自的当兵经历。

　　刘道明：我是1976年3月1日入伍的军委工程兵。我在农村长大，当兵前没有到过县城，那时当兵是离开农村的一个很重要的途径。在我的人生中，当兵的经历对我的影响非常大。我在部队首先学到的手艺就是开车，而6年的工程兵经历则成为我后来下海从事房地产业的起点。起初，开车这门手艺帮我养家糊口，工程兵的经历成为我创业的起点，所以可以说，部队生涯在我的人生中起到了决定性的作用。

　　我是1978年入党的，那时我做文书工作，也是我在部队所担任的最高职务。后来我的首长跟我说有一个提干的机会，但我当时特别想开车，所以我就和首长说，我想放弃提干去开车。首长瞪了我一眼，可能也觉得我傻乎乎的，竟然还不愿意提干。我说我就想开车，首长当时虽然很生气，但还是同意了。

后来我复员了。那时候开车是一个很抢手的职业，所以我一步一步从县城开到省城，又开到北京，并在1988年下海创业了。

李辙：我是1979年入伍的海军特种兵。当特种兵的第一年是接受"魔鬼训练"，有时晚上三四点钟集合号一响，可能连衣服、裤子都来不及穿，拎着就往出跑，非常苦。我当兵1个月就被提拔为了副班长，管12个兵，这也是我在部队担任的最高职务。

当兵期间我遇到的最危险的状况就是出海搁浅，当时在那里待了一个晚上，等潮水涨上来后，我们才脱离危险。当时搁浅的那艘船是一艘登陆艇，不是很大，但其实越小越麻烦。我只记得登陆艇搁浅的那一刹，我脑子里一片空白，觉得完了。其实当兵这段经历3个小时也说不完。

俞渝：李总，你从海军特种兵复员回来，多长时间之后开始创业的？

李辙：我1983年回来就开始创业了。当时的女朋友家里有很多华侨关系，于是我就跟一些合资工厂一起在北京做代理，生意做得还挺顺利的。后来我去长城饭店做过2年，那个时候长城饭店非常难进。1985年，我就

一边在长城饭店工作，一边做生意，再后来我就彻底辞掉了长城饭店的工作，专心做代理生意，之后又进入了房地产领域。

俞渝：刘总，您复员后是什么样的情况呢？

刘道明：我于1981年年底从部队复员回到县城，因为那时候我会开车，所以找一个开车的工作还是很容易的，于是1981—1984年，我一直在县里给很多单位开车，但属于临时工，因为我是农村户口。那个时候我们那里有一个"亦工亦农政策"，我就是"亦工亦农"。比如，工资规定是37元，需要交20元给生产队，生产队给你记工分儿，你才能分到粮食，剩下的17元才是属于自己的生活费。1984年，我买了一辆我哥哥工厂里的班车，开始做个体户。

俞渝：1984年就敢自己买车做个体户，那是非常罕见的。您当时已经是万元户了吧？

刘道明：因为我跑过班车，知道什么时间、哪条路线客人多，所以当时自己干的时候特别有劲。1984年年底，我就和我太太旅行结婚了，住在北京的湖北驻军办事处。正好那时我有一个战友在那里工作，就把我留在北京做业务员兼司机。所以我从军旅生涯到下海基本是这样一个过程：一开始创业做个体户，一年后又回到体制内，后来去了上海，1988年又下海经商，1989年回到老家县城，1992年第二次下海去了海南，1994年来到北京做房地产。我和潘石屹就是在海南认识的，当时很多人都是从海南来到北京的。

俞渝：两位都当过特种兵，后来又都成为企业家，这是为什么呢？当过特种兵的人有什么特质吗？刘总，您当年在部队的那些同伴，后来从商或下海的人多吗？

刘道明：我们一起当兵回来创业的战友，企业做得好的好像很少。在训练的时候，特种兵有两点精神：一不怕苦，二不怕死。这两点精神对一个人来说其实影响很大。所以，在后来下海创业的时候，即使是别人认为困难的事，我也没觉得它很难或者很艰苦，这也许就是当兵时磨砺出来的军人特质吧。另外，特种兵还有一个特点，就是有专业、有技术。所以在创业的时候，我会比较注重如何培养专业度，怎样拥有一技之长。我认为这是当兵生涯对我后来经商和人生影响较大的地方。

俞渝："一不怕苦，二不怕死。"这是一个特别具有时代色彩的口号。刚才李总在介绍自己海军特种兵生涯的时候，提到一个词——魔鬼训练，那么您提到的魔鬼训练和刘总讲的不怕苦、不怕死的精神是不是类似？

李辙：其实每个人的体会都不一样。我的军旅生涯特别简单，就是让我养成了三种习惯。

第一，养成了设定目标的习惯。现在我学东西经常用数字，比如我要做平板支撑，我要数到2 000下，另外还要设定自己在几个月内需要练成什么样，即给自己设定很多类似的小目标。比如我的理想是在自己有生之年，在生命科学领域为人类做些贡献，那么我现在就在通过我的积累，投资了一些生命科学如抗衰老领域的企业，我们现在和世界抗衰老生物医学会在北京金海湖打造了生命科学抗衰老基地。再比如，我是特种兵出身，可能在体质等各方面更有条件，所以我在骑马盛装舞步、滑雪、瑜伽、滑水、冲浪等大概11种运动项目上都比较擅长。这些都和我的军旅生涯有着密切的关系。

第二，养成了学习的习惯。我在部队的学习和训练都非常刻苦，我的一生就是学习的一生。我在亚布力论坛也是，每次来了之后只要是我感兴趣的论坛，肯定都会做笔记，这也体现了军人作风的一个特点——雷厉风行。我学完之后发布的指令和学习心得，第二天都会呈现在公司的OA（Office Automation，办公自动化）中，然后将心得分享给公司的员工。这种学习习惯和精神令我受益匪浅。

第三，培养了坚强的意志力。特种兵的坚强意志力，有时超乎想象。我做任何事情都非常专注。我商业人生的第一阶段是做贸易和餐饮，第二阶段从事房地产，第三阶段我和世界级的企业一起做主题公园。

军旅生涯使我养成的这三个习惯，确确实实是促使我成功的最基本要素。军人出身带给我们的究竟是什么呢？那就是：第一要有理想，第二要努力学习，第三要坚强。这就是我的军旅生涯带给我的三个影响。

俞渝：刘总，"商场如战场"，您当兵时应该没有经历过战场，那么后来从商时，您觉得哪一段时间和打仗比较相似？

刘道明："商场如战场"是用来形容行业竞争的激烈和残酷。企业在行业竞争激烈时如何才能立于不败之地？

其实我在这方面感受不是很深。在部队时我养成了吃苦耐劳、勤俭节约和艰苦朴素的好习惯。工程兵是一个非常辛苦的兵种，当时主要是打山洞做地下工程。1973年之后我们做了两件事情：一是搞修缮；二是在西山建了一个档案库，比如毛主席纪念堂，我们也参加了修建。1976年唐山大地震时，我们连续半个月没日没夜地搭房子，没日没夜地干活儿。这个过程也培养了一些精神和品质，那就是在日后的从商过程中，不会觉得很累，也不会有特别悲观的情绪。

因为我觉得即使赔了，也还可以重来。要有不服输的精神，要把输赢看淡，输了就输了，但要爬得起来，要站得起来。很多企业家在碰到市场重大风险的时候，就会显得特别悲观，觉得天都塌下来了。更有很多企业家甚至选择自杀。这都是因为他们没有接受失败的思想准备，认为只有成功一条路，不成功或暂时不成功的人生就没有意义。其实，我认为企业家最重要的就是要输得起。

俞渝：李总，你的军旅生涯对于你的管理风格或者管理思想有哪些影响？

李辙：我对"商场如战场"这句话感触较多的是"情报"二字。其实我那时在部队接触得最多的是情报，学习如何获得情报等，而这也对我后来在商海奋战起到了很大的作用。

当我要做决定或做事情前，会对很多信息做方方面面的了解、分析、总结和概括，然后才像攻下山头一样迅速、果断地下达命令。我在分析问题的时候特别谨慎，但只要决定了，所有的一切都会围绕怎样拿下这个山头来执行，比如六旗主题公园的落地。当时我们看到迪士尼进入上海市场，环球人进入北京市场，于是我们先通过在欧洲、美国等大量的调研，得出"主题公园一定是未来的发展方向"的结论。因为随着生活水平的提高，人们对于主题公园等娱乐项目的需求一定会很大。后来我们又调研了长三角地区人们的生活习惯、收入，包括当地的气候，通过对大量的信息进行分析，最后特别迅速地把地点选在了上海和杭州之间。当我们去和美国的六旗谈的时候，美国六旗的高管完全没想到我们能够这么快速度地落地，他们感到非常震惊。后来我们又通过调研，在重庆、南京等也落地了这些主题公园。所以说商场如战场，我在部队学的很多东西在后来的商海中也都一一派上了用场，包括令行禁止等。

俞渝：我的当当网属于文化领域，所以我很好奇，你们最喜欢的军事题材的小说或者电影是什么？是当年的电影《南征北战》，还是后来的电影《巴顿将军》，还是其他别的？另外，回顾过往，假如今天你还是一个年轻人，还会选择从军吗？

刘道明：我会毫不犹豫地再次选择从军。因为从军对于一个人来说非常重要，军旅生涯可以赋予年轻人一种精神，即一不怕苦、二不怕死、不达目的誓不罢休的精神和作风。这也是一个企业家应该具备的优秀精神，如果没有这一点，那么就很难把企业做成。

俞渝：刘总说假如今天有机会，他一定毫不犹豫选择再次去当兵。但是在今天的大环境下，其实征兵工作很艰苦，各地征兵的情况都不是很理想。李总，如果今天让你重新选择，你是会像今天很多年轻人那样不愿意去当兵，还是会和刘总一样选择从军？

李辙：我的选择会和他一样。其实复员后，我还多次梦到自己又一次去当兵。军人情结，包括当兵造就的坚强意志力是受用一生的。我非常喜欢巴顿将军的那种军人气势，也喜欢李云龙，但我更喜欢福尔摩斯。因为福尔摩斯的一些推理跟我做特种兵的经历是有一些相通的，这种推理其实也相当于军人的侦查。

俞渝：刘总，您有哪些比较喜欢的军事题材电影、小说或者文学作品？

刘道明：其实《南征北战》是国内比较初期的军事题材电影，而电影《巴顿将军》讲述的是国外的军事英雄人物。巴顿将军是为战争而存在的，他一旦离开了部队，会看什么都不习惯，他的生命就仿佛突然终止了一样，他与和平时代可能有些格格不入。但是我们不一样，我们在和平时代又成了新的"将军"，这是我对这个人物的理解。

俞渝：我们刚才跟着李辙总、刘道明总一起回顾了他们的军旅生涯。今年是2019年，同时也是一个很有意思的年份：是欧洲纪念文艺复兴500周年，也是我们中华人民共和国成立70周年，同时也是五四运动100

周年。

我们一起来回顾一下五四运动的由来。100年前第一次世界大战后，在1919年的巴黎和会上，西方一些国家在处理中日问题时故意偏袒日本，把德国在山东的利益转让给了日本，无视中国，中国的商人、市民、工人愤怒地走上街头，进行游行示威、请愿、罢工等，进而引发五四运动。当时的情形其实可以用五个字来形容——"弱国无外交"。100年后，现在的中美贸易虽然夹杂着很多摩擦，但是听完三位对军旅生涯的回忆及下海经商的想法后，我认为不管是在军中还是在商界，地位、成就、尊严等这些全都是靠实力打拼出来的。在此，让我们一起向三位曾经的军人致敬，也向你们做出的巨大商业成就致敬。

最后，我想将唐朝王昌龄的一首诗《从军行》献给今天所有在场的曾经的军人们和杰出的企业家们：青海长云暗雪山，孤城遥望玉门关。黄沙百战穿金甲，不破楼兰终不还。谢谢大家！

让传统文化"活起来"

文化是一个国家、一个民族的灵魂。中华民族5000年的文明历史孕育出了优秀的中国传统文化。但在全球化发展的今天，面对现代本土文化的变迁与外来文化的渗透，中国传统文化面临着前所未有的冲击与挑战。在这样的环境下，传统文化该如何自我定位？在传承传统文化的前提下，如何保障传统文化的生命力以及保持对年轻一代的吸引力？面临的挑战有哪些？作为新晋"网红"故宫的"看门人"——单霁翔有着自己的深刻理解。在2019年亚布力年会上，时任故宫博物院院长单霁翔就这一话题发表了演讲。

单霁翔：其实我不是"网红"，我是被"网红"的。我是7年前来到故宫工作的。我出生在东北，但是出生后3个月，我的父母没经过我同意就把我抱到了北京。我在北京一直生活在传统的民居四合院里，非常可惜的是，我们的四合院被拆掉了，但我万万没想到，我退休之前的最后一个岗位是到北京最大的四合院来看门，我很感动、也很激动。

到这里来以后，我看到的资料和我真实的体会却不一样。资料上写着：故宫是规模最大、最完整的古代宫殿建筑群，是收藏中国文物藏品最丰富的一座宝库，还是全世界来访量最多的一座博物馆。但我看到了什么？

我看到故宫70%的范围都树立了一个牌——"非开放区观众止步"，人们进不去。我看到99%的文物"沉睡"在库房里面，人们根本看不到。我看到人们沿着故宫中轴线，跟着导游的小旗往前走——这是没有尊严的文物之旅，我认为这些应该得到改变。

于是，我们开始了行动。故宫门前的广场，过去是一个商业化的广场，卖全国的小商品，大多跟故宫文化没有关系。我们对此进行了整治。

过去人们进入故宫是一个很困难的过程，特别是旺季，要排半个小时、一个小时甚至一个半小时的队，好不容易买到了票，但还是进不去，得经过安检、验票、存包等一系列程序，进一次故宫让人筋疲力尽。我们一下开放了32个窗口，向社会承诺：人们3分钟之内能买到票。过去故宫博物院的正门、午门明明有三个门洞，但买票的观众只能走两边的小门，中间的门让外国来访者和贵宾的车队通过。经向有关部门协调，我们把三个大门都打开了，再也没有机动车的车队驶入故宫博物院，这样人们再也不用排队了。

过去我们验票是这样的：管理人员站在栏杆里面，观众要从三个缝里进去，怕人跑了似的，然后安检机堵了半个门洞，验票也排队、安检也排队，挤作一团，这完全是人为造成的。我们要把它拆掉，让人们即使在旺季暑期也能鱼贯而入。对于我们来说，这就是管理革命，我们要重新审视我们的一切工作，究竟是以自己为管理中心，还是以服务对象——观众为中心。以自己为管理中心，就会设置很多让人们不舒服、不方便的措施；

而以观众为中心，对于过去几十年的一些措施，我们可能就要重新审视。于是，我们将2个验票口改为24个，是以前的12倍，来多少人都不需要再排队。

以前，我们的广场是这样：在一个不大的空间里，人们买票、验票、安检、存包，大喇叭每天都在广播"您家的孩子找到了，到某某地方去领"。人还没进故宫博物院，孩子先丢了，心情能好吗？现在人们8分钟、10分钟就能走进故宫博物院。

当时，我还天真地想，只要人们走进去，心情、体力是不是就会很好？其实不一定，可能还会很糟。首先，进去找不着方向，那些牌匾标识不是没有，但都堆在那里，观众需要看的地方却没有标识。我们第一年就做了512块标识牌，在经常被问路的三岔路口、十字路口、有展览的地方和有洗手间的地方进行了明确的标识。现在随着开放，标识牌也在逐渐地增加。

其次，人们上洗手间需排队——长长的队，一看全是女士，没有一位男士。男士上哪儿去了？我一找，发现他们也很惨，在旁边拎着包、看着孩子。大家都走不了，耽误了许多时间。我们进行了大数据分析，经过2个月的实践，我们得出了结论：在故宫，女士所需要的洗手间是男士的2.6倍，于是我们按这样的比例进行配对，提升了洗手间的环境。

再次，观众抱怨，这么大的紫禁城，老让观众坐在台阶上、坐在铁栏杆上，铁栏杆都被坐弯了，不能设一些座椅吗？为什么没有座椅呢？有人说，太麻烦了，经常划伤孩子的腿，撕破观众的衣服，跟环境也不协调。于是，我们就研发出了适合故宫博物院使用的座椅。座椅有几个特点，第一，价格虽然稍微贵一点，3 500元一把，但是非常结实，更换三年多了，至今没出现任何伤害观众的事件；第二，椅子面是实木的，便于每天早晨8点到8点半进行清洗；第三，底下是通透的，便于每天清扫；第四，坐在上面很舒服，但是不能躺，躺下来会硌腰；第五，跟环境比较协调。我们第一年做了1 400把椅子，现在增加到1 800把，再加上那些树凳，可容纳11 000名观众在故宫博物院各处都能有尊严地坐下来休息。

人们休息时会发现，在故宫博物院，地上没有一片垃圾。垃圾落地，清洁人员2分钟之内必须把它清扫走。当我们的清洁员工把这件事做好了以后，观众才体会到好处，因为没有人愿意往干净的地上扔第一片垃圾。所以他们现在唯一的工作就是每天早上眼睛看着四方，等到终于有一个人扔了一片垃圾，他们就兴致勃勃地把它扫掉。

最后，观众抱怨大殿里面都是黑黑的，不能把它点亮了吗？每到这个时候，我们都会理直气壮、苦口婆心地告诉观众，大殿是木质结构的建筑，不能通电，里面陈列的东西都是原木、欧式古物，不能长期有灯光。

真的不能改变吗？我们用了一年半的时间，选了不发热的LED冷光源，将灯具挂在距离古建筑2.5米以上的地方，并用实质的灯座固定下来。两边各有一名工作人员值守，用测光表反复检测，防止敏感部位光线超标。我们成功了，我们开始点亮了紫禁城。

我们上上下下用了3年时间进行了艰苦卓绝的环境整治。我们拆除了59栋彩钢房，这些彩钢房都极具火灾隐患。600人吃饭的大食堂被拆掉了，还拆掉了135栋临时建筑。曾经皇太子读书的南三所有九组院子，非常漂亮，可我们老员工几十年都没看过南三所是什么样，因为它被七栋花房围了一圈。我们在郊区建立了古典花卉养殖中心，每年初春的时候把花卉送到故宫各个庭院，每年深秋的时候再把它送回养殖中心，花可以养得更好。这样，我们就拆掉了故宫里的花房。

我们希望观众到故宫博物院看到的只有古代建筑，没有任何一栋影响安全和环境的现代建筑。但是环境整治不像我现在说得这么简单，要做大量细致的工作。5年前，故宫所有的道路都是柏油、沥青的地面，广场铺的都是用水泥做的砖，市政管道通过以后，水泥一抹坑坑洼洼的；绿地都用铁栏杆和淤泥围上了；还有那些高高低低的1 750个井盖儿和300个灯柱。这些跟环境都不协调，我们用了两年半的时间彻底改变了这些。今天人们再到故宫博物院就会看到，所有的地面铺的都是传统建材砖、石材，铁栏杆全部去掉了，绿地反倒养护得更好了。我们把300盏灯柱变成了300盏空灯，白天是景观，晚上可以照明。

总之，我们希望今天观众到故宫博物院，看到的是绿地、蓝天、红墙、黄瓦的美景。现在除了蓝天有个别日子做不到外，其他的我们都已经做到了。

我们希望人们春天能看到牡丹，夏天能看到荷花，秋天能看到银杏，冬天能看到腊梅，到哪里去找？大家用手机可以找到，我们有寻花图，告诉你每天什么地方、什么花卉开得最好。

刚才我说的这些都很简单，真正复杂、最具挑战的是我们要服务好每个观众，挑战来源于观众增长速度太快。2002年，故宫的观众第一次突破了700万，当时世界上观众最多的博物馆是法国的罗浮宫，有800万名观众。仅仅过了10年，2002—2012年，故宫的观众翻了一番，达到了1 534万人，成为世界上观众最多的博物馆，每年要接待上千万的观众。我就是这一年到故宫博物院的。

那么，我们就要探讨观众增长的速度、参观的质量、遗产的安全三者之间的关系。我们开始控制观众增长的速度，一直到2016年开放面积增加1倍以后，观众数量才开始增长。2018年故宫博物院买票的观众人数是1754万名，其实我们还有大量不买票的观众。除此之外，还有52万免票的学生，每周二学生进故宫免票。所以，我们的压力是很大的。

那么怎么平衡呢？我们只有一条出路，就是"削峰填谷"。我们开始引导观众来的时期。过去淡季只有1万～2万人，一到暑期旺季，学生们放假，观众数量飙升。此外还有"五一"和"十一"，人山人海。

于是，我们把好的展览放在淡季，在淡季免费让大量教师、医务人员、环卫工人、公交司乘人员、大学生志愿者来观看，渐渐地人们开始更多地选择淡季。淡季不淡，旺季不挤，这是我们的一个理想。这个成功对于我们来说是历史性的，我们终于摆脱了可能发生的踩踏危险。

我们"得寸进尺"，开始试行全网购票，也用了4年时间。2014年，我们推广全网购票，可以提前10天在网上买票，不来的可以免费退票，但即使这样也只有2%的人在网上购票。我们加大了宣传力度，并做好一系列配套措施，2015年网上购票的人数占总购票人数的比例达到了17%，2016年达到了41%，2017年达到了77%，现在大多数人都在网上预约购票了。后来我们就开始正式实行全网购票，观众到故宫博物院就不用在买票环节耽误时间了。

当时媒体告诫我们说，中国已经进入老龄化社会，老年人不习惯用手机买票，你们要多做咨询服务，我们信以为真，设立了5个咨询台。但是一段时间后，我们发现来咨询的几乎没有老年人。中国的老年人太伟大了，什么"先进武器"都能很快学会，吃早点、买冰棍都用手机。来咨询的没什么老年人，更没有年轻人，主要都是中年人，还有外国人。

到今天，全网购票已经实施一年半，秩序更好了，观众分流了，故宫博物院不再人山人海。

真正解决人山人海的问题，还在于把古建筑修好。我的前任院长郑欣淼先生当了10年院长，那是故宫博物院发展最好的10年，做事最多的10年。他刚一上任就开始了持续18年的古建筑维修保护工程，要把1 200栋古建筑全部修好。现在已经执行17年了，2020年1200栋建筑将全部修好。

第一栋维修的建筑就是武英殿。武英殿以前是国家文物局文物交流中心在使用，他们搬走以后，我们修好了，现在这里成了陶瓷馆。西部最大的宫殿慈宁宫，当时也是国家文物局使用的，今天这里成了雕塑馆。

郑欣淼先生还做了一件非常伟大的事情，他用10年的时间苦口婆心地把当时盘踞在故宫里的13个外单位一家一家地"请"走了。这是很难的一件事，故宫不收房租、不收水电费，没噪音，又没尾气，他们都不愿意搬。那13家外单位里面有7家是国家文物局的下属单位，郑欣淼先生当院长的10年里，我正好做了10年国家文物局局长，当时我的一个工作就是让文物局的那7家单位从故宫搬走。当时我们也很困难，即使局长下令，他们也不搬，我们还得给他们安排房子、给他们租金。但是万万没想到，最后一家搬走的第二年，我就到故宫博物院当院长了。所以我体会很深，我们每一个人要多做好事，因为最后可能会落在自己头上。

我们还弥补了很多历史遗憾。我们把1923年6月烧毁的花园修葺了，现在这里成了故宫博物院教学的地方。这把大火同时还烧毁了南部的中正殿，今天它也被修葺好了，成为故宫博物院藏传佛教研究所陈列展览的地方。一栋一栋的建筑都修好了。

此外，我们进行了藏品的清理，长期以来，故宫博物院究竟有多少藏品，社会公众是不知道的。经过10年的整理，现在我们终于知道自己藏品的数量——1 862 690件。全国今天有517座博物馆，藏有国家顶级的珍贵文物，即一级文物、二级文物、三级文物，共401万件，其中收藏在故宫博物院的有168万件，占42%。故宫是世界上难有的珍贵文物占绝对比例的博物馆，一般的博物馆拥有10%~20%的珍贵文物就已经很了不起了，故宫博物院的藏品中93.2%是国家顶级的珍贵文物。这就是我们的责任。

比如，故宫收藏了53 000幅绘画、75 000件书法、28 000件碑帖，加起来一共156 000件，都是世界上无与伦比的纸质文物。故宫还是世界收藏青铜器最多的博物馆，一共16万件，其中有11 000件金银器，19 000件漆器，6 600件珐琅器。玉石器是我们的骄傲，故宫的32 000件玉石器，可把中华民族5000年的历史串联起来。收藏的陶瓷有367 000件，其中90%出品于景德镇的官窑瓷器。故宫有42 000件宗教文物，其中有23 000尊佛造像、7 000多件漆法器。当我们的文物藏品公布之后，联合国教科文组织、国际博物馆协会将故宫誉为"世界五大博物馆之一"，故宫当之无愧。

我想说的第二个题目是"守正创新"。

我们把文物清理了，我们了解了自己所拥有的资源，但怎么才能够把它创新性地融入人们的生活？我们有很多丰富的展览，其中19个是原创陈列，更多的则是专题展览。但是今天我们不能满足于此，于是我们开始扩大开放。

2014年是一个转折点，故宫开放的面积终于超过了50%，从30%到了52%，2015年到了65%，2016年到了76%，今天已经突破了80%。大量过去竖着"非开放区观众止步"牌子的地方变成了展区、展馆。

比如，雁翅楼是紫禁城最大规模的古建筑群，共2 800平方米，在北京中轴线上，但是在过去的几十年里，它就是一个库房，保管着39万件外贸的千家万户的东西，这些东西因为不是皇宫的文物进不了皇宫，所以就只能一直在门口待着。正好国家建了国家博物馆，我们把这39万件东西移交给了国家博物馆，这个空间得到了解放。人们非常喜欢这个空间。我们每个月都会接待外国来访的文化部长、博物馆馆长、驻华使节，他们来到这个展厅眼睛都亮了，纷纷要求把他们的展览送来，所以这个展厅很"忙"，有来自印度的雕塑艺术展览、阿富汗的展览、法国的展览等，有"紫禁城与海上丝绸之路"展览、"千里江山——历代青山绿水画特展"，还有来自卡塔尔的展览、齐白石艺术特展、摩纳哥的展览等。

我们开始推开一座座封闭了几十年的大门。有一个门叫隆宗门，从来没有开过，我们把它推开了，开放了西部区域。西部区域非常宽阔，但是从来没有开放过，显得很神秘。我们的员工把这片区域称作"女性的世界"。我想了想，加两个字更准确，应该是"退休女性的世界"，因为在职女性还没到这边来，这边住的是皇帝的母亲——她们有很多时间，在这里建了许多佛堂、花园。

慈宁宫今天变成了雕塑馆，收藏了10 200件各个时期不同材质的雕塑。以前它们都在库房里"睡觉"，而高大的雕塑连库房都没有，比如两尊北齐时期的菩萨，3米多高，有1500年历史了，这几十年来就一直在南城墙的墙根底下站着，每当走到这里，我都说："你瞧咱们的菩萨脸色、表情都不好。"今天他们脸色也好了，表情也好了。

我第一次到库房的时候吓了一跳，我说谁躺在台阶底下呢？他们说，那是周恩来总理特别要求的给故宫收藏的一套秦始皇陵兵马俑出土的兵马俑。我说："这么珍贵的文物，怎么这个待遇，躺在那儿？"我们对它进行了精心的呵护、修复以后，进行了陈列。这就告诉我们，当这些文物得不到保护的时候，它们是没有尊严的，它们是蓬头垢面的。一旦它们得到保护、得到展示，就会光彩照人。所以我们全院下定决心，当紫禁城建成600年之时，我们要让收藏的1 862 690件文物，每一件都光彩照人。

寿康宫，就是甄嬛住的地方。甄嬛的原型、乾隆皇帝的母亲崇庆皇太后在这里居住了42年。乾隆皇帝是孝子，每天早晨都给母亲请安，去的房间就是冬暖阁。我们完全按崇庆皇太后居住时候的景观布置，今天观众看到的冬暖阁情景跟当年乾隆皇帝看到的情景是一模一样的，只比那时少了一位老太太。

今天我们开放了所有花园。慈宁宫花园106棵古树非常幽静，花园里的佛堂也得到了展示。今天我们还要开放所有的城楼和角楼。我们要把城楼一座一座修缮好，对外开放。

比如，东华门今天变成了古建筑馆，4 900件古建筑藏品得以展示。我们架了一个2层的平台，以扩大展线，人们登上2层平台还可以近距离观看彩绘和古建筑。

神武门，人们走过神武门就意味着要走出故宫，但是今天你出故宫博物院还会有惊喜，原来神武门上面有一个两层的巨大展厅，经常会有令人震撼的展览。

端门，今天我们把它做成了数字馆，我可以负责任地说这是世界博物馆中做得最好的数字博物馆，不在于其技术设备先进，关键是所有的项目全是原创的。通过数字地图，你可以点击了解任何一栋古建筑的详细信息。在我们的数字多宝阁中，你可以点击你喜欢的器物，把它放大来看、旋转各个角度来看、分解来看。

今天我们开放了城墙。北京城的城墙过去都被拆掉了，虽说紫禁城的城墙是完整的，但从来没有开放过。今天人们登上城墙便可以看里面的景色，看外面的景观，沿着城墙走还可以走到目的地——比如去王府井方向或天安门广场方向等。

沿着城墙走还会有惊喜，可以走进过去只能远远眺望、拍照的角楼。在角楼里，我们做了一个25分钟的虚拟现实的片子，向人们展示不用一根钉子，用榫卯结构的方式把上万块木头组合成这个三重檐、七十二条脊的美丽建筑的过程。

今天我们还开放了大戏楼。一百多年来，畅音阁里都没有再唱戏，也不敢想它还可以再演出。但是这些木结构的古建筑，越经常使用、维修，它就越健康；越把它放置在那里，它就糟朽得越快。所以今天，畅音阁开始重新演出京剧了。

我们打开了我们背后的故事。一部《我在故宫修文物》，引发了年轻人参观的热潮。2019年有4万多名年轻人报考故宫博物院，很多是奔着修文物来的。我们打开了故宫文物医院，向人们展示200名文物医生的风采。我们建立了23个科研实验室，支撑着文物修复平台，向人们展示文物修复的科学过程。在这里，他们可以看到工匠修复的过程和成果。这里每天都会迎接很多年轻的观众。

我们还修复了宝蕴楼，这是紫禁城最年轻的一栋建筑，1914年为解决从沈阳故宫和避暑山庄运过来的23万件文物的存放问题而修建。在它100岁生日的时候，我们将它开放了，作为故宫博物院早期的院士陈列馆。

故宫博物院至今已经有94年的历史了，94年来一共有6任院长，每一任院长都付出了极大的辛苦和努力。这是一个高风险的岗位，有今天没明天，平时人们总说"做一件事要万无一失"，其实我们心里知道，一失就万无。你做9 999件事，1件事没做好，文物损坏，你就对不起民族、对不起国家，你就得下台，但是我们真能承担这个责任吗？承担不了。我们真的有这个能力吗？没有。

怎么办？我们今天找到了一条出路，叫"层层分解压力"，就是每个人都有保护文物的权利，每个人都应该获得知情权、参与权、监督权和受益权。过去我们的想法是，展示的文物越少就越安全，全放在库房里才是安全的；开放的区域越小越安全，人们都不要进去参观才最安全。实际上该出事的还会出事，只有当人们共同保护、共同呵护、共同守护、共同监督才最安全。所以，我们今天反其道而行之。

我举个例子。太和殿两边有两个门，西面的门叫右翼门，东面的门叫左翼门，这几十年来一直都是关闭的，人们只能沿着中轴线往前走。高大的宫殿、宽广的广场，一棵树都没有，走到最北边的御花园，人们才看到树。其实太和殿两边都是生态景观，今天我们打开了右翼门，人们迎面就能看到18棵300年树龄的大槐树；打开左翼门，人们能看到过去骑马射箭的箭亭广场。这样，完整的紫禁城生态景观就呈现出来了。

以前开放30%区域的时候，每天晚上5点半清场，我们会有250多名员工进行拉网式的清理。今天开放了80%多的区域，每天晚上有700人进行拉网式的清理，每个人手中都有一个接触器，那些犄角旮旯、门窗都要接触到、检查到，每天细心查看。这些开放的区域都在观众眼皮底下，观众每天监督着、看着，能破破烂烂吗？

所以今天我们跨越了过去那种不完全的状态，观众第二次、第三次来故宫，就不会一直往前面走了，到西面看看景区，再到东面看看展览，也就不会拥挤了。所以我们要继续扩大开放。

第三章　文化到底有没有用

我们现在又在布置外国文物馆。故宫是中国博物馆中唯一收藏数以万计外国文物的文物博物馆。

延禧宫是一个中西合璧的空间。末代皇帝在这建造了一座由德国人设计的灵沼轩，但是没有修好，1909年开工，两年后皇帝退位，灵沼轩就成了北京最老的一座"烂尾楼"。20世纪30年代，周边又建了一圈钢筋混凝土仓库，很另类。现在我们把它建成外国文物馆，外宾来访时，我们会将一些他们国家的文物展示给他们。2020年我们有了外国博物馆以后，普通观众就能看到故宫收藏的大量精美的外国文物了。

我们于2018年开始打开一座座库房。比如故宫南大库，过去几十年只用来存放一些材料、木料，非常危险，没有得到合理利用，我们把它修好后变成了家具馆。故宫博物院有6 200件明清家具，不是紫檀就是黄花梨，但是以前都在94个小库房里堆着，老员工说当时拆了门窗才把它们塞了进去。这些家具几十年都在小库房里，得不到参观和呵护，也得不到研究，小一点的家具居然摞了11层。现在我们建了家具馆，将精美的家具陈列出来。人们在里面参观，了解每一件家具，流连忘返。这样，需要修复哪一件，使用哪一件，都非常方便。

所以，今天我们要打开陶瓷库房，打开书法库房，打开古建筑构件库房，打开佛造像库房，把更多的文物展示出来。过去我们所展示的文物占故宫博物院所有文物的比例不到1％，到2018年年底达3％，到2019年年底我们将展示8％的文物，但是比例还是很少，所以我们还要建更多的博物馆。

故宫是一个有着千万级观众的博物馆，我们希望成为具有亿万级、十亿万级观众的博物馆，怎么办？就要靠互联网技术，靠数字。经过几年的努力，2017年我们的网站访问量达到8.91亿，在中国文化机构中居第一。我们把外文网站做得更加强大，让世界各国人民了解故宫文化。我们把青少年网站做得更加活泼，希望孩子们自愿走进博物馆，听通俗有趣的故事。我们开始举办网上展览，让人们足不出户就可以看到过去和现在的展览。我们率先公布了故宫博物院的1 862 690件文物，人们可以查阅任何一件藏品的信息。搭建了三个摄像室，源源不断地把藏品、古建筑的照片上传网站。人们在家里就可以看到令人震撼的故宫全景。

同时，提升微信和微博访问量。比如，2017年将一组紫禁城初雪图一放上微博，就有了1 425万的访问量。这两年不下雪，我们着急，但天无绝人之路，2018年有红月亮，晚上9—11点我们拍了一组红月亮的图上传后，第二天一早就已经有了2 000万的点击率。2019年雪来了，一组故宫雪景图有5 000多万的访问量。我们不断地把美丽的故宫传达给大家，让人们来实地参观。

7年前我们开始做系列App，现在已经出品了9部App，每部都获奖了。比如《韩熙载夜宴图》，我们将这幅古代书画立体化，点击进去可以深度阅读这幅书画，还可以听到当年的琴声、看到当年的舞姿。

我们最为得意的App是"每日故宫"，每天早上喜欢故宫文化的人都可以通过手机收到一套故宫藏品的图文并茂的介绍。有些人会把它收藏起来，一年365天，三年一千多天，久而久之，它就成了一个"掌上的故宫博物院"。

2017年，我们开始推出了"故宫展览"，人们可以全天候访问线上展厅，进行全景虚拟漫游，全方位浏览展品信息。同时我们建立起了强大的故宫社区，人们在故宫社区里可以参与故宫的各项网上活动。

我们还建立了虚拟现实剧场，现在已经有7部VR（Virtual Reality，虚拟现实）作品在播出，最近第7部作品《御花园》已经正式投入了。我们会与时俱进，比如养心殿正在修缮，观众近两年进不了养心殿，感到非常遗憾。我们就建了虚拟养心殿，观众可以再次走进养心殿，但感受会不同：观众走进去可以坐在皇帝的宝座上，批批奏折、盖盖印，机器会告诉观众，是观众批得好还是皇帝批得好。观众还可以召见"大臣"，无论观众说什么，"大臣"都会积极应答，让人心花怒放。我曾尝试过跟"大臣"说："我最近是不是胖了？""大臣"想了想说："不重不威啊！"

我们用了三年零四个月的时间建成了数字故宫社区，我可以负责任地说，目前全世界最强大的博物馆数字平台已经在这里诞生了，它的功能在不断完善、不断扩大，如公众教育、文化展示、参观导览、资讯传播、休闲娱乐、社交广场、学术交流、电子商务等。

我们还要努力挖掘年轻人们的兴趣，比如我们和腾讯合作每年举办一次创意大奖赛、游戏大奖赛、表情包大奖赛等。2018年推出了"古画会唱歌"。我们拿出11幅古代书画，将古代书画的内容告诉学生们，让他们作词、谱曲。等到500多首歌曲完成，我们举办了一场"古画会唱歌"演唱会。我们还参加了深圳文博会、上海进博会，都取得了很好的效果。

我们会通过各种手段让人们了解、理解故宫文化。比如《我在故宫修文物》，豆瓣评分达9.4分，超过了《琅琊榜》《舌尖上的中国》。2019年1月1日，我们和网易一起合作投放了《妙笔千山》，在200多个国家同时登陆。

我们还需要继续努力，等到2020年"智慧故宫"建成，我们的文化传播力量、世界遗产监测能力、安防能力都将更加强大。

今天我们也在进行文化创作。什么叫文化创意产品？我认为，第一，要深入研究人们的生活，人们生活需要什么就要研发什么；第二，要深入我们自己的文化资源，把文化资源提炼出来，和人们的生活对接起来，人们才会喜欢。比如紫砂壶，我们选择了五位皇帝曾使用过的五把紫砂壶，组成了五福五代堂紫砂壶，定制成套装，形成国礼。比如四羊方尊，将其上面做成一个茶壶，下面做成茶嘴，加一个托，摆在家里是工艺品，客人来了就可以喝茶。

文化创意产品要结合人们的生活，要有适用性，最好还有一点趣味性。比如人们参观故宫对藻井印象很深，我们就做了藻井伞；人们参观故宫对宫门印象很深，我们就做了宫门包；人们参观故宫对太和殿的脊兽印象很深，我们就做了跳棋、做了衣服夹子。故宫口红很美，因为它是提炼了故宫服装和藏品的元素所组成的一个系列，唯一的缺点就是买不着。

今天的故宫营销应该充满文化氛围，不能再是路边的商店。故宫的商店，也不叫商店，叫文化创意馆，比如丝绸馆、服饰馆、玉窑馆、影像馆、陶瓷馆、陶艺馆、铜艺馆、木艺馆等，都有着故宫的元素。

我们还给幼年儿童准备了儿童文化创意馆。故宫是一个教育机构，我们成立的故宫学院六年来在不断壮大，培养故宫的学者，同时在全国10座城市建立了10座故宫学院的分院来传播文化。2018年，故宫举办教育活动6万多场次，是全世界博物馆中举办教育活动最多、受众人群最广的。比如故宫知识讲堂每天都"爆满"，孩子们在那里串朝珠、绘龙袍、画盘子、做堆绣、做结彩、包粽子等，全是免费的。我们将大量的营销收入投入到孩子们身上是最值得的，他们长大后一定是对传统文化有认知、热爱的一代。我们把古建筑修好后用于教育，新的大教室可以迎接更多的观众、更多的学生。当然，故宫还有一个得天独厚的地方——几十个庭院都非常安全。我们的教育活动深入更多城市、更多国家，比如马耳他、新加坡、泰国、澳大利亚等，外国的小朋友也很喜欢中国文化。

我们的培训课程还深入社区，如古琴培训、茶器培训、花器培训等。我们的一个新品牌——紫禁书院，正走向全国各地的社区。我们希望人人都了解传统文化，所以，紫禁书院走向了更多城市，也受到了很多人的喜爱。

我们还举办国际培训。国际博物馆协会和国际文物修护协会两大具有业内广泛影响力的国际组织都把全球唯一的培训中心设在了故宫。国际博物馆协会6年来培养了来自72个国家的350多名专业人士。我们与越来越多的博物馆签署战略合作协议，与教育机构建立联合培养人才机制，与文物修复机构建立联合实验室。

故宫博物院的博士后科研工作站人气也很"旺"，每个出站的博士后几乎都留在了故宫博物院工作。

我们源源不断地把那些优秀的世界各地的展览吸引到故宫博物院来，同时我们的展览越来越多地走出了红墙，走向全国各地，走向世界各地。过去6年我们走向全国、世界各地举办的展览有150多场，仅2018年就举办了42场展览。同时，我们也在不断地创新。我们举办了文化创意展，第一站到了日本东京，而2018年我们到了蒙古、贝宁、比利时布鲁塞尔、澳大利亚悉尼、韩国首尔、新加坡等国家和地区，场场都取得了很好的效果。我们会把更多的文化创意展带到世界各地。

我们希望不断开放的故宫博物院能成为人们生活中的一片文化绿洲。

20个文明古国的政府文化官员、学者每年都会来故宫参加"太和论坛"。我跟他们说："太和论坛是以太和殿命名的，'和'文化是中国文化的精髓之一，它告诉人们，人与自然要和谐相处，人与人之间要和谐相待，我们的内心要和谐相安，我们的世界要和平友好、发展进步。"他们都非常赞成中国的主张。

我们认真做好每一次接访任务，当外国领导人来到故宫，我们会用故宫元素向他们解读中华文化。比如红墙、黄瓦、蓝天，红、黄、蓝是三元色，可以组成任何色彩。我们的世界必须是绚丽多彩的，不能是单一色彩的，每个民族都有自己值得骄傲的历史和有希望的未来。他们在故宫里看到这些开阔的格局、壮美的建筑、严谨的形制、绚丽的彩绘、典雅的园林与和谐的景观的时候，他们会感动于中国政府对人类文化遗产的尊重与呵护。

现在，我们更多的展览、更多的博物馆在各地开展和建设。我们在厦门建立了故宫鼓浪屿外国博物馆，并开始建故宫海上丝绸之路馆、故宫艺术馆；我们与香港签订合作协议，在香港设立故宫文化博物馆等。

最后，用宫里的一句话给大家拜年：亿万人增亿万寿，泰平岁值泰平春。谢谢大家！

【互动环节】

提问1：故宫每年1 700万名观众的门票收入在全年预算中占多大比例？还有多少要靠企业赞助和国家拨款？

单霁翔：故宫收支两条线，也就是我们的门票收入。故宫实行低票价，但是每年有8个亿的门票收入直接进国库，跟我们没有关系。

我们的资金是靠自己的努力获得的。我们做多少事、多少项目，要申请国家预算，但不能多要，否则无法达到98%的执行率，所以我们要科学地编制预算，科学地执行预算。我们是差额拨款单位，国家只给54%的经费，46%靠我们自己来挣。

我们要做事，又要有一个积蓄的机制，但是不能用于发奖金。我们的文创产品收入和所有的捐赠都必须用于做事，要精准地把每件事向前推进。我们希望故宫的事干得越多，影响力越大，对国家的经济贡献也越大。

提问2： 现在故宫一年的收入有多少？

单霁翔： 国家文物局局长刘玉珠，也是我的好朋友，一再嘱咐我：不要说你们的文创产品卖了多少钱，因为别的博物馆压力太大。我只能说，2017年我们的文创产业有15亿元的营业额。

Chapter 4

第四章　创变未来

∙∙

　　我们身处一个历史性的时刻，科技正在以前所未有的速度颠覆着我们的生活。有人说，今天是我们一生中科技发展最快的一天，也会是我们余生中科技发展最慢的一天。人工智能、云计算和大数据、互联网和物联网等技术正在改变一切。

创变的力量

青年一代创业者已经逐渐成为推动中国经济发展的生力军。也许他们还不能被称为"企业家",但他们也在积极承担着社会责任。他们用新想法、新模式推动中国新经济的发展;永不停歇地创新,让世界变得更加美好。在亚布力青年论坛,他们将用年轻的、专业的、全球性的,极具生命力和创造力的视角,畅想属于他们的未来,属于他们的黄金年代。

在 2019 年亚布力年会上,亚布力青年论坛主席、高瓴资本创始人兼首席执行官张磊发表致辞,远大芯建总经理张贤铭,风马牛传媒 CEO 冯碧漪,欧房(珠海)股权投资有限公司董事长潘瑞,七麦科技 CEO 徐欢,小乔科技 CEO 潘忠剑,围绕这个话题进行分享。亚布力青年论坛轮值主席、PEER 毅恒挚友理事长陈奕伦主持了本场论坛。

陈奕伦:大家下午好,欢迎大家来到第十九届亚布力年会青年论坛专场。亚布力青年论坛从2012年开始逐渐成长,除了每年在亚布力年会和夏季高峰会上设置专场外,还会在每年6月左右举办青年论坛创新年会,截至目前,已经举办了四届创新年会。一直以来,亚布力青年论坛都抱着开放包容的心态,欢迎不同领域的优秀青年来到我们的平台,为发展贡献份自己的力量。今天的主题是"以己之力,让世界更美好"。首先有请青年论坛主席张磊先生上台致辞,稍后请几位演讲嘉宾依次上台讲述他们所在领域的故事,最后有请点评嘉宾一一点评。

首先有请张磊主席致辞。

张磊:欢迎大家来到亚布力青年论坛,非常高兴每年都可以有这样的机会跟大家一起来讨论创新、创业以及青年人所关注的话题。扎克伯格创建脸书的时候19岁，马化腾创建腾讯时27岁，贝佐斯创建亚马逊时31岁，从他们身上我总结了4点创业成功的经验。

第一，极强的好奇心。每次跟这些人聊天的时候我都发现，他们在随时思考，随时发问，即便扎克伯格后来这么忙还在坚持学汉语，以及各个领域的新知识。保持着持续的好奇心驱动，而非持续的成功驱动，被持续的好奇心驱动可能会使生活更有意义、更有趣。

第二，多维思考的能力和独立思考的能力。青年人尤其是在创业过程中，需要看到跨界整合能力的重要性，要抓住不同领域之间相通而同构的本质，运用跨界整合的系统性思维去创造性地解决根本问题。

第三，眼高脚慢。扎克伯格创业初期定下的目标就非常宏大，他希望连接更多的人和事，服务好用户，创造一个人人都能有使命感的世界。但他依然非常注意细节和行动力的重要性，一步一个脚印地形成自己的核心能力和竞争力，虽然心存高远，但要从小做起。这就是我刚说的，眼要高，要有梦想，但同时脚要慢，把每一件小事做到极致、做到最好，一步一步接近并实现最终的目标。

最后一点，不管你是研究科学还是创新创业，都要有人文精神。人文精神能够使你更好地理解社会、洞察人性，以同理心和分享的精神去理解社会和商业的本质，从而更好地看到行业发展的趋势，创造更大的价值。

陈奕伦：感谢张磊主席的致辞。接下来有请第一位演讲嘉宾张贤铭。

张贤铭：大家好，我叫张贤铭，是一名建筑师。今天主要跟大家分享什么是后物质时代。

"天空城市"这栋建筑是大约10多年前我的父亲、远大创始人张跃先生的想法，这背后是他的理想和愿望，尤其是对未来人类可持续的终极发展方式的思考。这个项目遇到了很多阻力，直到现在也没有最终实现，但是关于天空城市的思考和研究我们从未停止。

在过去的三年里，我父亲创造出一种新的材料，叫作芯板。芯板经历了很多结构测试，我们在过去6个月内做过500多次大型的结构性测试，这个材料最大一次压载承重是500吨。芯板材料自重仅半吨，但是当时结构

测试屈服的时候是140吨，所以自重和承重的比例是1∶280，也就是说，可以承受自重的280倍的力量。

同时远大工厂也在做很多自动化的生产的尝试。我们知道不锈钢是一种很昂贵的材料。我们今天所在的这栋建筑用的是混凝土和钢筋，它的设计寿命只有八九十年。我们在想，城市未来有没有可能从建筑到道路，到所有交通工具的使用寿命延长至一千年甚至是一万年？如果实现了，我们就进入了新的时代——后物质时代。目前地球上每一天所腐朽掉的钢铁，比我们从地球底下挖出来的钢铁还要多，不足以支撑地球的可持续发展。而不锈钢芯板，经历了240小时的模拟240年，我们甚至可以模拟1 000年。在过去几年，作为建筑师，我经常思考建筑的终极方向是什么？可以确定的是，建筑如果建立在不可持续的基础上，是不会有未来的。

建立在什么样的基础上，人类才会走向后物质时代？为什么远大要来做这样的课题研究和实践？我的回答是因为我们会用火，了解远大的朋友都知道远大空调的制冷原理就是火，远大用火的历史已经有30年了。芯板材料未来将会替代建筑，进一步延长建筑的寿命，同时还可以加快建筑的速度。同时在交通领域，我们在远大园区也实验了高架桥的一小部分，大约6个月前我们还在不断研究，如何将芯板材料用在跨海桥梁上面，使得桥梁可以承载更大的载重量。中国很多货车超载，造成大部分城市的基础建设在腐朽，这些基础建设的腐朽使得城市建筑每100年左右就要更新换代，这是非常不可持续的，如果不跨过这个槛，就无法到达后物质时代。芯板诞生在1 000℃没有任何氧气的环境中，就像是一个巨大的风暴以每小时360千米的速度，使不锈钢芯板的每一个结构都可以完美融合在一起，同时承受很大的结构压力。我认为，芯板材料的出现和使用是后物质世界蓝图得以实现的基础，未来人类每一个国家的财富才能不断地积累，我们才能慢慢进化到一个从人类100年的时间尺度走向一个自然地球1 000年、10 000年的尺度。

希望我的后代可以诞生在一个后物质时代，继承我们这一个科技时代所创造的所有美好东西。

陈奕伦： 感谢张贤铭的分享。远大有一个15层的酒店，是依靠模块化建设建筑的技术，用了6天时间盖起来的，安装了远大成套的环保节能空气循环和制冷系统。感谢远大为我们未来生活和居住环境提供了更多的想象和可能。

接下来，我们有请风马牛传媒的CEO冯碧漪。

冯碧漪： 大家好，我是冯碧漪。大概两三周前主办方把这次的演讲题目"以己之力，让世界更美好"发给我的时候，我大脑一片空白，还有点慌，不知道该如何下手。我男朋友问我，你相信你能够以己之力让世界更美好吗？我说我不相信，他很淡定地看着我说："你为什么不相信？"

我迅速在大脑里整理思路，我说主要有两点。第一点，这个世界真的会更美好吗？这在我心中并没有确定的答案。我是一个文科生，本科是国际关系专业，研究生的时候学习的是历史。我认为，历史本身就是一个有点"丧"的专业，很多时候对历史的研究和探索是基于这个世界本身并不会以线形的进步方式前进的基础上解读的，所以有一种潜意识一直植入在我自己脑海里。作为一个90后，在全球化剧变的时代，我们从小就在经历科技的不断更迭，我们的生活有无限可能性的同时也会有一种强烈失控

感，在这种情况下，这个世界的变化之快使得我并不确定它是否真的能变得更好。世界之大，变化之快，我们作为独立的个体之渺小，让我不确定我有这样的勇气说，我能够"以己之力，让世界变得更美好"。

我决定听一听同事小伙伴的建议和想法。传媒公司的同事都相对比较年轻，大部分是85后、90后的小伙伴，当大家听完我的问题集体沉默了好几秒，沉默之后，每个人用很诧异的眼光看着我。我强迫每个人必须给我一个答案，有一位小伙伴说，他发现他每天都要点咖啡外卖，每次外卖咖啡只点一杯，纸袋子的过度包装浪费非常严重，所以最近开始自己带咖啡来公司，不再叫外卖咖啡，也许这就是一种让生活更加环保、让世界更美好的方式吧。

另一个同事跟我说，最近他在锻炼身体，因为他家人身体出了一些状况，让他意识到健康的重要性。面对人类的生老病死，他觉得他唯一能做的就是强身健体，从而让身边的人尤其是爱他的人少一点担忧。还有另外一个同事说，他有一只特别可爱的猫叫"呼噜"，每天回家看到呼噜因为他的存在好像过得很开心，他觉得这也算一种让世界更美好的方式吧。

我就一直琢磨身边同事给我的这些答案，我发现其实我们并不是不相信我们可以让世界更美好，而是我们相信的方式改变了。面对这么宏大的一个命题，而我们又是身处在这样一个因为自由、开放所带来的个人主义精神领导的时代，我们拥有更多选择的权利，因此很多时候我们面对宏大的命题时，往往都是从个人身边的细微点滴开始入手。让自己的生活更好，让自己爱的人幸福，让自己的宠物有更好的生活，同时能够跟自己的邻里、同事保持良好的关系，在我看来，这是我们这一代人，或者是我看到的身边人，能够让世界变得更好的一种特别实在、特别渺小的方式。

但反而观之，其实我个人是拥有宏大理想和初衷的。为什么我选择做传媒？为什么我选择做大象屋？我作为一个写作者、表达者为什么要不断输出自己的观点？为什么我今天愿意来这里表达我的观点？就是因为我真诚地相信，只有通过这种直接、发自内心的沟通，真实地表达出自己的想法，不断地跟身边人进行这样的沟通，这个世界才有可能少一点戾气，多一点美好。我一直都拥有这样的愿景，但是现阶段的我刚刚变成一个公司的经营者，深陷在公司经营的诸多琐事当中，面对这样宏大命题时，我的第一反应就是我不相信，但其实我内心一直都是相信的，只是我们结构命题的方式已经不同。

我们要拥抱这个世界，也相信"以己之力，可以让世界更美好"。我们可以通过大量的且多样化的方式去解构一个宏大的命题。即便是最后，我无法"以己之力，让这个世界变得更好"，但是我仍然相信有人拥有这样的能力并不断地努力着。因为有这个相信，所以我每一天都会告诉自己，我们要继续勇敢地相信下去，相信我们能够"以己之力，让世界更美好"。

陈奕伦：感谢冯碧漪的分享。青年论坛更多的时候不去选择过多地关注那些宏大叙事，而是希望大家将自己所在行业、领域的点滴细节分享出来。同时我们也一直努力搭建平等而自由的交流平台，让青年之间产生不一样的火花和碰撞。接下来，有请分享者欧房（珠海）股权投资有限公司董事长潘瑞。

潘瑞：大家好，这几年我主要从事英国学生公寓的开发运营工作。

我很小就去留学了，在留学过程中最困扰我的是在国外的租房问题。

在英国，大学一年级的学生可以住在大学里面，第二年、第三年如果没有什么特殊需求，校方会鼓励学生们融入当地社会，学会自我安排，自己解决住宿问题。但是市场上学生公寓的品质配套参差不齐，没有相关经验的学生想找到合适的房子是一件相对困难的事情。

我和朋友做了市场调研，决定在硕士毕业的时候和几个小伙伴一起开始建立Uninn这个学生公寓品牌。目前是创业的第三年，陆陆续续为市场提供了上千个床位。除了可以提供高品质、可负担的居住空间以外，Uninn还积极为留学生提供生活、学术研究以及事业发展方面的规划和建议，希望住户能够获得远高于预期的居住体验。

举个例子，在我们的学生公寓中，中国留学生是个庞大的群体，在传统节日例如春节，Uninn都会安排相应的活动，让英国本地人去了解中国的传统节日文化。运营初期，同事都认为这个做法不会有效果，还会增加运营成本。我坚持要增加这个用户体验，因为我永远都忘不了13岁那年第一个离开家的春节，我自己一个人大年三十晚上捧着一份外卖过春节的凄凉情景。我希望通过这些活动让我们的住户相互认识、熟悉，无论个人目标是大是小，他们都需要有志同道合的朋友，所以我们也希望所有的活动

都能够有助于大家互联互通。

此外，我们还会根据用户的不同需求提供定制化的语言辅导、求职咨询、创业和实习机会等相关服务。经过3年多的摸索和发展，我个人也得到了很多历练和成长。我有几条创业建议想和大家分享。

第一，在面对非本土市场的时候，在当地寻求一个优质合作伙伴非常重要。在开发学生公寓的初期，我们就和英国老牌房地产家族卡多根家族成立了合资公司，双方实现了互补，因此我们的公司在本土进驻才会相对顺利。

很小的时候，我父亲送给我一句话："把自己放低，给别人帮助你的机会，你自己再厉害，铁打的身子能打几颗钉子。"所以在当地寻求可靠的合作伙伴很重要。另外，强大的合作伙伴并不一定是最适合你的合作伙伴，最主要的还是要大家的价值观相契合。

第二，对初创企业来说，目标市场要首选法律制度、商业行规比较明确和完善的地区，只有具备了合理完善的法律体系，企业的发展才能够得到保障。

我们在英国从事学生公寓开发之前，我在非洲的喀麦隆和南美的洪都拉斯也都尝试过创业，但是当地的法律制度、商业制度相对比较滞后，不够完善，最后都是无疾而终。与那些被浪费的财力和物力相比，在英国市场投入的合规性、成本性价比还是很高的，但是只有打好地基，才能够走得更稳。

第三，就是作为一个创业者，一定要拥抱全球化的趋势，不要固守一隅，应该看得更高更远，做事更有包容性，这样才能够认清自己和团队所处的位置，从而对企业未来的发展有更合理、更明晰的规划。

我们都知道公司未来还会面临更加全球化的竞争。就我们从事的学生公寓开发领域而言，我们的竞争对手、合作伙伴以及住户都是来自不同的国家，这对我们自身的要求也越来越高。我相信Uninn也会顺势而为，未来会有更大的发展空间。

在时代的大环境里，我们年轻一代要坚守自己的底线和价值观。因为长期在外求学的经历以及留学生公寓相关工作的经历，使我接触到了很多的留学生和青年，在这个过程中，我非常明显地感觉到中国青年的见识在很多方面已经超过了西方的同龄人。在我们之中，有识之士的队伍日渐强大，所以我们大家更应该对中国青年有信心。我们这一代人有比以往更广阔的天地可以作为，有比发达国家青年们更强大的动力去作为，我相信中国的青年也会交出更出色的成绩。

陈奕伦：感谢潘瑞的分享，接下来就有请七麦科技CEO徐欢。

徐欢：大家下午好，我是七麦科技的联合创始人、CEO徐欢。今天给各位分享一下我个人的创业经历以及关于创业的思考。

在接到大会组委会的命题之后，我也一直在思考何为青年力量？怎样才能够进一步"以己之力，让世界变得更美好"。回顾我的前半生，我已经逝去的29年青春，我似乎得到了自己对于青年力量的定义。

首先，不负青春，这四个字是我过去29年里的身体力行。我人生重要的三个转折点分别发生在三个重要的时间节点。第一个时间节点2010年，我被任命全面负责2010年广州市亚运会的部分项目，在整个亚运会期间，负责所有外宾包括亚运会组委会各个领导的邮政服务工作和接待工作。我说着不是非常熟练的英文，依然很顺利地完成了整个亚运会的接待和服务工作，并在亚运会结束之后得到了亚运会主席的亲自接待，得到了他的认可。在亚运会结束之后，我提出了离职，放弃了广州稳定的生活决定"北漂"。

2011年，在北京，我遇到了我人生最重要的第二个转折点——李开复博士和创新工场，我的人生发生了翻天覆地的变化。在创新工场我加入了微车的项目团队，2011年正好是中国移动互联网被越来越多人了解的一年，因为大家逐步意识到了智能设备的发展趋势，大家也相信微车这样一个智能设备必将会带来移动互联网这股浪潮。我对创新工场当时项目印象最深的是知乎。知乎最开始的团队就坐在我工位对面，他们每天都在争吵，但是每天都看上去很兴奋，后来我知道他们在做中国最大的在线问答社区。我们所有人就像在一个巨大的网吧，所有人都在拼命地敲键盘，疯狂加班，面红耳赤地去争吵……但是我认为那些日子是我最开心的日子，我认为我找到了我人生的热爱。

2013年，我决定自己创业。七麦科技的另一个联合创始人王东是一个1990年出生的小伙子，我们团队平均年龄是20岁，其中两个初创团队成员还是实习生。2013年，越来越多的创业者涌进了移动互联网创业浪潮，大多数创业者愿意去做App，大家相信好的产品和好的模式一定可以吸引到更多的用户下载，所以在那个时代里面诞生了墨迹天气、WIFI万能钥匙这样一个又一个很棒的产品。当越来越多创业者开始做App的时候，我发现这些创业者都有一个共同特性，就是他们对于市场有着非常敏锐的洞察力，但是他们对于如何将好的产品推广给越来越多的用户却并不擅长，所以我们创立了七麦科技，专注提供移动产品用户增长的整体解决方案。

2013—2018年这5年时间，我一直坚持在做七麦科技，同时我也非常幸运得到了我的老东家创新工场微车项目创始人兼CEO徐磊的认可，同时也得到了李开复老师和创新工场的认可，他也成为了七麦科技的投资人之一。

回顾我自己创业的这些年，我很感谢帮助我的良师益友，他们给了我无限的认可、信任、支持和成长空间，让我尽情发挥去做想做的事。我其实最想感谢的是这个时代。我认为，当下确实是青年创业者最好的时代，因为政策利好，同时技术革新也带来了无限可能性，如从3G时代到4G时代，到接下来的5G时代，都带来了新的行业变化和新的商机。

这个时代同样也需要青年人的力量，需要青年人视角和青年人的思考和碰撞。青年应该是勇敢的、热血的、敢为人先的，同时要拥抱变化，时刻保持敏锐性和洞察力。我们希望用更好更优秀的方式，改变这个世界。

陈奕伦： 接下来，有请小乔科技CEO潘忠剑。

潘忠剑： 大家好，我是小乔科技的潘忠剑。"小乔"的由来不是《三国演义》中的"小乔"，而是乔布斯的乔。出于对乔布斯先生工匠精神的尊重和欣赏，我们取名叫"小乔"。

跑步机属于非常传统的制造业，它如何突破创新？大家对于传统跑步机的理解大多停留在黑乎乎的大型跑步机，而小乔一直在思考如何将跑步机做得时尚，我们希望以一种新的方式去传递运动，尤其是把美的感受带进运动领域里。

小乔科技生产的第一款轻便型家用跑步机，应该是全球第一款折叠跑步机，2016年创造了2 000多万元的销售额，2017年达到了1个多亿，2018年是3个多亿的销售额，截至目前，我们的月销售额保持在4千万~5千万元，预估2019年保守总计销售额在8亿左右。小乔科技在不断创新，公司从6个人的团队到今天500多人，始终秉承着科技改变生活的理念。尤其是第三轮B+轮拿到嘉实投资的1个多亿以后，小乔定位逐步精确起来，从最初的智能跑步机到小乔高颜值女性跑步机再到小乔家用跑步机，最后我们达成一致，将小乔定位成"小乔科技公司"。在逐步成长和研发投入过程中，我们发现科技会带来更多的想象空间和价值，我们的跑步机可以节省大家的运动空间和运动时间。

在硬件上，小乔产品做了很大提升，我们是全球第一款最轻便、最时尚的家用跑步机，机器折叠起来的时候是零点几个平方，定价在一二千元，这个价格定位是整个跑步机行业的巨大突破。在硬件上，小乔跑步机采用日本富士的微电机——电机方面最好的供应商，我们坚信产品除了外观好看，更需要质量过硬的硬件做保障，同时我们希望未来在运动上能够更加简单智能化。跑步其实是非常枯燥和乏味的事情，小乔正在研发让直

播系统上线，例如用户可以每天约线上教练课程，以丰富日常运动；甚至可以根据运动场景和实时的周围场景发挥AI跑步机的作用。在时代快速发展的今天，越来越多的人健康状况逐步下降，我们希望能够用小乔的产品唤醒更多用户对健康管理的重视。

我们希望小乔在未来可以用自己一点微小的力量，让高品质的产品落地，让更多的中国人参与到运动和整个健康事业当中，让我们的世界更加美好。

陈奕伦：谢谢忠剑的分享，希望我们年轻一代是经得住风雨的一代。过去未去，未来已来，我们会一步一个脚印地为世界的美好尽一份力。

未来已来

20 多年来，人类从 IT（Information Technology，信息技术）时代进入了 DT（Data Technology，数据处理技术）时代，又从 DT 时代进入了 AI（Artificial Intelligence，人工智能）时代。世界发展的速度超过了人们的想象力，日新月异的科学技术把我们带进了不熟悉的、未来的世界里。未来是什么样子？什么样的技术或创新会引领未来、创造未来？我们又该以怎样的心态面对未来？以怎样的行动塑造未来？当我们在谈论未来的时候，未来已来。

在 2019 年亚布力年会上，信中利美国创投公司创始合伙人王维嘉，地平线创始人兼 CEO 余凯，零壹空间创始人、CEO 舒畅，猎豹移动董事长兼 CEO 傅盛，旷视科技总裁付英波，牧今科技合伙人、中国区总经理刘欢就上述问题进行了深入讨论，凤凰卫视制片人与主持人、世界经济论坛"全球青年领袖"于盈主持了本场论坛。

于盈：回顾这两天大家探讨的内容，其中一个关键词就是"变"。我们身处一个历史性的时刻，科技正在以前所未有的速度颠覆着我们的生活。有人说，今天是我们一生中科技发展最快的一天，也会是我们余生中科技发展最慢的一天。人工智能、云计算、大数据、互联网和物联网等技术正在改变一切。

今天，参与我们对话的嘉宾都是各个领域的领航者，有做计算机视觉领域领先的 Face++（旷视科技），做人工智能大脑、芯片、致力于前端智能化的地平线，做服务机器人的猎豹，工业机器人的 MUJIN，中国第一家民营火箭公司等企业的创业者，还有近30年经验的硅谷投资人等。我们将一起畅谈未来是怎样的。

余凯：我从事机器学习已有20多年的时间了，机器学习确实一直是一门复杂的学科，没有简单规则。

我讲两点，第一，在过去半个世纪，摩尔定律还是驱动人类科技不断前进的一个核心动力，这个核心动力还在汹涌蓬勃地往前发展着。今天，我们1 000美元能买到的算力约为10万亿次，相当于老鼠大脑的算力。但是如果放在1956年，买到这样一个算力，需要付出的费用约为150万亿美元。就是说，这个指数发展是摧枯拉朽的，大家不要去低估它。

第二，我们看计算的架构，从20世纪七八十年代的巨型机到小型机，从IBM到联想，再到后来微软和英特尔合伙，包括苹果导入了PC，然后是浏览器，你会发现计算已经在从终端桌面往云端发展了。2015年地平线成立的时候，其实云计算是主流，但是我们预见到未来的人工智能计算会更多地从云端往终端去走，从而去满足未来场景对实时性、可靠性的要求。同时边缘计算还有很多其他的好处，比如说保护用户隐私等，大量的计算未来会在终端发生，终端的计算应用场景会非常多。

从目前来讲，我们的终端计算主要集中在两个场景：一个是智能汽车，它未来会变成一个超级终端，中国是全球第一大汽车市场，有巨大的产业机会。地平线在自动驾驶、人工智能处理器方面走得非常靠前。另外一个就是物联网的传感器，我们认为主要是摄像头。现在的摄像头只能记录影像，但未来的摄像头一定可以看家、看门、看院，帮助人们做决策。往更远一点看，未来可能会有无处不在的机器人，实际上自动驾驶车就是往机器人方向走，在智慧零售上面安装这些摄像头，实际上就是帮你看店，它提升效率，替代人工，减少人工干预。未来在物流、养老、医疗方方面面都会有无处不在的机器人。那么谁会是机器人时代的英特尔，这个是在公司成立之初的第一天我们就提出来的命题，我们希望未来能成为这样一家公司。

于盈： 说到摄像头，旷视科技在这个领域非常领先，能跟我们分享一下具体的落地场景和未来蓝图吗？

付英波： 我们公司成立于2011年，出发点和愿景是为了让机器可以看懂世界。未来10～20年，我们希望做物联网行业里的微软，做中间层操作系统。目前在计算机视觉的技术和产品落地的行业上，旷视科技也在选择一些赛道足够大、市场足够宽的行业做深耕和落地。

目前我们在做的：第一，城市的综合治理，包含但不仅限于安防，不单是把前端的摄像头智能化，而且同时还帮它做信息化和智能化的云端中心。

第二，手机AI影像。比如手机刷脸解锁、手机AI一系列影像处理，包括晚上的夜摄、超画质。国内几个比较大的终端厂商，包括华为、OPPO、小米、VIVO都是我们最核心的客户。

第二，新零售。用智能化摄像头这样一些视觉智能处理技术，让整个便利店数字化起来。

第四，物流仓智能化，包括前端的各种终端产品，包括货架到人的一些机器人，包括一些叉车、智能货柜等。

于盈： 傅盛是互联网领域的资深创业者，现在也在进攻人工智能领域，跟我们分享一下？

傅盛：今天的人工智能，本质上是实现了用户在传统场景、线下场景语音的交互服务，使得过去实体经济和互联网经济出现了差别最大的一环。实体经济是没有数据驱动的，或者数据丢失得非常厉害，现在通过人脸识别、语音服务，把过去互联网的搜索实现了在传统场景的构建。

所以对于这件事我觉得大家都是比较清晰的，如果看未来20年甚至更久远，我有点不同的看法，刚才余凯说的摩尔定律的问题，实际上如果按照原始定义摩尔定律是有可能失效的，它的整个芯片集成度已经达到7纳米了。

余凯：从2016年开始，我们进入了所谓的"新摩尔定律时代"，新摩尔定律并不是说靠物理支撑去不断提升它的支撑度，而是通过软件、硬件以及架构创新使得高度并行能够发生，使得摩尔定律继续往前发展。

傅盛：我前不久跟《生命3.0》作者迈克斯·泰格马克对话，我认为，未来是人脑和人工智能结合的社会。因为今天的人工智能还是建立在大量数据上，人类也没有完全搞清楚人脑理论基础，今天所谓的脑神经网络模型是从数学上去模拟，不是从神经元的本质结构上去模拟。所以下一个阶段应该是人脑和人工智能结合的社会，人工智能可以辅助我们做出更牛的

判断。

于盈：刘欢看起来很年轻，但是他的公司在工业机器人手臂控制方面是第一家实现落地的公司，请分享一下。

刘欢：我们专注于做工业机器人的研发和落地，希望能够降低工业机器人的门槛，提升全世界的生产力。现在社会需求在不断增加，从供给方面，尤其是劳动力供给在不断下降。谁来填补这个空缺呢？对于我们来说，这是一个巨大的机遇和挑战，我们尝试在制造业和物流业领域把工业机器人项目落地。现在落地的项目，比如说汽车制造业，还有一些工厂生产线，都变得更有效率了。我们之前跟国内一些知名电商合作，帮助他们做无人仓，实现了从商品入库、存储、包装、分拣的全流程、全系统的智能化和无人化。我们通过计算让机器人变得更加聪明，真正做到手眼合一。

于盈：维嘉师兄，据你的观察来看，要具备什么样的条件才能让人工智能落地，这个技术的发展可以为社会带来什么样的益处呢？

王维嘉：人工智能和互联网的一个核心区别，就是人工智能是2B的生意，在人工智能启动的时候，百度、阿里巴巴获取了大部分数据，实际上仔细想想，它们的数据是什么呢？就相当于地面上的金沙，但现在出现了一个一个深洞，真正的金子都在这些深洞里面。再过二三十年回过头来看，阿里巴巴、百度的数据根本什么都不算，有我们每个人每秒钟的数据吗？没有吧；它有每一个垂直行业，不管是石油还是核电的这些数据吗？也没有吧。对于人类而言，我们每分每秒都在产生大量数据，这些数据才是真正未来人工智能所需要的数据。我认为，关于未来人工智能的机会：第一，垂直行业的改造、改进。第二，新行业，比如自动驾驶。对于人工智能公司来说，我觉得不缺落地的场景，比如你闭着眼睛扔出一个飞镖，就能发现一个落地场景。任何工业和生活过程只要产生数据，就是一个落地场景。当然有一个前提条件，就是有资金，有资金才能把公司办起来。总结起来需要具备两个条件：一是这个行业不断产生生产过程的数据，二是有资金。

于盈：舒畅的零壹空间是一家民营火箭公司，2018年年底获得了第一张火箭牌照。从马斯克发射火箭到电影《流浪地球》，宇宙探索成了一个很热的话题，但是它的发展却和人工智能的迅猛发展形成很大反差，为什么航空航天领域的发展这么慢？这个领域未来的发展是什么样的？人类有没有可能离开地球？

舒畅：我估计在座的大多数对航空航天产业相对陌生，但是这个市场并不小。我举几个数据，航天产业大概每年有4千多亿元的销售额，每年国家在航空航天技术方面的投入高达数千亿规模。除这个之外，航空领域就更不用说了，美国通用飞机数量大概是20万架，我们只有2 000多架。所以，对我们来说，整个航空航天产业实际上是非常大的市场。但是为什么大家会感觉离自己很遥远呢？非常大的原因就是过去这么多年以来，我们有两个固有的认识偏差，第一，是认识偏差，认为这是国家应该做的事，跟民营企业、企业家都没有关系；第二，认为这个技术过于前沿，没有商业应用场景。另外还有一些政策的因素，也导致了我们认识的偏差。

下面跟大家汇报一下我们零壹空间现在做的事，以及20年以后我们能实现的一些事。先说现在的事，2018年我们进行了两次火箭发射，并且拿到了国防科工局颁发的第一张商业火箭牌照，我们的火箭可以做各种各样的

技术服务，如果有飞行需求，都可以用到我们的技术服务。我们也有专业的电子公司和发动机公司，给国内的航空航天院提供配套产品和技术服务。

最近可能大家都看了电影《流浪地球》，我跟大家分享一下我预想中20年后的中国航空航天产业。第一，星际航行是一件遥不可及的事情，当然想把地球移动更是一件非常难的事，但是把机器人送到月球上甚至带回来，这已经被纳入我们公司的科研计划中。这个话以前不敢讲，但是下个月我们第一枚运载火箭载卫星即将发射，相信等我们做出一些成绩以后再提出更远大的计划会有更多人相信。第二，将卫星技术应用到与人们生活相关的领域。现在我们在飞机上以及偏远地区一般无法上网，我们提出的一种解决方案就是通过性价比较高的卫星接入技术去实现，预计20年之内肯定可以得到解决。第三，希望世界和平。因为航空航天的技术是因军事而产生，并且广泛应用于大国的军事领域，我深深地感觉到这个威力太大了，所以我希望我们的航空航天技术能够更好地应用于改善和改变人类的生活，而不是应用到大国的对抗中。

王维嘉：谷歌和美国国防部有一个合作项目，据美国国防部公开的视频显示，美国在阿富汗打击塔利班恐怖分子的战斗中投入了无人机。无人

机是由内华达州沙漠地区空军空调机房里的几个年轻人控制。夜间，无人机在飞行时锁定塔利班军车，然后是红外成像，这几个年轻人就像打游戏一样，操作鼠标就可以消灭他们，这就是现代战争的形态。谷歌为什么被要求参与这个项目？因为这样瞄准目标的过程，机器会比人准确，快一万倍、一亿倍，美国国防部希望谷歌能够用算法帮助他们。但是因为这件事，谷歌员工发起了十年以来最大的抗议，一开始是给内部领导写信，说不能这样做，人工智能是为人类和平服务，不是为战争服务的。刚开始谷歌高层不予理睬，随后建议越来越多，最后有2 000多人抗议，甚至有很多员工威胁说，如果不终止这个合同就要辞职。对于谷歌这样的高科技公司，最重要的财富就是人，最后谷歌不得不作出妥协。

于盈：大家描绘的场景应用和未来科技都非常让人兴奋，我们现在确实身处一个很特殊的时代，就是技术拥有很大的力量改变世界，我们可以通过技术改变贫穷，治疗癌症，解决一些以前解决不了的问题。大家作为技术的领航者，也开始从专注技术创新本身，到去关注和思考价值观、道德伦理方面的问题。有人说培养机器人像培养孩子一样，要想培养出机器人好孩子，就要把我们的价值观和规则植入它的硬件和软件里，这样当我们放开手的时候，他们自己也能做出正确的决定。那从技术的层面来说，是不是一件很难的事？

余凯：技术层面不是很难，你去加一些规则，比如说三大定律，或者让机器人不要杀人之类的指令，其实在软件和硬件里面植入这样的规则是容易的。但是这个不是问题所在，我觉得问题在两个层面上。

第一个层面，对于一个企业而言，怎么样把它的使命和愿景植入它的整个商业过程里面。比如地平线，我们的使命实际上是推动边缘的人工智能，让每个人的生活更安全、更美好，把安全放在第一位。比如说我们车载的人工智能芯片，最早期的应用还不是无人驾驶，实际上是使车更安全，它通过大量的计算，分析司机是不是走神了、是不是在打电话、是不是抽烟，这是车内的情况；另外就是分析车外的情况，是否有行人横穿马路、是否存在车辆异常情况等。这个时候它的使命还不是替代人，而是让人的生活更安全。

第二个层面，从更高的层面讲，我们其实面临很大的挑战，我们过去主要是研究人和人之间的关系，比如孔子哲学，而西方更多的是研究人和客观世界的关系。我刚才讲，到2030年，每一个终端算力跟人脑是相当的，潜台词是什么呢？就是说机器人的能力和智能实际上跟人是差不多的。这个时候我们面临的问题就是要更多地从哲学上、伦理上、法律上去深刻地思考人跟机器是什么关系？怎么样让我们的生活还能够朝更安全、更美好的方向发展，这个事情本身就很复杂。

付英波：对于刚才两位嘉宾说的科技向善的话题，我个人的观点是科技没有善恶之分，人类应该运用智慧和科技改善社会，这是第一点。第二点，我是人工智能行业的从业者，我还是坚持相信往后看十年、二十年，我们人类应该感谢人工智能技术革命，因为它毕竟会在接下来的10~20年把我们很多人类从繁重工作里解放出来，让每个人有足够的时间阅读、提升，寻找自己的灵魂。第三点，我相信人工智能毁灭不了人类，毁灭人类的只有人类。所以说人类也应该要珍惜并做好这个选择，一起撰写故事的美好结局。

于盈： 技术是中立的，比特币是好还是坏？它可以把金融服务拓展到最边缘地区的人群，但是它也可以把犯罪分子隐藏在法律规则之外。但是我看到一个问题是规则和法律制定总是落后于科技，这也是没有办法改变的事实，在这种情况下，社会和个人需要如何做准备？

刘欢： 我的出发角度会更加现实，现在我们整个行业自动化程度还是非常低，全世界机械化程度最高的是汽车制造工厂，但是它完全自动化的工序也就10%左右，大部分还未实现自动化，这离我们脑海里或者是科幻小说里的愿景还有非常大的差距。

傅盛： 我表达一个观点，虽然主持人说立法是滞后的，但是核心的关键点还在立法上，不能因为立法的流程很慢就把它放在一个很低优先级的位置，应该根据社会形态，快速改善整个立法的速度。

如果说没有外部的高压墙，指望企业完全做到向善是很难的。非常客观地讲，就算向善，对于一个组织体而言，都有利益诉求，很多地方很容易进入模糊地带。其实科技最可怕的是进入模糊地带，不是完全做坏事，完全做坏事是恐怖分子干的，对于企业，往往是你没有觉得做了坏事却可能做了坏事。立法是一个很关键的点，我们很多用户在海外，我们公司是在美股上市的，我们发现虽然他们的立法慢，但判例法或对大原则的掌握都让公司非常谨慎，从而公开、透明地去实施公司管理流程。

我之前问了《生命3.0》的作者迈克斯·泰格马克一个问题，核武器、生化武器有非常清晰的界限，但是AI武器的界定比较难。比如说，飞机自动瞄准、无人机自动驾驶、自动攻击算不算AI武器？如何去划清楚界限？迈克斯·泰格马克说，我们讨论的自动化杀人武器是一个比较窄的方面，也就是说，自动化杀人武器的致命性，而不是反对建造那种去消灭敌人的导弹防御系统。就像生物化学家在致命性的生化武器研发之前，就已经达成一致公约，不去研发有害的生化武器，这一点也是我们在道德层面的责任。我认为，人工智能也应该尽快有这样的公约和法律法规，就是关于伤害人的任何事情在法律层面要禁止，这样就没有任何人仅仅因为好奇去做坏事。

刘欢：我再补充一点，工业界已经有在实行的不错例子，比如说日本，他们在工业机器人行业有很多行业规范和技术标准，也有非常详尽的对工业机器人安全性能的国家法规，这些法规都是由这个行业里的应用方和供给方提出来，根据现有的机器人性能，比如判断什么情况下是危险的，就需要安装栅栏，但如果动力和功率在一定的限度以下打到人也不会有事情，就不需要栅栏。这些技术性有非常强的规范，是由行业不断提出来，再由一些政策制订机构负责实施，这是循序渐进的过程。当然随着应用越来越多，这些条款也会越来越详尽。

于盈：完全赞同，规则和立法是非常重要的部分。我最近和一个美国顶尖技术专家在探讨这个问题。他就说，他去见了美国2/3的参议员，他也倡导同行这样做，因为他感觉作为技术专家，需要帮助政策的制订者去理解科技。很多政策制订者并不是不好的人，可能就是因为成长环境不同，所以根本不理解技术。在不理解技术的情况下，不可能出台有利于技术发展的政策。我们也希望中国有这样的氛围，可以使得真正的技术专家

的意见被吸纳进我们政策法规的制订过程中。处于这样一个巨变的时代，对你们来说，你们最担心的是什么？

刘欢：从我们的角度来说，最担心的其实还是整个社会对技术的信任度。虽然现在优秀的AI公司很多，也做了很多成功案例，公众对AI的接受度也越来越好，但实际上真正落地的成功案例还太少。所以，我最担心的还是大家失去对技术的信心，希望大家可以静下心来把技术做好，这才是现在最需要做的事情。

舒畅：朱民院长的演讲让我印象特别深刻。他说大约50年后，地球上大部分地区的温度都不再适宜人类居住，我听了以后非常担心。我们是否真的可以像科幻片里面一样星际航行呢？据我了解，我们现在的火箭发动机水平根本不具备让人类实现较长时间的星际航行的条件，如果最后因人工智能或者智能化带来的能源消耗过大导致整个人类生存环境恶化，那么我悲观地告诉大家，现在没有解决办法。当然，现在大家也知道了，中科院正在研究核聚变，就是氢弹爆炸，这种实验如果被应用于航天上的话，那么"流浪地球"也会成为一种可能。

王维嘉：我最担心的还是人工智能技术能力被滥用。比如将来所有的地方都有摄像头，我们每天处于被监测的状态，那我们的隐私就没有了，没有隐私就没有自由。所以，我认为不管这个数据是在云端，还是被大公司控制，都不是一件好事，我们一定要划出一个界限，明确哪些是绝对不能被侵犯的权利，就跟我们的生命权一样，要誓死捍卫。

于盈：大家能否用一个词概括身处这个巨变的时代，最大的感受是什么？兴奋、焦虑、孤独，还是其他？

余凯：对我来讲，首要的使命是把公司办好，我每天都在思考的事情就是如何服务我的客户，如何打造强大的组织。如果说心情的话，肯定是很兴奋的，因为处在这样一个时代，我们做的事情正在撬动变革的点。

傅盛：我最担心的是企业做不好，对不起股东与员工。相比人工智能来说，互联网已经变成了传统产业，如今互联网业务虽然增长率不高，但是仍然会有利润输出。另外，人工智能这波浪潮与其所能够产生的效果之间存在鸿沟，这种鸿沟是否可以通过人类的努力进行弥补，这也是非常令人担心的事情。当然，科技是不断推动社会前进最核心的动力，人类社会具有非常复杂的反脆弱系统，当一个矛盾极其突出时，人类有足够的能力化解这种矛盾，回到平衡状态。

舒畅：作为一个年轻的科技创业者，我是非常兴奋的。2015年我刚开始创业的时候，大家都在投互联网、P2P（Peer-to-peer Lending，网络借贷）、O2O（Online To Offline，线上到线下），那个时候大家并没有像今天这样意识到科技对我们的重要意义。但是今天，不管是国家领导还是在座的企业家前辈，对科技的重视和关注是历史上前所未有的。此外，航空航天的市场很大，以前没有人关注，但是现在我终于有机会跟一帮人把这个事干起来了，我感觉还是很兴奋的，非常感谢这个时代鼓励我们科技创业。

付英波：我最担心的是整个社会的急功近利，因为人工智能现在还处于一个刚刚起步的阶段，弱人工智能阶段，我希望社会给创业者和行业的从业者更多时间把事情做好。另外，还要感谢这个时代给了我们这批青年创业者机会，让我们可以追逐梦想。

刘欢：我的关键词是责任，技术的发展和基础设施的发展，使得我们可以专注努力地去寻找下一个突破点，这是非常重大的责任，希望我们这一拨人能够一起把技术往前再推动一步。

王维嘉：作为一个从业者，当然希望听到人工智能未来的发展是更好的，不愿意听它的坏话，实际上社会需要不同的声音。有些过度焦虑的声音对我们的思考和社会发展是有帮助的。

于盈：谢谢大家，只要我们保持谦虚的态度和学习的热情，相信一定可以找到机器与人和平共处的方式，也可以创造出我们所希望的社会。

新零售的路径

在消费结构升级、消费新常态的背景下，线上线下融合呈大势所趋，新零售的概念"愈演愈烈"，但其实现的路径和模式有着极大的不同，是老物种运用新技术改造自己，还是直接找准用户痛点，创造一个新物种？两种路径最关键的区别在哪儿？哪种路径更具有先发优势？前行的道路上各自面临的主要困难和挑战是什么？

在 2019 年亚布力年会上，多点 Dmall 董事长、物美集团创始人张文中先生与盒马鲜生 CEO 侯毅就这一话题展开对话。中国并购公会创始会长王巍主持了本场论坛。

王巍：这场高端对话嘉宾非常优秀，他们触及我们日常生活的最接地气的层面。一位是我们非常熟悉的亚布力论坛理事，多点Dmall董事长、物美集团创始人张文中先生；另外一位是侯毅先生——盒马鲜生CEO。

张文中很早就用IT技术切入超市系统，颠覆了过去的商场和供销社，现在物美集团已经成为中国一个大众的零售品牌。不过，现在突然又有一匹新的"黑马"出来，叫盒马鲜生，这是一种新零售，一种新的模式。

张文中一直走行业前沿，我相信你注意到了盒马鲜生的这种突破，长期来看，未来你们肯定会有合作。你认为盒马鲜生这种方式对你而言是种什么样的威胁？或者你认为它在什么地方还差一点？

张文中：我20多年前从IT转向开超市，这的确是一个很大的改变，当时对于零售行业也是一种颠覆，说到底也是信息技术改变了零售，这是20多年前我做的事。

其实对于物美，我也没有什么太多介绍的，现在物美有1 000多家

店，很多人都去过。我想说一下"多点"，什么是"多点"？最近有一部很火爆的电影《流浪地球》，"多点"其实就是地球派。

今天传统零售企业确实面临着巨大的挑战，比如经济增速放缓、消费升级，还有技术革命，无论是人工智能还是互联网。原来是受到线上的打击，今天以盒马鲜生为代表的新零售，把店都开到家门口了，可以说，零售企业面临的严峻形势和《流浪地球》讲的地球面临的形势几乎是一样的，是毁灭。怎么办？"多点"就是地球派，就是要创造一个大的发动机让传统零售企业真正摆脱困境，走向光明。

零售企业要真正拥抱变化，真正改变，真正靠互联网和人工智能进入一个新的阶段，我觉得最核心的就是要在线，会员在线、员工在线、商品在线、服务在线、管理在线等，我还可以讲很多在线。当然首先是会员在线，也就是说，你要让你的每一个消费者无论是在店铺里，还是在家里下单，都用一个统一的App。

"多点"就是这样。"多点"在短短的三年时间内聚集了5 000万会员、1 000万用户，这是非常突出的业绩。而且"多点"不是物美专有的App，而是一个为将近50个大型零售企业、上万家店铺服务的App。

更重要的是，"多点"不是强制让进店的人或者说用这个App的人线上下单，而是自然地让流量迁移，同时吸引已经有线上购物习惯的人回归实体企业，也就是说，它特别突出地强调了既到店又到家的这种模式，而且是强调线上线下的彻底统一。

就是这样一种变化，让零售企业真正能够拥抱互联网、拥抱未来，拥有更加光明的前景。

王巍：请侯毅讲一讲，你认为你的"新"跟张文中的"新"有什么不同？

侯毅：我们新零售跟传统零售还是有很多本质的区别的，还有商业模式上的突破。

第一，今天中国面临着消费升级，消费升级以后，消费者对服务的追求已经远远超过对产品本身价格的追求，所以我们更提倡健康消费，享受最好的商品、最好的服务。其中最大的区别在于我们已经放弃了价格战。我们追求一日三餐让老百姓吃到最新鲜、最健康的商品，提供最有性价比的服务和商品。所以新零售所体现消费理念是提供优质的商品，而不是提供物美价廉的商品。

现在中国的消费者更追求的是品质生活，尤其在一二线城市，当全民生活富裕起来的时候，他们更关心的是商品的品质。这是我想说的第一点，消费理念变化带来商业本身的变化。

第二，科技对零售业的赋能。今天因为有了移动互联网，有了手机，消费者购物变得更加方便，从原来的"到店"模式，到现在又增加了一个"到家"模式，现在"到店""到家"双轮驱动，让零售的效率发生了质的变化。

第二，大数据也好，人工智能也好，大幅度地提高了整个行业的效率，改善了门店的营业效率。在这方面我们也做了很多探索，它的能效与坪效已经远远超过了传统零售。所以，在我们今天的创业过程中，虽然新零售还有坑需要我们填补，但是确确实实，科技改变了整个世界，改变了整个零售业。

王巍：中国人的规则是合作多于竞争。但现在当你要寻求突破、需要颠覆的时候，你靠什么打败张文中？你为什么比他好？

侯毅：我认为，零售业市场足够大，既有追求高档消费的消费者，也有需要老百姓民生商品的消费者。

盒马鲜生从第一天进入市场的时候，我们就是面向80后、90后的年轻的富裕的消费群体进行定位的，所以我们的商品品类、结构跟原来的大卖场还是有大的本质区别，我们通过构建不一样的商品品质和服务，来赢得我们的立身之本。大卖场更多的是追求价廉物美、"一站式"购物，来提供老百姓日常生活所需的商品。

所以，我们定位不同，这本身就有区别，没有谁好、谁不好，只是面向不同的消费群体提供不一样的服务而已。而对于盒马鲜生而言，我们如果把价格降一点，还可不可以提供更好的服务？我们也在做积极的探索。

王巍：谢谢。这个题目非常有意思，我在研究他们两位的资料时也发现了，他们谈的不是食品的问题，而是整个消费方式变化的问题。可以笼统地说，他们都在做线上线下的结合工作，但一个是从线上往线下冲，一个从线下往线上走，一个是到店，一个是到家，到店是以卖家为中心，到家是以客户为中心，这是两种完全不同的模式。

实际上新一代的90后，甚至00后的消费习惯，跟80后都不一样了，那么谁来迎合下一代消费模式？在这里我想让你们两位共同判断一下，下一代的消费模式将怎么影响到你们的生存方式？

侯毅：实际上经过两年O2O时代各个互联网创业公司的努力，今天的消费者已经普遍接受了App下单的到家模式，因为它更方便。

未来的零售业一定是全面数字化、全面互联网化、到店到家完全一体化，这是零售业发展必然的趋势，也是马云老师讲的新零售。新零售的本质是数字化和提供到家模式。

我认为不仅是今天的80后、90后全面选择了互联网，今天的50后、60后同样也会选择互联网的购买模式。由于智能手机的普及，今天的网民已经是全年龄段的网民，所以到家模式一定是将来所有年龄段的人购物的首选模式，当然他有空也会去逛逛店，但是大部分情况下，到家更有吸引力。

张文中：我认为到店和到家一定是一体化的，如果今天你还去区分这个人是一个线上的用户还是一个线下的用户，其实已经没有什么意义了。根据我们的经验，几乎所有的用户既在线上买，又在线下买。

一些年龄大的用户现在也非常熟练地用"多点"购买日用品。我一个在加拿大留学、定居的同学告诉我，他爸爸已经80多岁了，现在就靠"多点"下单，往家里送东西。"多点"下单是有门槛的，必须达到一定费用才能免运费。他爸爸每次都要买一百几十块钱的东西，已经是我们一个很好的顾客了。

年轻人反而去店里。其实通过互联网的第一轮冲击，生存下来的线下企业应付能力已经很强了。比如做得好的服装企业，现在已经把门店加上促销员变成了一个最有力的阵地。年轻人去门店看完了样品，然后跟促销员通过微信或者首淘等方式建立了联系。一个促销员可以联系二三百个顾客，一有新品立刻告诉消费者，非常好地实现了线上线下一体化。这就是今天面临的现实。

因此，在这个时候我们确实要看到消费者习性的根本性变化。而且我们发现很多年轻人都会到店，到超市或者零售店等，为什么？他需要吃的，还要一些现制加工的商品，还要一些其他定制化的商品。

王巍：好。现在谈中美贸易谈判已经有半年多了，请你们两位谈谈这半年来你们的客户消费习惯有什么变化？并判断一下2019年你们的市场会是什么样？

侯毅：中美贸易摩擦对我们的影响主要还是在心理上。因为盒马所做的是老百姓的民生工程，中国今天富裕起来以后，其实恩格尔系数已经很低了，吃所占的消费比率并不高，从我们实际销售的增长情况来看，中国的购买力还是巨大的，大部分老百姓购买这些商品完全没有什么大的顾虑。

所以，2019年整体形势不管如何，老百姓在生活方面的购买力还是相当强的，好像没有什么大的影响。

从我们内部包括2019年整个集团对我们的预算要求来讲，我们还是保持跟2018年、2017年一样同比的增速，包括开店的比率、业务销售等。我们认为在民生工程上大的经济形势对我们影响不大。

张文中：总体来看，现在消费确实面临压力，从宏观统计数据也能看得出来。

我觉得，中美贸易摩擦对经济是有一定的影响，但因为实际上中国直接从美国进口的食品相对来说还是比较少的，这种压力其实更多的还是来自经济放缓。而且消费升级和经济放缓对于消费有双重作用。比如过去一些传统的爆品，我们发现它现在很难达到以往节日能够冲高的那个水平，老百姓的热点在不断地转移。这是一个新的形势。

展望未来，从我们做企业的角度来说，当然希望有一个稳定的预期，如果能够很好地解决贸易摩擦，那对于经营当然是更有好处的。

侯毅：中美贸易摩擦对我们的影响主要体现在农产品进口上。

2018年5月，有几天的时间里双方贸易关系有些缓和，当时车厘子用船都运到中国的口岸了，突然关系又紧张起来，我们又退回去了。

实际上，中美贸易摩擦可以缓和的话，美国有大量好的农产品是可以进入中国市场的，比如说美国的苹果、鲜橙、车厘子，还有很多好的海鲜食品等。

王巍：非常感谢两位，我们的时间到了，谢谢各位！

新制造来袭

2016年，马云首次提出"新制造"这个概念。新制造不同于传统的规模化、标准化制造，它讲究的是智慧化、个性化和定制化。由于物联网、云计算能力和人工智能的发展，新制造倒逼整个社会改革。未来10～15年，传统制造业将会非常困难，新制造将重新定义制造业。那么，到底什么是"新制造"？它和传统制造业有什么区别？它将会为制造业带来哪些变革？

在2019年亚布力年会上，北京梅赛德斯－奔驰销售服务有限公司首席运营官段建军、中国自动化集团有限公司董事局主席宣瑞国围绕上述问题分享了自己的观点。SAP全球高级副总裁、SAP中国总经理李强，创新工场合伙人、创新奇智联合创始人及CEO徐辉，零壹空间创始人、CEO舒畅参与讨论，《第一财经日报》副总编辑、第一财经研究院院长杨燕青主持本场论坛。

杨燕青：我们都知道制造业是未来人类社会演变的一个非常重要的方向。在过去的10年间，因为移动互联网的盛行，因为有了大数据、数字化、IOT（The Internet of Things，物联网），整个世界的变化超出了所有经济学家和科学家的预想。电子化和数字化已经改造了整个零售业，大家普遍认为，这样一场巨浪和一股潮流正在并将更加深刻地改造制造业。制造业对经济社会的影响本质上应该比零售业更加深远，影响范围也会更大。

今天我们的讨论将分成两部分：第一部分请两位主讲嘉宾分别从自动化和汽车的角度来分享"新制造"概念；第二部分是一个圆桌讨论，以互动的形式进行。首先有请北京梅赛德斯–奔驰销售服务有限公司首席运营官段建军先生为我们主讲。

段建军：我认为在现阶段，"新制造"里面的"新"和"制造"都应该是制造业同仁们的工作重点。

第一方面，先说"制造"。在当前的现实生活里面，制造能力对于企业来讲仍然具有极其重要的意义。

以汽车为例，从1886年卡尔·本茨创制出世界上第一台汽车，到今天，汽车已经成为制造业公认的、最复杂的现代产品之一。

受到汽车内部空间和重量的限制，汽车公司要通过高度集成化的设计，来实现不同系统硬件、软件的匹配以及小型化；而且，汽车的使用场景也更加复杂。

此外，我们还必须通过数十万千米的行驶过程来实现所有驾驶状态的测试，对低温、燥热、潮湿、泥泞、雨雪等各种极端自然环境下汽车性能进行一些测试，还要经历各种角度、速度条件下正面、侧面、半正面等碰撞、翻滚的测试，以及上百项安全测试，才能确保车辆最终的安全性。

就迈巴赫普尔曼来说，它是目前德国本土制造商中尺寸最大、奢华程度最高的品牌。而且一台普尔曼所使用的零部件数几乎相当于2台普通迈

巴赫零部件的总和，我们整个普尔曼的白车身和底盘系统都要经过特殊的设计和制造，才能保证6.5米的车有足够的强度和安全性。普尔曼车内有一块特殊的玻璃隔板，可以把前面的驾驶舱和后排的贵宾舱分开，不仅完全隔音，而且后排乘客只要轻轻一按，玻璃隔板就可以自动地在透明和不透明之间进行自由切换，这样也可以保证后排乘客专属空间的私密性和通透性。而这块玻璃的制造工艺极其复杂。首先要将聚合物分散型液晶膜复合进两层玻璃夹层之间，在特定的温度和压力下，把它胶合成一体，形成夹层结构，然后在玻璃的周围再布上电控的单元，并且在整个装配过程中，工人必须把误差控制在0.01毫米之内，才能符合我们的质量要求。

所以我们说制造业是以"以物化物"的实业，而一份执着的理念和一身扎实的制造能力，是制造商在任何一个历史时期应对挑战的底线，更是应对挑战的底牌。

第二方面，"新制造"中的"新"。我们通过互联网和大数据将客户终端与制造业高效地接在一起，用户的想法可以实时准确地被反馈给制造商，从而使厂家对产品能够实现个性化和定制化的升级，以客户的需求来驱动产品的不断更新。

当然，这个概念对于软件公司而言早就做到了，对大家来讲也不是一个新的课题，但是对于硬件汽车生产厂商来说，第一时间更新产品的硬件装备在很多情况下几乎是不可能的。

对于"新制造"的"新"，我们能改变什么呢？首先，硬件继续要与软件深度结合，又需要为将来的功能扩展预留合理的冗余空间。过去汽车的硬件和软件两个系统是各司其职，而奔驰在新的MBUX系统中，硬件和软件的隔阂被打破了，用户不仅可以通过触控界面，而且还能够用自然语音的方式来控制车内的硬件功能，空调的温度、风速、车窗的开启等功能的切换都是一句话的事。

第三方面，车载系统能够准确记录用户的使用习惯和场景，并且可以用大数据的形式，实时地将记录反馈给制造厂商。举一个例子，全景天窗这项配置到底该不该标配？大家需要开会讨论很久，有了用户大数据的支持，我们完全可以利用各个地区客户使用全景天窗的频率来精确配置我们的产品。

更为关键的是，软硬件的结合让厂商可以有机会实现未来硬件功能的扩展。软件可以直接在系统上升级，可以在线升级，我们只需要从后台OTA推动硬件的更新，新功能就可以立刻得到实现。

其次，在"新制造"的"新"中，我们仍然需要尊重产品本身的特性和使用的场景，量体裁衣。现在所有的汽车公司都将电动化作为未来产品的方向，而在现有的技术条件下，电池能量密度直接决定了电动车的表现，更长里航的续航和更高的智能化程度这两点当然是用户最想要的，也是最耗电的部分。所以如果奢求续航里程和高度智能二者兼得，厂商就只能不断地去提高电池能量密度。可是问题又来了，以目前的电池技术而言，能量密度越高，电池工作的时候发热量就越大，电芯又是易溶物质，一旦发生碰撞，电池有可能会自燃，甚至在恶性的条件下会发生爆炸，这样连基本的安全性都无法保障。目前国家在法律法规方面也在探讨如何在这三者间找到真正的平衡。

所以不管是电动车，还是汽油车，和安全性相比，续航里程和智能化都只是一串数字后面的0，只有安全才是那个最有意义的第一个1。

1886年，奔驰制造出世界上第一台汽车，133年来奔驰始终坚守在制造领域。今天的奔驰不仅仅是最高品质汽车的代名词，同时也代表着制造业顶级的安全、最精心的选材和最精良的工艺。面对汽车智能化的未来，奔驰全新的电动车EQC顺利通过了65千米/小时的速度驾驶和正面40%的重叠碰撞的测试。最动人的一幕，就是车门无变形地被实验员"咔嗒"一声轻松打开时，奔驰自信地向全世界宣布："Electric now has a Mercedes."

杨燕青：段总为我们分享了三点。第一，关于制造，我们都知道制造业虽然听起来似乎是一个过时的话题，但其实它是一个国家综合实力的体现。比如，中国加入WTO（World Trade Organization，世界贸易组织）10年间发生的最大变化，从制造业附加值的角度来看，中国在全球制造业的版图中从占4%增加到23%，中国的制造业总量等于美国、德国、日本的总和。

第二，关于"新"。一是汽车的软、硬件结合；二是因为有了大数据，可以对汽车进行精确的配置。

第三，是要通过冗余空间来实现扩展。展望未来，电动汽车应该会有很好的发展，但是我们面临的约束很多，我们必须在安全和智能之间做出选择。

接下来，请宣瑞国先生讲一讲自动化，以及中国在自动化领域做了什么。

宣瑞国：在过去20年中，中国的制造业发生了翻天覆地的变化。我本人恰巧在过去20年中服务了两个国内发展最迅猛的行业，一个是石油化工行业，我们所做的自动化设备主要服务于石油化工行业的自动化和智能化制造；另一个是高铁行业，我们亲眼看见高铁从无到有、从低端到高端的发展过程，其中伴随着制造业的智能化发展。

这两个行业恰恰是我们制造业的两大行业，即离散制造业和流程制造行业。刚才段总所说的全世界最复杂或者最高端的汽车制造业就是离散制造业的代表，高铁列车制造及现在主要的大型装备制造都属于离散制造业，而我服务的石油化工行业则是一个典型的流程制造的行业。

在过去20年中，随着全球经济竞争的加剧，所有的业主对制造的智能成本、效率都提出了更高的要求。除了两个传统的分类以外，制造业又出现了网络的协同制造、大规模的个性化定制及远程的运维服务等几个新的类型。

如果给"新制造"一个简单的定义，就是在制造流程中使用了物联网、云计算、人工智能等新一代信息通信技术，促进制造的信息化、定制化，从而更好地服务客户的个性化需求的一种制造。

当前，中国产品制造业面临着能耗高、效率低，产品同质化严重，附加值低，严重缺乏竞争力的问题，这也是中国制造业所面临的一个最严峻的挑战。同时，过去30年，我们赖以成功的一些红利，如劳动力、原材料、土地、国际环境等，都丧失殆尽。因此，传统制造业为了生存和发展，急需转型升级。

"新制造"之所以得到发展，第一，是因为新技术的发展。现在中国

在运行的高铁有4 000列，在用的货运列车有2万列，慢速火车约有7 000列。每一列高铁列车都装有2 000多个智能传感器，这些传感器所收集到的信息都通过专网实时传到铁路信息中心，然后传到铁路局的各个中心。在铁路总公司的控制中心，全国所有列车的运行状况一览无余。传感器的广泛应用使得真正意义上的智能控制得以实现。

第二，是运算的提升。各种各样的专用芯片、人工智能芯片，深度学习的算法及软件的提升，也是非常重要的推动力。

吴忠仪表是中国自动化集团有限公司的一个全资子公司，位于中国西部宁夏，是国家工信部智能制造两化融合的重点企业。这是一个典型的单件小批的个别定制的离散型制造企业。吴忠仪表控制阀产品拥有100多个系列、10万个品种规格、100多万个零部件。之前它存在 些困难，比如质量控制较难、交货周期较短、组织难度也较大。但经过智能化改造后，现在它已经实现了端对端的流程业务和整个生产制造过程的信息化、智能化。过去3年中，它每年的业务都以30%的速度在增长，交货期从常规的60天缩短到25天，生产成本降低5%左右。很重要的是，产品一次合格率随着智能手段的应用也得到了大幅度的提高。

从另一个角度来看"新制造"，在"新制造"中，我们和客户的关系改变了。制造服务业是一个非常有意思的话题。我跟大家分享一组数字，我们在美国的一家子公司一年的营业额约为20亿美元，服务方面的收入占70%，也就是14亿美元。服务所产生的利润占整个公司利润的150%，也就是说，新做的设备全是亏损的，全是靠服务来获得利润。在全球的GDP中，63%是服务业创造的，而在发达国家中制造服务业占服务业的比重达70%左右。在全球范围内，服务业向制造业进军已经成为一个明确的趋势。

制造业的服务业，服务的元素越多，我们和用户就贴合得越紧。当我们把服务理念放入装备制造业后，所有的传统制造业好像都具备了互联网公司的元素。我记得雷军先生曾讲过，互联网公司卖给客户的产品只是一个起点，它会跟客户产生终生的黏性。这一点恰恰是传统制造业企业所缺乏的，我们要补上这一课。

现在世界各个国家，不管实行什么体制，都在以举国之力来支持"新制造"的发展。我想，作为中国制造业的企业，如果要真正跨越"新制造"，从目前绝大部分企业所处的2.0状态，升级到3.0状态，进而提升到运用智能化手段，实现二级跳，政府的支持是不可或缺的，也是非常急需的。

杨燕青：非常感谢宣总的分享。他给我们指出了新的制造业在未来的一些新方向，这和《中国制造2025》以及全球各国在制造业和人工智能发展方面所制定的一些新规划非常契合，这是大背景。在制造业中有两个重要的发展方向值得我们讨论：一个是由于有了传感器的广泛使用，有了算力和算法，有了人工智能，整个制造业已经发生了翻天覆地的变化；另一个是制造业正在全面服务化。在这个背景下，我想我们可以把"新制造"引入更大的空间进行讨论。

请舒畅从你的角度出发，跟我们聊聊制造业，包括你对整个制造业未来的理解。

舒畅：我认为，制造业是特别强调积累的行业，是一个非常厚重的行业。做火箭更需要积累，从这方面来讲，火箭研制其实面临一个矛盾。火箭从产生开始就已经融入了物联网、人工智能技术。因为在火箭飞行过程中，各种数据收集和下一代产品的迭代都是火箭设计之初就需要考虑的。

比如现在很热的无人驾驶，火箭目前也是无人驾驶，虽然也可以有人，但一般人也不敢去开。而反过来看，火箭之所以离老百姓的生活太远，跟它进入太空的成本太高有关系。但并不是说火箭无法实现高性价比，而是因为应用场景上的缺失，火箭除了发射卫星，进行一些深空探测之外，跟老百姓的生活还是比较远的。

杨燕青：假如未来我们都要坐火箭去月球的话，那需求就有了，但是你们的技术能保证把我们安全地送到月球上吗？

舒畅：这离得还有点远。但是前几天，我与合伙人在讨论怎么用我们的小火箭来探月。这个事情听起来不可思议，但我们聊了一个晚上觉得完全可能。为什么？因为过去大家考虑的是把活人送上去，再把活人带回来，这是"阿波罗计划"的核心。现在我们在讨论的是，用现在的新技术，包括人工智能等，送一个非常高效的机器人到月球上。这并不是一件特别难的事。

我们要思考如何把更多的需求融合到太空探索当中来，焕发出它"新制造"的活力。

杨燕青：非常感谢舒畅。下面有请徐辉和李强谈谈你们对"新制造"

的理解。

徐辉： 我是从传统的软件信息化转型去做人工智能的。我们是创新工场人工智能工程院的全资子公司，聚焦在零售、制造和金融领域。我们敏锐地发现，在过去6个月的时间里市场发生了很大变化，特别是制造业，它面临着三个挑战和三个机会。

先谈谈三个挑战。第一，当前整个国际的政治和工业化生态给我们带来了很大挑战，如供应链的动荡等，所以制造业企业的日子不好过。这也是制造业和其他行业不一样的地方。"新制造"对于其他行业是锦上添花，而对于制造业来说真的是雪中送炭。第二，当前人才和人力的红利在消失，人难招、难留、难培训，所以劳动力成本上升，劳动力缺口非常大。第三，一方面是低端的产能过剩，而另一方面，高端定制化的、高附加值的、有议价性的产能不够，对市场的响应速度不够。

再谈一下三个机会。第一，在过去30年中，不管是制造1.0、2.0还是3.0，中国积累了非常完整的工业化布局和大量数据，数据可能比布局和业态更有价值。第二，我们从制造的自动化、信息化方面尝到了甜头，从财务效率、生产效率的提升方面尝到了甜头。第三，今天制造业企业的当家人愿意尝新，甚至愿意用新技术推动新模式的产生，推动生产效率的提升，甚至愿意来试错，并在试错的同时，能够快速改错、纠错。

我认为，"新制造"是要运用ABCI四个技术——A是人工智能、B是大数据、C是智能云、IOT是物联网——来支持一个由数据驱动的，从自动化向智能化、从批量的标准化到个性的定制化转型的过程，从而降本增效，真正实现一个市场化配置、消费者引导的按需分配的生产模式。这是我对"新制造"的解读。

但是，数据化和智能化，我认为是不矛盾的。数据化是一个基础，过去存量的数据和不断产生的实时的新数据，使智能化成为可能；而智能化在极大地加强我们对制造业全价值链各个要素数据化的定义，数据的采集、数据的传导、数据的标注、数据的建模、数据的沉淀、数据的迭代、数据的反馈和优化，形成了一个闭环的数据链的过程。这将是企业的一个核心竞争力和用技术来赋能生产效率的一个最好的战略性资源。

李强：对于新科技对制造业的影响，马云老师有很多非常前瞻性的理解，但我也有些不同的观点。

毫无疑问，物联网、大数据和人工智能等新科技的发展对于制造业的影响是非常大的。正如电商对于传统零售的影响，未来拥有流量的平台对传统制造业的影响也是很大的，最直接的影响体现在消费品制造的相关产业上，如服装、鞋帽、家具、家电等。所有消费品相关的制造对于消费者个性化需求的满足是非常急迫的，因此制造受个性化定制的影响最大。但是消费品制造多属于轻工业制造，轻工业占整个国民经济的比重只有20%，并不是最大的。现在无论是中国的《中国制造2025》，还是德国的《国家工业战略2030》，重点扶持的行业没有一个跟家具、家电、消费品制造有关系，所涉及的都是高端装备等制造业。

除轻工业外，制造业另外的80%是工业品制造。对工业品制造而言，个性化定制不是第一需求。首先，无论是工业品还是消费品制造，向高自动化、智能化方向发展都是必需的，但对于工业品制造而言，最大的趋势不是个性化定制而是向服务转型。这不仅仅是增加服务收入，而是指商业模式在向服务转型。其次，另一个非常大的趋势是，分布式制造正在急速增长。今天的制造大多是集中化制造。从整个产业链来看，产品成本中

20%～30%是物流成本。怎么解决物流成本的问题？分布式制造是趋势。分布式制造可以简单地理解为在最终用户所在地就近生产。使得分布式制造变为可能的是3D打印，而推手就是人工智能。目前3D打印只能打印一些简单的产品和零部件，主要是由于目前可供打印的材料只有几百种。但人工智能在新材料研发上的助力，使得未来3～5年有可能研发出上万种材料来，这样我们可以通过3D（3 Dimensions，三维）打印来制造非常多的产品，让分布式制造成为可能，这对制造业的冲击是巨大的。

杨燕青：请问段总，您如何看待传统汽车制造企业和造车的软件公司之间的竞争？

段建军：我们不希望自己将来沦落为一个纯汽车硬件的制造生产厂商。当然像这些软件公司，在各个市场也面临着不同的挑战。比如中国地图，我们可能必须借助于外力、第三方，将数据和第三方交换才能获得高精度的地图。我觉得未来是"你中有我、我中有你"，不太可能单纯地由某一方面来进行绝对的垄断。

杨燕青：制造业服务化和平台完美地结合在一起，这一定是未来的方向。宣总，您认为这个平台未来会由谁来驱动？谁是最大的玩家？大家在其中的角色又是怎样的？

宣瑞国：不管是软件企业，还是平台企业，都在从不同的角度来推动工业互联网、物联网乃至智能"新制造"的发展，大家的道路是殊途同归的。讲起来非常复杂，但如果将它解剖开来看，一个物联网或者是互联网有三样东西，接入的硬件、网络平台、网络软件/数据库，以及数据库真正的、有效的使用。所以，未来的自动化平台不仅仅是由单独的人工智能、物联网、工业互联网来主导，而是每一部分都在做贡献。

杨燕青：最后，请各位嘉宾简单地就以下话题阐述一下自己的观点：在智能制造环境下，您对超级智能未来是否存在担忧情绪？如何应对？

舒畅：我觉得未来有一个很可怕的事情，就是它使得我们企业在研发产品的时候会更多地考虑伦理和道德因素。

徐辉：我最担心的是伦理、就业和社会问题。我们企业在进行准备，社会在这方面准备的力度和意识还不够。但我相信，未来虽然无法预测，但我们可以一起去努力创造。

李强：我最担忧的是，人工智能会不会自我思考？会不会失去控制？如果对人工智能我们没有很好的监管手段，这将是一件非常危险的事。

宣瑞国：我相信人类的智慧完全能够控制人工智能的发展，我认为没什么可担心的。

段建军：屈原在《离骚》里有一句话，叫"亦余心之所善兮，虽九死其犹未悔"，这一天一定会到来，我们也一定会有办法应对。

做教育创新的驱动者

　　"为什么我们的学校总是培养不出杰出人才？"面对"钱学森之问"，钱颖一教授的回答是："科学探索，技术突破，商业创新，仅靠知识是不够的，还需要有好奇心和想象力。教育，不仅是教，更是育。"作为教育工作者，我们该如何激发学生的创新思维？可行的操作方法有哪些？做了哪些尝试？遇到了什么问题？解决的方法有哪些？

　　在2019年亚布力年会上，由科学队长创始人兼首席执行官纪中展担任主持人，武汉大学经济与管理学院院长宋敏、正略集团董事长赵民、"凯叔讲故事"品牌创始人兼CEO王凯、卓越教育集团董事长兼首席执行官唐俊京、iTutorGroup集团董事长兼首席执行官杨正大、YoKID优儿学堂创始人兼首席执行官苏德中和义学教育—松鼠AI创始人粟浩洋，针对"教育领域的创新思维和方法探索"这一话题进行深入探讨，展开了一场别开生面的思想盛宴。

纪中展：过去几年尤其是近五年来，教育行业受到了非常大的冲击，主要表现在以下几个方面：商业模式的改变让很多教育行业资深从业者感受到了冲击，O2O让很多从业者措手不及；在技术创新方面，AI的应用给教育领域带来了很大的改变；互联网对教育领域产生了深刻的影响，比如在线直播等。因为大家所处的行业比较分散，接下来我们就围绕共性问题作有针对性的交流，主要聚焦到两个层面：第一，我们要培养出什么样的孩子；第二，我们要做什么样的公司，即我们正在做的教育行业的事情对于下一代有哪些帮助。

宋敏：我是武汉大学经管学院院长。在本场教育论坛，我代表的应

该是传统的教育模式，即大学精英教育。大学教育是研究型教育，更多的是以研究为驱动的教育，即我们是知识的创造者，而不是简单知识的传播者。这是一个一流大学最基本的标准。大学教育研究精神是贯穿在整个教育过程中的，即我们在教育过程中要告诉学生结论，还要告诉他们为什么，同时还要启迪他们有可能有别的结论，要用一种批判性思维去传导知识。

对于学生的培养，不仅要传授独特的创新知识，而且还要教授学生一些人类社会多年积累的知识，帮助学生构建知识结构和理解世界的框架，这个框架有可能不太合理、不够成熟，也可能做不到面面俱到，但一旦有了一个框架，我们就可以不断帮助他们去改进和完善，这是大学应该做的事情。大学教育强调的是创新性知识和框架性知识，然后再通过学生自己不断地吸收和完善，这是大学教育一个最基础的出发点。

我认为，创新思维是教育的一个非常重要的落脚点。现在是一个知识爆炸的时代，获取知识的渠道是多方面的，如果纯粹把重点放在知识传播上，大学特色就没了，所以我们更多地关注学生的创新思维和理性思维的培养。

创新思维的内涵很丰富，我的个人理解是：首先，要有好奇心，要对世界充满好奇。从幼儿园开始，就要培养孩子们的好奇心。其次，要有想象力，对事情要有一个大概的分析和想象，然后按照这个方向去思考。再次，要有创新思维，要有批判性的思想，保持批判性思维。对于老师教你的、领导说的，要敢于质疑，怀着批判性思维去学习，否则很难创新。最后，要有学习能力，即包括阅读能力、理解能力、分析能力、写作能力、演讲能力等最基本的传统教育的学习能力。

从技术角度来看，其实现在大学遇到了很大的挑战，尤其是在座的很多教育机构通过AI做网上教育后，很多人就会想网络教育会不会有一天取代传统的大学教育。我个人认为，我们确实面临着很大挑战，但我们更应该通过学习和吸收先进技术来逐渐改进大学教育。但网络教育真正要取代一个大学，我认为还是很困难的。因为大学除了学习基础知识外，还有创新性知识的积累，以及如何去做研究、如何去挖掘和创造新知识，这是一所大学要做的任务，不光是教授知识，还承载着育人的过程。大学首先是老师的言传身教，然后是学生之间的互相激励和学习，是一种团队精神和友谊的体现。今天我们在场的嘉宾里有些曾是武汉大学40年前的校友，但是今天大家仍然在一起做事情，这是很珍贵的友谊。这种文化体现的其实是一种大学精神，是在育人过程培养出来的，每个大学的育人风格不一样，培养出来的学生风格也会不一样，这些都是网络教育很难实现的。

纪中展：谢谢宋敏教授。接下来有请卓越教育的唐总。

唐俊京：我们很早就在思考，未来的学生到底需要什么样的能力才能更好地应对未来的挑战。

我们提出孩子面向未来需具备的四项核心能力——创造力、学习力、健康力、幸福力。

创造力是孩子面向未来最重要的一项能力。从模型结构来看，创造力位于整个模型的最顶层，可见其对于孩子未来的重要作用。而创造力不仅是人类社会不断进步的驱动力，更是我们孩子面对未来挑战的关键。

创造力需要以学习力和健康力作为支点。创造力是建立在掌握丰富知识的基础之上的，孩子具备优秀的学习力，指的是他们不仅仅掌握丰富的

知识，更拥有持续的学习动力和良好的学习习惯，不断完善自身的知识体系，在已知中探寻未知，实现创新，因此学习力是创造力的重要前提；作为创造力的另外一个支点，健康力是创造力的必要条件，整个人类社会的挑战越来越激烈，社会生活节奏不断加速，孩子拥有健康的体魄，正确的价值观、百折不挠的韧劲、批判性思维、团队合作精神等优秀的素质，才能更好地迎接未来。

最后是幸福力。我们以及我们的孩子们所做的一切，将回到人生的意义上：我们为社会做出了什么贡献，为社会进步带来了什么价值？我们所寻找到的幸福人生是怎样的？当每个人都具备让自己幸福的能力，也就是"未来力"能力模型中心的"幸福力"时，我们将会内心充盈而美好，将会努力成为更优秀的自己，在各个领域发挥自己的所长，推动人类社会不断进步，这是我们人生的终点，也是我们教育的起点。

纪中展：接下来，我们有请优儿学堂的苏总，他是剑桥心理学的博士，也是国内非常知名的育儿大咖，他看起来像一个大男孩，但他却做了很多育儿的工作，下面请他为我们分享。

苏德中：今天的题目是创新思维，我希望我们做教育的，不要只谈科技创新和AI、数据、线上创新。因为我认为在教育理念、服务模式、用户体验上，也可以用创新思维去经营教育企业。

第一，教育理念的创新。现在我们强调的素质教育，是让孩子学算术、学音乐、学体育，但最终还是为了升学。为了上更好的学校奋斗，这种功利性是不是对孩子心智的成长、价值观、判断力等跟他一辈子挂钩的元素有益，这是我们要思考的，也是我对教育理念创新的坚持。

第二，商业模式创新。过去国内幼教行业的发展，大部分是以加盟为主。这样无论是在品质、服务和运营上都是无法完全控制的。YoKID日托品牌全部是直营，我们把运营权抓在自己手上。也许正是这样的商业模式的创新，使我们得到了资本的认可，形成了一个良性循环。

第三，服务创新，或许说是用户体验创新。我们谈情怀，但不能只谈情怀，也要真正从用户角度、从家长角度来满足他们的需求。比如幼儿园下午三四点就关门了，但YoKID是8:00—20:00，真正解决了家长上班没办法及时准时接、带孩子的问题。

纪中展： 接下来有请王凯。王凯不仅做儿童内容，而且他也在做儿童教育，他把故事当作一个品类，或者说是创造了一个品类。他应该算是教育行业的新晋者，他真的是在用互联网思维方式，或者用新的教育方式在重新做教育。

王凯： "我们希望培养一个什么样的孩子？"这个问题的回答就是我们公司的理念，四句话："独立之人格，自由之思想，天马行空的想象力，永不磨灭的好奇心。"这四句话变成了我们打磨极致产品的底线，创立品牌到现在四年时间，我们公司每天为近三千万的孩子提供"故事服务""内容服务"和"教育服务"。

谈到素质教育，我的观点是不要"妖魔化"应试教育，因为很多人才都是应试教育培养出来的，教育就是教育，所有的教育都是素质教育。所谓的应试教育，不过是将一个人成长的核心素质挑出来，然后在那个领域进行考核，但它本身也是在提升我们的素质，由此可见我们培养孩子的目的都是一致的，千万别"非此即彼两元论"。

随着技术的发展，它正在由反人性慢慢顺应人性，而且这个趋势正在逐步推进。比如我们所做的一系列诗词学习产品，用诸多技术和艺术手法使这方面的教育形成了一个闭环。教育通过技术、多媒体的表达，越来越顺应人性，使得学习对孩子而言是一个很愉悦的体验过程，与古代"头悬梁，锥刺股"的学习方式已经完全不同了。今天孩子在非课堂环境中所获得的信息远远超过我们小时候。

学校的职能，随着孩子在生活、家庭中获得的信息和教育越来越丰富而发生转变，这种转变是潜移默化的，教育这件事绝对不可以有巨大变革，它一定是渐进性的。随着这个进程的推进，我认为，"学"和"习"会分开，"学"和"习"是两个概念，"学"是生活场景中可实现的，比如一个人在台上或屏幕上讲，一个人听，这种状态获得的信息远远要比在学校获得的多。今后学校的教育重心有可能由"学"转为"习"。这是一个趋势，但需要很长时间去实现。"习"这个字特别有意思，它的甲骨文就是一只鸟，振起翅膀，下一个动作就是高高地腾飞。未来，学校的功能也会逐渐向这个方向去转化。在生活中让孩子接收信息，让信息真正植根于孩子身上，其实是非常难的，这不只是结合新技术就可以达到的。比如，我们做任何一款产品，基本都是1~3年，甚至3年以上的研发周期。

如果想让孩子在学习过程中感受到你的发力，首先团队就得尽全力。我们团队有三个关键词：第一个关键词是快乐。这两个字就是我们这家公司的"第一性原理"，任何一个产品，必须让孩子在体验过程中快乐。如果他感觉不到快乐的话，你就没有资格带着他成长。第二个关键词是成长，做每一个产品的目的就是在产品内容中给孩子搭建一个认知阶梯，帮助他一级一级往上走。第三个关键词是穿越，30年后的孩子还可以从产品中体验到快乐和成长的价值，这叫"穿越"。我相信，只要我们自己认定能够做到，那么团队做的所有产品的成本都是可以不计的，因为它的边际成本是零，这就是我们这家公司对于儿童教育的一种判断、执行以及展望。

纪中展：谢谢王凯。王凯是我非常尊敬的朋友，原来是个"内容人"，现在是"教育人"。他把"快"和"慢"辩证得非常好，看起来公司发展很快，但实际上做产品做得非常慢，他用非常好的课题在做产品，不是其他大V那样产品经常做迭代。我们接下来有请杨总。因为杨总是教育领域里的技术派，他应该算是最早在国内做在线直播和AI教育的企业家之一。

杨正大：传统的教育理念是偏向填鸭式的，老师把准备的讲课内容提供给所有人，每个人接受的知识都一样。而我们采用的方法是哈佛大学早年在商学院、医学院甚至法学院采用的大家一起来解决问题的方法。当给学生培养了这种意识后，大家在学习过程中就能不断参与和提问，鼓励犯错，通过协作来解决问题，然后再有针对性地解决每个人的问题。因此，能够保持每个学生的特殊性，让每一位适合的老师来教这堂课，透过大数据让每一个学生得到他所需要学习的内容。

纪中展：谢谢杨总。接下来有请栗总。他过去是做传统教育的，现在做AI教育。

栗浩洋：我认为，一直以来中国最大的教育问题就是优质老师的资源稀缺问题，真正985、211高校毕业的学生选择做老师的屈指可数，这就导

致中国的整体教育水平相比全球低了不少。特级教师是中国政府给教师的最高荣誉，平均每3 000位老师中才能选出1位，要有20～30年教学经验才能评上。特级教师，就像是经历过大数据的人脑训练一样，对每个学生都会有不同的教学方案。

那么，AI的教学水平能够超过特级教师吗？2014年美国三大人工智能自适应教育巨头，都相继举办了人机大战，结果显示，AI教学水平最后得分超过了特级教师教学17～24分。盖茨基金会经过三年研究，也认为AI知识教育是我们人类最需要的，AI教育将会颠覆整个教育行业。我们也在各地举办了人机大战，结果都是AI教学胜出。在我看来，AI教学之所以效果比特级教师好是有原因的。AI教学汇聚了包括特级教师、命题组、资深的教研员等700多位研发人员、300多位教学专家，他们其实是把他们所有的经验都拆解到一个教学系统中去。并且AI教学是个性化教学，可以精准检测知识点漏洞并推荐最适合每个孩子的学习路径及内容，因此可以提升学生的自信心和学习主动性。

纪中展：谢谢栗总。最后一位嘉宾赵总，他是亚布力论坛的理事，也是企业界的前辈。有请赵总。

赵民：要做好创新思维，我认为从社会层面来讲是三期叠加：第一是要改革，第二是要开放，第三是要用新科技。

第一，改革。我认为改革现在做得还不够，但听了大家的演讲，我认为这就是改革巨大的动力和组成部分，教育行业还没有出现太多的独角兽和千亿人民币、百亿美元市值的大公司，所以需要大量的创业者投入到教育行业，用自己的各种理解和办法来做创业的驱动者。

第二，开放。我觉得目前中国的教育开放也是不够的，在全国各行各业的开放中是属于滞后的，是位于平均水平以下的。现在想获得体制内教育部正规的批文很难，但是可以通过创业的方式来实现，绕个道来开放，我觉得这在中国是可行的。

第三，用新科技。互联网时代，教育不分地点，打破了地理位置边界，这就是新技术带来的挑战。

我认为教育行业在接下来的5年会是一个精彩纷呈的行业，因为它是家庭消费升级最主要的支出部分。教育是人人都需要，而且需要终身教育，因此教育是一项长期的投入。

在新的历史时期，中国企业家队伍要呼唤"中国的乔布斯"、呼唤"中国的马斯克"，必须要有创新思维。创业创新的根本来自创意，而创意的根本来自创新思维的教育。

【互动环节】

提问：在中国目前的传统教育中，应试教育仍然居于主导地位，但是随着科技与教育的不断融合，你们觉得未来5年教育领域会是什么样的格局？课内和课外教育是否会在某种程度上融合？一些大的教育公司是否有替代学校甚至是大学的趋势？这些教育公司发展到一定程度后，是否有可能会颠覆教育行业？

栗浩洋：关于教育科技对整个行业的颠覆，我认为，未来的老师要转型成由他们来监控所有的教育大数据，每个学生有标签，老师也有标签，老师通过数据来处理所有问题，为学生打造个性化定制教育，而不是把老师自己变成一个脑力和体力工作者。

　　但人工智能不会代替老师。因为在教学方面人工智能肯定会超过特级教师，但在育人方面，人工智能却无法做到情感沟通、三观塑造，这些还需要老师来做。但是如果不会用人工智能教育的老师是一定会被社会淘汰的，这是一个真正的颠覆式的转型，但目前社会对这一点的认知度还不够，所以需要不断推广。

　　唐俊京：关于教育领域5年以后的格局，我个人认为公办学校和民办学校，或公办学校和辅导机构，可能会在某些方面融会贯通，比如说在技术方面或学习数据共享方面，这是能够做到的。但这两种主体的组织形式，还是应该有自身固有的定位和思考，辅导机构教育是主流学校规范教育体系的补充，这一点是不会变的。因为辅导教育机构更多的是满足学生个性化学习成长的需要，而公办教育更多是解决公平问题，这两者的定位不会出现太大变化。

　　王凯：作为教育工作者，我们一定不要有一种妄念，那就是期盼一个完美教育体制的出现，或者说我们要共同打造一个完美的教育体制，我觉得这都是顶级妄念。为什么呢？因为如果我们相信每一个孩子都千差万

别，那么就请不要期待有一个一致的教育体制可以让每一个孩子都成为人才。

民间教育和官方教育会不会有一个融合？我认为这个融合需要分两个层面去看。第一，是两者的教育在孩子们个体心中的融合，而且这种融合会越来越多，甚至根本分不清楚孩子所学的知识和能力究竟是在课堂产生，还是在非课堂环境中产生的。第二，就是体制上或制度上的融合，这种融合其实也是正在发生的。现在很多教育机构开始尝试为学校、为各个地区的教育部门提供服务，但是我认为从中国的体制发展上来看，很难说一家私营企业或者几家私营企业就可以取代教育部门的工作。中国人比较信奉中庸治学，我认为中庸其实是把合适做到极致，民间的力量、技术的推进一定会对体制内的教育有越来越大的影响，但是一定不会取而代之。

赵民：我认为，未来5年，教育行业应该会出现百亿美元和千亿人民币的独角兽企业。教育现在基本是一个没有主导公司的领域，虽然有一些大佬，也有过百亿的企业，但这个行业和人工智能领域一样，可以容纳太平洋，容纳很多的独角兽企业，有巨大的发展空间。

苏德中：我们不一定有一个完美的教育理念，但是我们要争取打造一个更开放、更去功利化的教学理念。教学理念不像科学那样1+1=2，它是

不断进步的。我们不一定非要去构建一个完美的教育理念，但一定要通过社会、政府以及我们的教育企业去引导一个更加开放的、更加因材施教的教育模式。

纪中展：最关键是社会的包容度有多大，我们不是建立一个统一的、完美的教育体制，因为这几乎是妄念，但我们可以给孩子和家长更多选择，让他们自己决定，这是没错的。

杨正大：教育真正要打造的就是"一人一类，千人千面"的模式，这才是真正的公平。

我认为中国目前的教育体制不会在短期内有太大变动，学校本身有它存在的意义，同时还兼顾学校教育的责任和公平性。但是我认为，未来5年，除了0～3岁这个阶段的孩子外，课外教育将会被在线教育所取代。因为线上可以采集到非常多的信息，而线下信息相对还是比较分散，比较难采集。当我们掌握到这些数据后，再实行"一人一类，千人千面"教育时，效率就会比学校教育要好。

科技如何改变商业生态

过去 30 年，我们见证了技术给这个世界带来的颠覆性变革，从互联网到智能手机，从虚拟现实、增强现实再到人工智能，新技术不仅改变了人们工作与生活的方式，而且也改写着企业的商业逻辑。未来，还将有哪些新兴技术趋势出现，塑造出全新的商业格局？他们将怎样改变商业世界？对此我们该如何应对？

在 2019 年亚布力年会上，武汉高德红外控股有限公司董事长黄立，怡和管理有限公司董事、怡和（中国）有限公司主席许立庆，地平线创始人兼 CEO 余凯，第四范式创始人、CEO 戴文渊，图灵机器人创始人俞志晨，猎豹移动董事长兼 CEO 傅盛，旷视科技总裁付英波就这一话题进行了深入讨论。信中利美国创投公司合伙人王维嘉主持了本场论坛。

王维嘉：大家下午好，欢迎来到前沿科技论坛，一起探讨科学技术如何改变商业生态。每一次大的技术浪潮到来后，都会对整个传统行业产生颠覆性的影响。我们看到，互联网让整个商业、交通、出行都产生了根本性的变化。目前互联网对商业和行业的颠覆还在继续，但是已经到了后期，新一轮技术革命，包括人工智能、物联网、5G（Fifth-generation，第五代移动通信技术）等，开始对行业产生新的颠覆，但具体会怎样颠覆，目前我们还不能完全看清。

今天有在技术第一线的公司，也有像怡和这样的传统公司，大家在一起讨论一下：这一轮新的技术浪潮会对传统行业产生什么样的影响？

下面先请每位嘉宾简单介绍一下你们自己和公司的业务。有请黄总。

黄立：我所在的公司叫武汉高德红外控股有限公司。高德是在深圳A股中小板上市的公司，所涉及的技术和业务主要有三个方面。第一，芯片，这与物联网和传感器密切相关。而且我们公司拥有国内第一条、也是目前唯一自主可控的8英寸批产型的MEMS生产线。第二，我们有几十个研究室，研究各种雷达激光等科技。第三，我们还有一个导弹研究院。做导弹总体的民营企业目前只有我们一家，除此以外，中国十大军工集团中有四个集团是做导弹总体的。我们公司目前以硬件为主，同时也有相当一部分现代装备中有各种软件。我们在人工智能方面也有一些研究团队，有很多应用在了军用和民用科技上。其实我们跟余总他们公司在汽车的自动驾驶、夜间驾驶方面还有合作，运用了AI技术，效果相当不错。

许立庆：我是来自怡和控股公司的许立庆。这个公司较特别，有185年的历史，至今已经传承六代了，还在继续成长。它的主要业务，跟大家想的鸦片贸易完全无关，现在它是一个纯粹的控股公司。我们有45万名员工，每天实体交易额超过300万美元。我们是一家很传统的公司，科技含量到3年前还几乎是零，可是在过去的18个月中，我们发生了很大的变化。

我们公司最大的三个业务板块，有汽车的组装和销售；还有零售，从便利店一直到大卖场；另外还有商业地产。

余凯： 大家下午好。地平线是一家成立3年半的创业公司，在中国乃至全球业界都是最早做边缘人工智能芯片的企业。2015年地平线成立的时候，云计算其实是当时的主流，但是我们预见到未来的人工智能计算会更多地从云端走向终端，以满足未来场景对实时性、可靠性的要求。同时边缘计算还有很多其他的好处，比如说用户隐私的保护等。

从趋势来看，未来大量的计算会在终端发生，未来的应用场景会非常多。目前，我们主要集中在两个场景：一个是智能汽车，它未来会变成一个超级终端；另外一个就是物联网的传感器。往更远的方向看，未来机器人可能会无处不在，实际上自动驾驶车就是在往机器人方向走；智慧零售中的摄像头，实际上就是帮你看店，提升效率，并替代人工，减少人工干预。未来在物流、养老、医疗等方方面面，机器人都会无处不在。那么谁会是机器人时代的英特尔？这是公司在成立的第一天我们就提出的命题，我们希望未来能成为一家这样的公司。

傅盛： 大家好，我是猎豹移动的董事长兼CEO傅盛。

大家知道，猎豹起家于金山毒霸。我们实现的第一波增长是通过"免费模式"把这家传统的杀毒软件公司升级成了一家互联网公司。实现第二波增长是因为我们做了移动互联网和进行全球化，把clean master（猎豹清理大师）这个小工具推向了全球，在短短三年里聚集了6亿（其中80%来自海外）月度活跃用户，而且其中超过20%的用户来自欧美地区，连今天的抖音其实都脱胎于我们在这个阶段投资的一家公司，只不过这家公司面对的是海外市场。2014年猎豹在纽交所登录以后，开始着眼于人工智能基础体系，因为我们意识到AI第一次使得机器有了"感知"环境的能力——以前的机器只能记录环境，它可以拍照但不"知道"这个叫人脸，它可以录音但不"知道"那叫声音——这种"感知"能力在真正意义上成了一种基础能力，这种基础能力使得很多能力得以被组合起来，就连这种组合本身都是一种简单机器人的应用，遑论我们后面有多么多的事情可以做。

我作为一个具有十多年互联网行业经验的创业老兵，今天这么全身心地投入这个新赛道，其实是有很多观察和体会的，希望以后有更多的机会能跟大家分享和交流。

戴文渊：大家下午好，我是第四范式创始人戴文渊。谈到AI，今天我们可以看到各种各样关于AI的报道和AI的成果，但是我们第四范式关注什么呢？我们关注的是现在很多企业家的一个痛点：每天能看到很多人工智能的成果，但是不知道自己的企业怎么用人工智能转型升级。在过去几十年中，从电子化到信息化再到数据化，这一过程中承担主要角色的公司是什么？是像IOE（IBM、Oracle、EMC的简称，其中IBM代表硬件以及整体解决方案服务商，Oracle代表数据库，EMC代表数据存储。）这样的公司。到了人工智能时代，IOE已经不能承担这个角色了，就算不去IOE也帮不了他们。这个时候就需要一些新兴的公司去弥补这样一个空档。我们希望我们能够承担这样的角色，我们给自己的定位也是希望成为一家人工智能领域的像Oracle（甲骨文公司）这样的公司，去帮助企业。比如，帮助金融企业把风控工作做得更好，帮能源企业把勘探工作做得更好，帮零售企业把营销供应链管理做得更好。从成立到现在四年左右的时间里，我们大概花了两年左右的时间覆盖了金融领域的标杆客户，之后拓展到了媒体、零售、医疗等行业。我们现在正逐步证明，AI不仅仅是在服务互联网，而且能遍地开花，帮助各行各业实现转型升级。

俞志晨：大家好，图灵在人工智能领域主要是做人机对话。我们最早是在2014年的时候开始做图灵，希望能让机器人具备像人一样的智能，可以自由对话。"图灵"这个名字来自阿兰·图灵，他是"人工智能之父"。因为我们做图灵的时候还比较早，所以早在2014年的时候，我们就把跟图灵相关的大部分商标都注册了，包括图灵机器人、图灵测试等。

我们最初的目标是希望能让机器人像人一样聪明，但这事想一步到位很难。2015年，图灵分析了很多场景机会后选择了儿童这个场景去切入。儿童人工智能场景经过两三年的培育，到2018年才迎来了爆发。2017年整个市场的儿童机器人只有百万级别的出货量，到了2018年，出货量增长了10倍。

儿童机器人分为高端、中端、低端，目前使用最多的是三四线城市，一线城市反而比较少。图灵是少数专注于做消费级产品的人工智能公司，图灵公司的使命是让机器人走进每个家庭，让机器人成为用户信赖的伙伴。我们设想有一天，机器人能够成为家中的一员，人们都离不开的一员，这是图灵公司的努力方向。谢谢。

王维嘉：我想问一下，您刚才讲的二三线城市教育机器人具体是什么样的？

俞志晨：你可以把它想象成传统故事机的升级版。故事机相信很多人都见过，目前主流的儿童机器人是在故事机上加上语音识别，可以联网。通过语音交互，用户可以跟机器人聊天、点播故事音乐、进行知识问答、玩一些简单的互动游戏。

付英波：大家下午好，我是来自旷视科技的付英波。我们公司成立于2011年，应该是中国最早一批做人工智能的企业。这个公司从成立之初，愿景就是希望让机器可以看懂世界，所以我们一直聚焦在计算机视觉领域。到目前为止，公司总人数超过2 000人，总部在北京中关村。

关于业务，在人工智能的分赛道上，我们坚持"软+硬"的策略，我们会生产一些智能的硬件产品，也会有核心的软件产品。目前我们在城市治理方面提供一些AI解决方案。另外，在新零售方面，目前聚焦在智能仓方面的机器人上，其中包括货到人、仓到人、无人叉车等一整套的处理方案。目前这几个方向是我们重兵投入的地方。

王维嘉：我想问一下付总，旷视科技是从做人脸识别开始的，现在你们最重要的业务是哪些呢？

付英波：我们最早创业的时候人很少，所以当时在人脸识别这个单点上做了一些突破，我们在这个领域做了3年，从2014年、2015年开始就突破了人脸识别领域。目前整个计算机视觉，包括人、物、场等方面，我们都在做。目前，整套技术落地的领域包括：第一，就是城市大脑，旷视城市管理AI解决方案已在全国260余座城市落地运行；第二，是个人生活大脑场景，比如手机的AI影像，现在我们用的一些智能手机，不管是刷脸解锁，还是里面的相册的聚类等都是在用AI影像进行处理；第三，供应链大脑，链接仓储上下游和仓储机器人。

王维嘉： 我们就从您这里开始讨论业态。我也注意到，商汤一开始也是做人脸识别，现在也在做自动驾驶，现在你们开始扩展到4个领域。人脸识别或者安防在中国的市场是非常大的，为什么你们这样的公司都开始多元化，进入不同行业？背后的商业逻辑是什么？

付英波： 为什么我们除了人脸识别外还在做其他方面的技术储备？其实即使在城市大脑领域，单点的人脸识别也是解决不了问题的，必须有综合的技术，还要有对整个视频进行处理的技术。因为视频是一个非结构化的数据，你要把这个非结构化的数据变成一个结构化和半结构化的。我们的确是从人脸识别这个单点起家，但是从4年前开始，我们就已经把技术

扩展到了整个计算机视觉的相关领域。

王维嘉：你们公司涉及的4大领域，它们共同的复用的技术是相同的吗？比如说安防和仓储机器人，这两个完整的解决方案差别应该挺大的，但是后台的技术，比如这种视觉技术，是相同的吗？还是不同的？

付英波：在算法层面应该是有通用性的，在我们的体系里，这方面主要集中在我们的研究院层面，研究院往上是工程院，到了工程院这个层面，不同场景对于数据和算法模型的需求差别就很大了。再往上，在业务单元对于业务软件和业务应用的处理上，不同领域就完全不一样了。

王维嘉：好，谢谢。刚才第四范式的戴总提到希望进入不同的垂直行业进行改造或者改进，现在AI公司进入行业，当涉及它们最核心的业务时，它们会不会不提供数据？你们进入不同的行业会不会遇到不同的反应？

戴文渊：这是一个非常切实的问题。我们与客户合作时，当涉及它们最核心的业务时，例如像金融行业的定价，我们一定会遇到您刚才所说的这个问题。但另一方面，比如一家金融公司在做一些定价、风控、外呼业务，我们也不建议帮他们一个一个地做端到端的解决方案，而是会帮助构建整个计算平台及以下的部分，帮助做更好的算法以及更好的计算单元，包括软硬件一体的优化。之后我们会告诉他们应用AI的方法论，让他们自己的开发者或者业务人员能够在上面去做出他所需要的风控模型、营销模型等。

王维嘉：能不能举一个具体的例子，说明你们和他们的分界线在什么地方？

戴文渊：以Oracle（甲骨文公司，全球最大的企业级软件公司）为例，如果我只是提供一个Oracle的数据库，对于客户来说，他不会觉得我掌握了他核心的部分。其实Oracle数据库并不仅仅是一个数据库，它还提供了一个方法论，客户依照我的方法论使用我的软件、硬件，做出来的结果是他自己的，我并不掌握。这是业务核心部分。而在非核心的部分，他可能自己就愿意端到端地包给我们。

AI公司也要解决一个问题，并不是把所有的东西都包了、所有的东西做了就是最好的。其实也需要一个度。对我们来说，我们是一家AI产品和技术服务公司，我们最希望的是，只做出平台和产品部分，而把能够定制化的部分都交出去。所以在非核心的部分，我们需要去找一系列的合作伙伴。比较幸运的是，中国有大量的软件开发商、集成商，在各个行业我们总能找到合适的合作伙伴。

王维嘉：比如你要做智能投顾，首先你要拿客户过去的交易数据作为基础，可能你的算法要根据不同的模型来进行改造。像这种最核心的东西，是你们替他们做，还是你们提供一个基础平台，剩下的改进工作由他们自己做？两者间的关系你们是怎么处理的？

戴文渊：实际上在我们看来，不同行业的算法是没有本质区别的。大家对算法的定义不一样，我们的算法肯定不是指智能投顾的算法，而是指机器学习的算法，我们覆盖不同行业机器学习算法的本质原理都是在数据里面找到规律。我们其实就是要教会我们的客户如何用AI方法来做智能投顾，如何用我们的算法从他们的数据里找到他们需要的规律。

这本质上是一种学习的能力，因为我们给客户提供的是AI平台的能力，而并不是一个风控的功能。

王维嘉：所以你不是给他提供解决方案，而是提供解决能力。

戴文渊：对，提供一种学习的能力。

王维嘉：好，谢谢。刚刚猎豹的傅总提到，您在今天的几位嘉宾中可能是唯一一个深耕过互联网，现在又开始做AI的。您说这两个行业有很大差别，有哪些具体的差别？

傅盛：我讲几个关键词吧。

第一个关键词是场景，这是近两年我自己理解最深入的一个词。互联网行业是不会讨论"场景"这个词的，它讨论的是产品。因为互联网的场景被限定了，你找一个应用就只能做成一个产品。但人工智能行业完全不是这样。举个例子，猎豹在美国有1 000万用户的时候，在当地只有1个员工，还是为了"充门面"。当然这也体现出了互联网公司国际化相对于传统公司国际化的优势：它使整个世界更平了，不用再像以前那样先铺渠道，再本地化、开拓市场等。今天很多App都是直接投放，一旦爆炸，很快就席卷全球。

但是人工智能不是这样，且不说科幻电影等各种因素把大众对于人工智能的期待抬得特别高，单说只是同一个产品，比如我们的5星级智能服务机器人豹小秘，它在朝阳大悦城商场里、在物美超市旗舰店里、在政务大厅里、在招行营业厅里都是完全不同的场景，用户需求完全不一样，这也是人工智能当前面临的一个非常大的难题，就是通用的人工智能解决方案在今天是不存在的。今天我们遇到人工智能，就像原始人第一次拿到石头一样，我们知道石头后来可以做很多事情，人工智能也一定可以，但是目前还太早了。

第二个关键词是合作伙伴，互联网是"单打独斗"——几个人做一个App，一次爆发，一次"起义"就可能构建一个"帝国"；可人工智能不行，你凭一己之力怎么可能做好这么多场景呢？做人工智能一定要有业态意识，一定要拉上足够多的合作伙伴一起来开发场景，一起去细化场景，这是对我们，也是对任何一家人工智能公司极大的考验。今天猎豹选择成为亚马逊全球非常重要的合作伙伴之一，就是因为亚马逊有大量的合作伙伴来帮我们开发各种应用。

第三个关键词是不成熟。今天互联网成熟到什么地步？且不说手机上杀毒软件都消失了，连一个唱歌App的支付系统都可以做得非常好，这就是整个系统的语言和构架趋于大成的体现，但今天人工智能没有一条产业链是成熟的。

以芯片为例，今天有为游戏设计的芯片，有为手机设计的芯片，但是有为摄像头设计的芯片吗？有为麦克风设计的芯片吗？都没有。因为算法太复杂了，算力也"吃不消"，整个芯片产业当然极不成熟。

再以智能手机为例，什么是智能手机？是我们做了一个手机，然后跟大家说"这就是智能机"，它就智能了吗？当然不是。是有上百万开发者做了大量的App，更多的用户使用了起来，它才能叫智能机。人工智能也是这个道理，大体上也会是这种进程，而现在的人工智能还远未达到成熟阶段。

说到底，智能机器人连定义都不成熟，今天提到互联网、移动互联网我们都能清晰地进行定义并达成共识，可在今天什么才能叫作智能机器人？其实是众说纷纭、莫衷一是的，这也是整个产业不成熟的表现。

王维嘉：余总，你们公司AI芯片或者自动驾驶芯片做得非常好。你们和汽车公司打交道的时候，提供的是一种基础能力。但传统上的汽车公司是集成商，本身不做很多东西。很多大的整车厂商有一级供应商、二级供应商，你们给自己的定位是一级供应商还是二级供应商？你的芯片给了它们，它们怎么应用？或者说，你们需要提供什么样的帮助，它们才能够把芯片在平台上用起来？

余凯：非常好的问题。在汽车行业里，地平线给自己的定位是Tier2。Tier2的一个核心就是一个基础赋能的角色。其实越往上走，越往甲方、集成商的方向走，场景越非标。当前阶段市场分工已经非常细了，要求我们在一个行业里深耕，行业之间的差异和鸿沟很大，人工智能企业要站在第一线直接与各个行业的企业竞争其实成本非常高，难度非常大，而且也不符合我们的优势和定位。

像地平线这样的企业，其实是要做技术层面的基础赋能。行业客户在前面打仗，我们就给他们"造枪造炮"，这有一个好处，就是相当标准化，我们可以变成一个底层的赋能的平台性的企业。比如英特尔，它

定义的不仅仅是PC的芯片，实际上定义了PC主板，包括整个系统软件，但是它的生意本身是提供芯片。也就是说，他的定位是Tier2，但是从核心能力来讲需要打穿到前面。我们做的是客户的生意，这是Tier2的本质定位。

刚才傅盛讲，现在人工智能产业还非常不成熟。的确，现在人工智能在很多行业和场景中还没有完全成熟，一旦成熟，这种应用到来的时候，你会发现产业分工合作的格局和行业生态会快速形成。目前在人工智能这个产业里，重大的时间点还没有到，产业分工合作的条件自然也没有形成。目前地平线希望能够先行一步，成为一个底层的计算平台，通过如智能摄像头的芯片、汽车的芯片等，成为一个赋能者。

我认为，前端的计算是颠覆性的赋能技术。地平线现在所做的事情就是在定义，就像英特尔定义PC一样，我们希望可以定义未来的智能驾驶汽车、未来的智能摄像头及未来的机器人。

王维嘉：许总，怡和有很多传统产业。我们在座的人工智能公司都想进入传统行业，要么帮助你，要么颠覆你，站在传统行业的角度上，你觉得应该怎么和新技术公司打交道？或者你认为他们怎样做最能帮到你们？

许立庆：我们过去三年补了很多课。今天所谓的传统产业占GDP的比重约为90%，如果要让新经济颠覆传统产业，那几乎不可能，因为体量太大了。新零售是相对而言最成熟的，到现在也没有把传统零售颠覆掉。所以今天我们需要考虑的是，怎样让这些传统产业接受技术的赋能。如果90%的传统产业通过技术赋能使效率增加10%，那么GDP就增长9%，成长的空间非常大。怡和在3年前开始研究这个问题，18个月前开始做这项工作，现在我们已经看到了非常成功的例子。

所以我要讲的就是，大家不要再想着颠覆了，而要来合作，合作以后的商机是无限的。

王维嘉：黄总，你们是一家提供基础能力的公司，还是提供解决方案的公司呢？跟你们打交道的传统行业有哪些？请跟大家分享一下。

黄立：首先，高德总体来讲是一家硬件公司。目前我们生产的产品有80%是军品，在下一个阶段的规划中，我们希望民品能够得到增长，可能希望是军品的10倍或者是几十倍。那么其中重要的一点，就是利用现代的传感器技术做出一些新的传感器，这样能够弥补，或者是创新，或者颠覆某些行业的一些应用。当然这跟AI就有关系了。

比如汽车自动驾驶，现在有很多种方案，但是主流的方案一般就是可见光加上毫米波，当然这指的安全驾驶，如果是全自动驾驶，一般还加上激光成像。但其中就有一个问题，比如可见光摄像机在晚上遇到对面的车灯，就晕光了，看起来一片白。还有雨后反光、有雾等的情况下，安全驾驶就显得格外重要了。这里就需要用到很重要的一个传感器，就是红外热成像。物体自身发出的红外线可以成像。它完全不依据光线，而跟热有关。军用中，在完全没有光线的情况下，就可以看到几十千米以外的东西，甚至可以看到200千米以外的飞机。这样的技术用在民用中，用在汽车自动驾驶中当然非常好。当然在奔驰、宝马等高端车中，这些都已经是标配了。

我们不光是要看，看的目的是要自动识别道路上有没有危害我们安全驾驶的目标，如横穿马路的行人，或对面突然停下来的车，或是在有雾的天气情况下突然出现的障碍物，这就需要用到一些识别软件。像宝马用的是图像识别的技术，相对来讲是比较传统的技术。现在我们跟余总合作，运用了AI技术，从目前测试的情况来看，比宝马的技术要先进很多，效果也好很多。这是其中一个典型的例子。

当然还有一些例子，比如人脸识别。我们现在跟360、蚂蚁金服、小米等公司也有合作项目，就是用红外热成像来辅助人脸识别。人脸支付在未来一定会大量应用。现在手机上进行人脸支付可能问题不是很大，但在ATM机、银行的支付系统或者银行保险库等一些安全级别要求非常高、要求万无一失的领域，我们就不敢用人脸识别了。而用红外热成像辅助可见光的摄像机，更高级别的还会辅助3D成像，也就是深度摄像机，它整体情况就变了。大家都知道，苹果手机目前虽说加了可见光的人脸识别，也有深度摄像机，但如果另外一个人用3D打印技术打印一个你的面具戴上，他同样可以把你的手机打开，所以它并不安全。但是如果加上红外热成像就不一样了，因为每个人皮肤的厚度、脂肪的厚度、血管的分布都不一样，每个人人脸的温度分布也不一样，所以要想通过人脸识别打开手机，必须要造一个立体面积非常像你，里面的血管、温度分布等都跟你一模一样的物体。目前看来，还没有这种伪造技术。

因此，一些传感器技术与人工智能结合可以满足一些场景的应用。如无人机产业，无人机未来也会全自动飞行，在城市大楼里自由穿梭，除了需要这些传感器以外，还需要人工智能方面的应用。

目前，我们自己没有在人工智能领域投入太多，更多的还是跟专业的人工智能公司进行合作。未来我们可以多合作，开发一些应用。我们对这方面也非常重视。前段时间我的母校华中科技大学专门成立了一个人工智能研究院，我也捐了1 000万元以支持产业发展。未来学校和公司，包括我们这些实体产业，都可以联起手来做一些事情。

王维嘉：您刚才提到的热成像非常有意思。假设要在手机中加入热成像技术，其中一个要求就是成本特别低，你们如何解决这个问题？

黄立：红外热成像目前主要有三个技术路线，最低端的是非制冷探测器，也就是说，它可以在常温条件下工作；还有另外两种高端的，就是制冷的探测器，工作的温度要达到200℃，系统相当复杂，但是它的好处是

灵敏度特别高。在军用中，后两种都是用于卫星、导弹等，价格非常高。但非制冷的探测器可以比较便宜，但再便宜，一个芯片之前也需要一两万元，后来降到了几千元。

在这项技术上，西方对中国封锁得非常严，封锁了几十年。但是高德公司花了10年时间，全面突破，建立了三条生产线。我们拥有完全自主知识产权。

这些年，我们主要做了两方面的突破。第一，从性能上来看，我们的技术现在已经达到西方一流水平了，这使得我国夜视夜战系统全面开花。第二，低成本化，芯片的低成本化是消费品化的核心，我们现在最小的芯片可以做到跟手机模组一样大小，成本不到200元，我们希望未来能降到100元以内。所以，从低成本化的角度来讲，事实上我们已经走在西方前面了。

王维嘉：谢谢。图灵机器人俞总能不能为我们分享一下当前机器人行业的业态。

俞志晨：大家所理解的机器人概念通常不太一样。狭义上看，它可能就是那种长得像人形、会唱歌跳舞的机器人；广义上看，机器人有很多类型。例如图灵有个机器人开放平台，定位是给所有想做机器人的企业和开发者提供人机对话能力，2014年年底发布，到目前为止，已经有85万的注册企业和开发者，这85万注册企业和开发者在过去4年中做了100多万款各种各样的智能机器人。

举个例子，国资委跟我们合作了一个机器人叫"国资小新"，国资小新之前只是国资委的一个新闻代言人，加了图灵的人工智能后，"国资小新"华丽转身变为一个机器人，他可以解答用户关于国企相关的问题。"国资小新"的形态既可以是一个微信公众号小程序，也可以是放在大厅屏幕上的虚拟形态机器人，也可以是一个实体硬件机器人。

图灵的初衷是做人机对话。因为我们相信只要是服务机器人，有人机交互，就需要自然语言处理和人机对话能力。过去几年，图灵机器人开发平台孵化出的机器人很多，特别分散，很长尾，长尾到我们都不想做，其原因是场景太多。从2017年开始，图灵决定深耕一个场景，就是刚才讲到的儿童场景。选择儿童场景是因为我们看到，类似像手机、PC的数据服务入口基本已经被大的互联网公司瓜分完毕，但家庭和汽车仍存在着巨大场景机会。不过，图灵目前只聚焦在儿童场景。

当然，儿童机器人也有很多细分领域。例如儿童手表，你可以把他想象成穿戴机器人，2018年搭载图灵人工智能的智能手表超过600万台。此外，还有智能故事机、儿童教育学习机、智能玩具等。虽说都是儿童领域，但这些场景只有80%～90%的共性，但仍有10%～20%的差异，类似穿戴、带屏、无屏的机器人还是有显著区别。

目前机器人产业有些类似十几年前的情况。当时人们拥有的消费电子除了手机外，还有照相机、MP3、MP4、优盘等几个数码产品，直到智能手机出来，用一个手机就可以满足所有需求。我认为机器人的发展过程可能也会经过同样的过程，最终会出现一个集成度更高、更智能化、更强大的机器人，当然这需要时间。

王维嘉： 好，谢谢。我参加过很多关于人工智能的研讨会，也主持过很多研讨会，我觉得今天的讨论是最深入的一次。谈到了人工智能对各个细分行业，包括对传统行业的影响。很多人说这两年AI似乎没有前两年

"热"了，其实正像许总所说，6000亿元的生意，改造10%，那就是600亿元，现在这600亿元的生意都还没有人动，因为没有人知道它的痛点在哪里。传统行业的痛点和新技术，谁能够把两者打通？这就是创业者、投资人的机会。所以我认为，在未来10年、20年，AI仍然会方兴未艾，还有巨大的机会。

拥抱科技创新

近几年，科学技术不断融入社会生活的方方面面，改变着人们传统的生活方式，也冲击着面临诸多问题与挑战的传统企业与传统行业。这是时代发展的趋势，科技改变未来。那么是否所有传统行业都能为科技所改变？科技该如何为传统企业赋能？成功赋能需要具备怎样的条件？目前面临的困难和挑战有哪些？对此，科学家与投资家或许有着不一样的回答。

在2019年亚布力年会上，亚布力青年论坛主席、高瓴资本创始人兼首席执行官张磊，美国国家科学院院士、复盛（LDV）创投创始合伙人沈志勋围绕这一话题展开对话。中国并购公会创始会长王巍主持了本场论坛。

王巍：这一场高端对话的主题是"用科技创新赋能"。我们邀请到了两位对话嘉宾，一位是物理学家，美国国家科学院院士、复盛（LDV）创投创始合伙人沈志勋先生；另一位是亚布力论坛理事、亚布力青年论坛主席、高瓴资本创始人兼首席执行官张磊先生。

沈教授是亚布力论坛的老朋友了，是一位非常成功的物理学家。我首先提出一个疑问。沈教授说，科技和创新不完全是一回事。那么对于学者来说，什么是科学创新和技术创新？请沈教授为大家做一个简要的分析。

沈志勋：谢谢。很高兴今天能来到这里，与大家交流。我从一个科学家的角度来谈谈这个问题。其实投资企业可以有很多角度，作为一个科学家出身的投资人，我基本上就看两点，一是看市场和社会趋势；二是这些趋势所结合的颠覆性技术。

王巍： 过去几年，谈到资本赋能，一般是指资本调动科技，现在倒过来谈，说科技赋能资本。那么到底是资本赋能科技，还是科技赋能资本？张磊是著名的投资家，同时也是耶鲁大学的校董、中国人民大学校董会副董事长，还是西湖大学校董。请张磊来谈谈这个问题。

张磊： 谢谢。我认为是双轮驱动的。科技是推动整个社会进步最重要的力量，而资本能够很好地起到资源配置的作用，不单是配置资本资源，还能够配置人力资源，同时可以很好地调动科技创新。这样，科技再加上资本的推动，就可以更快、更好地推动社会的进步和发展。

王巍： 张磊曾经在耶鲁大学投资办公室工作，毕业后也从事投资工作，非常成功，同时获得了丰富的国际投资经验，后来驰骋于中国市场，也是非常成功的样本。在今天这样特殊的中美关系背景下，你认为中国和美国在资本上的竞争和位次是什么样的？

张磊： 我认为这个世界是竞合的，肯定不是零和游戏。是不是能够做到正和游戏，我认为核心还是要回到是否有共同把蛋糕做大的心理上。

中国的资本跟美国的资本在竞争上各有自己的优势和劣势。美国有一

点是我们可以学习的，就是美国在直接投资上的比例远远大于中国。直接融资比率高，实际上意味着资本配置的效率高。用我的话来说，直接融资配置效率是去中心化的配置效率，银行的配置效率是中心化的配置效率。用互联网的语言来讲，不是四大行来决定给哪个企业贷多少款，给哪个企业资本，而是有更多的PE和二级市场的投资者来把这些钱配置给更多的企业，尤其是长尾的企业。

为什么去中心化的配置效率更高呢？因为在创新年代，创新本身就不是中心化的创新，这种创新的特点就是我们不知道下一个创新在哪里。这种去中心化的创新模式更需要去中心化的资本配置效率。所以从这点上来讲，我认为增强直接融资的占比是我们需要考虑的一个很重要的问题。

王巍：你刚才说中美资本竞争各有优势，能不能简要说一下跟美国比，我们中国有什么样的优势？

张磊：中国最大的优势就是每一个人都可以说是企业家。没有一个国家，没有一个民族，像中国这样，大家每天都有很强的驱动力，有梦想，想作出改变。在欧美很多发达国家，即使支付薪酬，员工五点以后也不干活了，公司、店面周末也不开门了。而且我感觉在中国，每一个人都是投资家，他们都在投资自己，每一个人都是自己的价值投资者，持续学习和自我驱动的劲头都非常足。

王巍：谢谢。沈教授是物理学家，这些年也转做一些投资和创投。作为一个职业物理学家，你为什么会投入创投事业？你是以什么样的心态来做这件事的？

沈志勋：首先关于中美的问题，我加一句。我们今天谈竞争谈得太多，谈合作谈得太少。实际上全球面临的挑战是非常大的，目前面临的气候、环境、疾病等很多问题，没有全球的合作是不可能解决的。

最近比尔·盖茨有一个讲话，他的大意是说："我是个美国人，我很爱我的国家，但是我觉得我爱国的最高境界就是促进这个国家跟世界其他国家的合作。"实际上很多全球问题是没有办法得到解决的，从工业角度来讲，如果两个国家或者世界上更多的国家共同合作，技术的发展将会更快。比如半导体工业的发展，2000年以前增长趋势的斜率是不变的，因为市场一直在增长。2000年以后，由于市场增长缓慢下来，所以它的发展也慢了。如果全世界整个市场被切分，那么美国的这项技术的发展速度会慢，中国的技术发展速度也会慢，整个人类的红利分享进程都会慢下来，这样我们面对全球性问题的挑战就会很大。所以合作是必需的。

王巍：你是物理学家，你们会投资哪个领域？

沈志勋：举一个简单的例子，就是自动化。譬如，我们非常感兴趣的一个项目是服务业的自动化。服务业中的自动化实际上可以解决很多问题。现在有一个社会趋势是人口老龄化，所有发达国家，还有中国，以前所未有的规模和速度进入老龄化社会，这就需要社会效率的提高。另外，自动化也能提高生活质量。因此，我们对服务业自动化所包含的各方面的技术都特别感兴趣。

王巍：我想请你来判断一下，中国现在的科技发展水平和美国相比实际差距有多大？

沈志勋：我是1983年离开中国的，跟李政道先生去了美国，从那个时候到今天，中国跟美国的差距是逐渐减小的。在一些领域，如凝聚态物

理领域，中国在很多方面跟美国的距离已经拉得很近了。在某些特殊的领域，如量子霍尔效应等领域，中国已经走到了世界最前沿。但是，中国科技发展很不均衡，硬件方面提升非常快，但科学传统是需要非常长的时间积累的。科学手段、科学传统和思维方式是中国与美国差距特别大的地方。

王巍： 大家都知道，中美这次谈判中会有大量内容涉及知识产权保护，美国各州政府和大学对中国的科技人员、留学生也有了越来越多成文或不成文的约束，这对中国未来的市场会产生什么影响？你对中国引进美国科技成果有何建议？

沈志勋： 我认为这要做一个区别，一个是科学，一个是技术。科学应该是属于全人类的，因为它对整个人类文明的发展有很大贡献，应该进行公开交流，历史上就是这样。而技术应该是相互竞争的，要进行有规则的竞争。所以知识产权的保护对于整个世界的格局，包括中国，都是有益的。所以，基础科学应该是完全开放的，技术则是在一个有规则的情况下进行竞争。

我们在国内经常看到人们把科技混在一起，其实科学和技术是有差别的，科学是想了解自然最基本的规律，而技术是要解决问题。当然，现在科学技术有很多互动性和互补性，这也是存在的。这是我对这一问题的看法。

王巍： 2018年8月，《FIRRMA法案》由特朗普正式签署生效，旨在扩大美国外国投资委员会在审查外国投资人投资美国业务是否对美国国家安全构成风险方面的权限。该法案的实施，将使中国企业赴美投资面临更大的风险与挑战。在这种不确定的环境下，你怎么看这个市场？

张磊： 我觉得政治是有周期性的，有起有伏的，我想最后这种周期一定是向着更加正向的方向发展。企业家永远都是在以不变应万变，"不变"是指什么呢？就是自己要不断地创新，拥有不断创新的能力，如果外面有更多的困难，那么自己只能把这个"不变"变得更加坚决，去寻找创新的路。

王巍： 在今天中国市场低迷、融资环境极其困难的背景下，在相当长

的时间里会有一批非常优秀的企业会遇到巨大的挫折，作为一个投资家，除了建立信心之外，你还有什么建议？

张磊：如果让我提一点建议的话，那就是拥抱科技创新，更加坚决地拥抱创新。

一年多以前，我们收购了百丽，它是中国最大也是全球最大的女鞋企业，在全国有2万多家门店。在我们投资以前，这家企业的业绩已经连续21个季度下滑，我们控股了这家非常传统的企业，我现在是兼职董事长。大家说它是"一代鞋王黯然落幕"。当时收购的时候，我们也心怀憧憬，想着进去以后，要加入人工智能，对它进行科技赋能，让它完全改变。几个月以后，我们发现最大、最好的团建实际上是打胜仗，快速地打小胜仗，赢得十几万人的信任，而不是给他一个很大的愿景。

我们做了一件很简单的事情，也是最能做的一件事，就是将2万多家门店里的库存进行了简单的信息化处理。百丽是一个管理非常好的企业，但是对于信息的运用极其少，百丽一直掌握着大量的数据，但从来没有想办法去结构化这些数据。我们只是做了一件事情，就是把所有的库存实时地反映到工厂。比如，一双鞋一天被试穿了30次，一双鞋摆了30天却没有一个人试穿，一双鞋被试穿了30次但没有人购买，这些都是有用的信息，应该反映到工厂里面去。以前都是到季度结束以后，通过打折来去库存，造成了不好的消费体验。

以前有人跟我讲，库存问题是没办法解决的，做时尚的都有大量库存。我们只是做了一个简单的信息化，就把库存问题解决了，就这么一件小事赢得了十几万员工的信任。

所以，"千里之行，始于足下"。如果你问我传统企业应该怎么走，我觉得应该更加坚决地拥抱变化、拥抱创新。第一步，先做一件事，就是信息化，移动化、智能化等这些都放在后面，先做信息化。

当然我也可以告诉大家，这很难做到。如果我不是控股这家企业，不是这家企业的董事长，传统企业很难做到这一点。因为信息化投入会触犯很多传统企业现有的经营管理模式和利益，而且当时不会立即看到效果。

我们也希望做一个尝试，让资本去拥抱实体经济。当然，我们以后也会继续投资像百度、腾讯、阿里巴巴这样的高科技企业，同时我们也希望能够投资传统企业，把科技的力量和科技的灵魂跟传统企业结合起来，推动传统企业升级。这个国家最终要进步，还是需要大量的工业、服务业去拥抱科技，实现凤凰涅槃，而不全靠所谓的颠覆者把所有的传统企业全部颠覆掉。我想，这是一个双轮并行的过程。

王巍： 你能不能简单地告诉我们，你会对你的团队讲2019年哪三个行业不能碰？哪三个行业要全力进入，用资本来赋能？

张磊： 我不知道哪三个行业不能碰，我从来没有想过这个问题。我们的原则很简单，把高质量的时间花在高质量的企业家身上，大家一起做改变。我只知道一点，就是一定要去寻找愿意拥抱创新、坚决地拥抱创新的企业家。

王巍： 沈教授，你已经做了一段时间的投资工作，你对科技创新赋能有何建议？你更倾向于哪些企业和行业？或者哪种性质的企业？

沈志勋： 我是个做实验出身的人，所以我对能够落地非常关注。其实在我看来，中国有一个非常大的机会，就是在有非常强的草根竞争力的民营企业中加入科技的成分，使它们升级。在这方面，我们自己做过一些尝试，结果都非常好。

关于你讲的这个问题，在我们看来，就是要有一个大的市场，要有技术壁垒，比如食品自动化，再如通过混合现实提高销售的效率等。人工智能依然是我们非常要看好的行业，包括物联网。所有这些都是以提高效率为宗旨的行业。

用技术改写生命

据统计，每年全球有 420 万人死于癌症，100 万余人死于艾滋病……我们仍被若干疾病难题困扰，但生物技术的发展正以人类难以想象的方式改变着未来的世界。我们可以想象，在不久的将来，一些技术或许可以挽救患者的生命。那么这些技术的突破点在哪里？现在取得了怎样的进展与成果？又面临着怎样的挑战？

在 2019 年亚布力年会上，美国国家科学院院士、百济神州创始人、北京生命科学研究所所长王晓东，神州数码集团股份有限公司董事长郭为，九州通医药股份有限公司副董事长刘兆年，歌礼制药创始人、上海药物研究所兼职研究员吴劲梓，亚盛医药董事长杨大俊，零氪科技创始人兼 CEO 张天泽参与讨论，元明资本创始人、亚布力论坛创始人和主席田源担任主持人。

田源： 大健康论坛是每年亚布力年会的重头戏，每年我们都会请到一些非常重要的嘉宾来参加。2019年非常有幸请到美国国家科学院院士、百济神州创始人王晓东先生。他是我国赴美留学生里最早成为美国国家科学院士的科学家，也是一位我非常钦佩的朋友。这次的议题是：用技术改写生命。在技术上，一个生物医学博士想改写婴儿基因是完全可以的，但在道义上是不应该的。我们现在处在一个什么样的时代，面对这么多跟生命相关的问题，我们应该怎么做？今天就请王晓东院士给我们讲一下。

王晓东： "用技术改写生命"这个题目是主办方定的，这个题目非常好。很多的生命活动，我们都知道它的载体，比如说在演讲的时候，我们知道声音是怎么发出来的。但人类意识的载体是什么？我们现在连边儿都

还没摸着，而我认为这个问题在现代生命科学里是非常重要的。我们研究生命科学，尤其是做生物化学、分子生物学的人，最想知道的是什么？就是从分子层面看，人类意识的产生到底是什么样的过程。

可能大家觉得我们做科研最大追求就是发表文章、评职称、得奖。其实对于我们来说，最大的奖励是在科学实验台上看到科学发现的那个瞬间。在希腊神话中，神如果做了好事，宙斯会把他带到奥林匹克山上，打开帷幕，让他看一眼宇宙的奥秘。作为科学家，我们也期望有这样的机会，能够最先看到这个世界是怎么运转的，也许只是在一个很小的方面，但这个奥秘是只有我和上帝共同知道。作为科学家，如果你感受过这个时刻带给你的震撼，那么其他任何奖励都会显得那么微不足道。并且，这种感觉会像非常强烈的兴奋剂，让你永远想要去追求它。

我觉得自己很幸运，因为这种时刻我有过两次。这有点像登山，当我们登到山顶，看到了最美好的景象，那么下一步是什么？是继续往下走，no way to go but down。

我现在算是有点跨界。我经常开玩笑，在企业家面前说自己是科学家，在科学家面前说自己是企业家。虽然科学家和企业家之间有很多共通之处，但两者的诉求是完全不一样的。一方面，企业家是通过投资和销售获取回报，这个回报是有积累的。但科学家可能有过一次科研上的成功，接下来这辈子都不会再有。

另一方面，我们做科学实验发现，科学研究距离真正的临床应用和商业应用还是有很长距离的，所以拉进两者的距离变得非常重要。但正是因为科学家和企业家之间不同的诉求形成了天然的障碍，科学家寻求的是解开科学奥秘的瞬间，企业家寻求的则是能够做成具体的产品，两者无法天然地融合起来。

研究创新药物的企业，可以获得十几年的高额利润，我认为，中国今后还会更多地推动创新药的发展，让研究创新药的企业有更高的利润，否则谁还会去研究？生产仿制药和研究创新药完全是两码事。所以说研究创新药其实跟科研是一样的，要永远不停地创新。从做企业的角度看，赚了钱谁还想再去创新？那么，问题来了，如何创造一种生态让两者之间保持平衡？新药研发很像养育孩子，包括百济神州，对孩子来讲，只要给他们吃饭，也就是投资，就能成长，从而促进肌肉和骨骼的生长。

我认为，未来中国的生物科学发展到一定程度，不只是满足健康的需求，从根本上来讲，降低痛苦是医学中一个很低级的需要。那么，是不是还会有更高级的需求？比如我们现在对人脑的探索。在过去的几年中，我认为有一种生物科学技术丝毫不比基因编辑逊色，就是通过光遗传学、化学遗传学对人脑里某一核团进行操控的技术。

我们实验室现在正在做的课题，就是用科学的方法证明在什么情况下更容易得癌症，有很多说法是抑郁的人容易得癌症。如果我们可以证明这种说法的正确性，那么对防范癌症、预防抑郁症是不是就会有非常清晰的办法？其实我们现在就可以做，因为我们知道人的大脑里是哪一个核团引起抑郁的，从而可以非常精准地调控它，让它不断激活。

我们做了一个很有意思的实验，结果发现，相对于一直处于抑郁中的动物，在快乐的动物体内种入同样的肿瘤，肿瘤就不会扩散。这是第一次我们用科学的办法证明"开心快乐不易长肿瘤"，当然肿瘤的发生也有很多别的可能性，但是心态或许是一个主要原因。我们现在处在历史上从未有过的一个好时期。将来百济神州能成为什么样的企业，这需要更加精细的教育和时间积累。在这个过程中，我想一定需要将更多的经费投入到科研中，不只是要"长身体"，还要通过科学研究，能够真正地"长智力"。

我非常看好中国生物科技的发展。首先，人类历史上有两件事从来没有发生过。第一，就是国家十几亿人口实行计划生育，结果是中国将迎来非常严重的老龄化问题，这意味着到2050年，中国65岁以上的老人会占到全国总人口的40%。其实大家都知道，大健康主要指针对老年人的健康，所以市场空间很大，而且这不只是商机，也是很重要的社会问题。第二，在过去的20年中，中国最好的学生都学了生物学。未来，我们在面临问题和挑战的同时，也将迎来大健康光辉的前景。

刘兆年：我们一直很关心健康产业未来的发展趋势，刚才王晓东院士提供了一些新的思路。前段时间我去美国，听说刚研发出有一种可以让人活到120岁的长寿药，还没上市就已经卖疯了。人类对于生命的追求是永恒的。现在我们的生物技术、DNA编辑技术，还有王晓东院士研究的课题，都可能会给生命带来永恒，这是一件非常有意思的事情。所以，我们

从事健康产业的人很高兴看到这样的现象，也希望能从企业的角度找到一些新的商机。

吴劲梓：我是一个从科学家转变成企业家的创业者，对技术转化有很多体会。我觉得在生命科学中，一旦有像王晓东院士、施一公院士等这样顶级科学家发现了好的理论，我们做创新的公司就要做好转化。实际上，这个转化靠的就是对临床需求的感知，还有敏锐的商业思维。

我是最早一批去美国学习的留学生，每天9点去实验室，带两个巨无霸汉堡，早上和中午各吃一个，3年后就拿到了博士学位，一般在美国拿到博士学位需要5～6年。之后我没有继续读博士后，而是直接去了企业工作。在担任GSK（葛兰素史克，以研发为基础的药品和保健品公司）副总裁期间，我参加了很多收购项目，特别是当时吉利德用110亿美元收购了一个刚刚完成临床二期的慢性丙型肝炎药。我回国后看到，国内没有任何人做慢性丙型肝炎的临床实验，而中国是肝炎大国，所以我当时咬咬牙就回来创业了。

关于研发创新药，我们歌礼成立不到6年，主要研制创新药，发展速度还不错，质量也很好。第一个创新药"达诺瑞韦"从拿到临床批件，到拿到新药证书一共用了2年9个月的时间。数据显示，病人用我们的创新药，仅12周可以达到97%治愈率。我们不做仿制药，跟王晓东院士的说法一样的。第二个是针对慢性丙肝的"拉维达维"，已经拿到了临床批件，也已经申报上市了，现在还没有批下来，我们希望3年内可以批下来。这个药用药周期是12周，可以达到99%的治愈率。所以技术改写生命，一定要有速度和质量。

另外，中国的创新药的整体水平落后于欧美，虽然我们在慢性丙肝领域有所突破，但也只是局部突破，整体还是落后的。我们研发的新药，虽然上市不到一年，但是我们的感受很深，在过去，中国医生的处方习惯受国外品牌药物影响比较大，现在正在慢慢适用于中国品牌。病人的认知也从过去买假的"长生不老药"，慢慢习惯用国内真正可以治愈疾病的创新药。就像苹果手机在国内智能手机的市场份额被华为和小米冲击一样，我想我们的生命科学产业也会经历这样的过程。现在，我们不仅仅是卖产品，而是产品加服务，让患者和医生知道我们产品的机理、竞争优势，以及售后服务。

杨大俊：我们在座的人可能都有差不多的故事，20世纪80年代出国留学，有技术背景，都代表了当时的时代背景。在三四十年前，我找朋友借了50美元加上一张机票就去了美国读书。当时学习生物技术是唯一能在没有家庭背景、没有资助的情况下靠技术和本事出国的机会，这就是当时的背景，这个背景也给我们带来了很好的机会。现在这批留学生，不管是留在美国还是回国，都做得很好。大部分生命科学领域的文章和专利的第一作者也都是中国人。

可以说，中国现在赢来了生命科学最好的历史性机会，我想这在人类历史上是没有的。刚才提到老龄化，其实老龄化不光是中国社会存在的问题，甚至是全球各国都面临的问题，只不过中国因为实施计划生育的特殊原因，对生命和健康有更多的需求。

在过去30年，生物技术一直是美国投资界的热点。我们都知道，企

业研发新药都是"九死一生"。根据统计，10种新药进入临床阶段，只有10%的概率能成功上市。目前中国投资人还不太适应，非常害怕投这种高风险的投资，虽然都在喊创新，但是创新意味着失败。如果说你只是投成药的技术，就没有意义了。所以我认为，投资生命科学最重要的一点，就是一定要创新，也不要怕失败。因为只有能够承担失败的人，才能成为企业家，才能够得到别人得不到的回报。

我们原本计划在美国上市，现在转到我国香港上市。中国香港对我们来说目前是一个很好的机会，2018年一共有5家生命科学企业在港交所上市，这5家企业共融资20多亿美元，而若有50多家企业在美国上市，则可能共融资才50多亿美元。所以，从这个角度来看，香港对生命技术、生物医药领域资本市场的开放，未来对生物科技的发展都会起很大的作用。我相信，未来5~10年，在生命技术资本市场，香港一定会在全球占有一席之地。

未来，我相信中国会朝着更好的方向发展，未来的健康产业一定是既有社会意义，又有经济价值的行业。

郭为：刚才讲到人口的问题，中国整个计划生育政策的人口数据模型是我们做的。我们做了十几年，在国务院所有数据模型里面，我们做人口数据模型是做得最好的。在卫生部与计生委合并的时候，我们有机会参与"十三五"规划讨论，提出从大数据的角度看医疗健康的发展课题。

当时我们跟中国医学科学院有一些长期的合作项目，在实践过程中，我们发现健康医疗的价值，并认为可以把健康医疗数据中肿瘤的数据拿出来，作为"十三五"规划方案的一个案例，后来卫计委同意了，我们就不知不觉地走进了一个叫生命计算的领域。

虽然我们过去做了很多商业运算，但还是第一次做和生命科学相关的运算，所以在这个实践过程中，我有一些新思考。我认为，未来很多颠覆性技术都是依靠数据产生的。结合我在医疗领域的实践，我认为，未来在技术和创新上会有三个方面的突破和颠覆。

第一，是知识层面突破。我认为，在对世界的认知层面上去实现知识的突破是一个很大的课题。

第二，是计算和运算能力的突破。人类走到现在，很大一部分是靠计算能力的突破。20世纪80年代的286是12道的运算速度，现在手机就拥有两个G的运算速度。如今随着整个运算速度的提升，使得大数据成为可能。当时我们跟复旦大学附属儿科医院合作的时候，是用基因图谱做小孩的基因运算，传统运算能力需要24个月，但是通过我们掌握的新算法，加上对技术架构的了解，在30分钟内就能完成预算，进入临床。2018年，我们用基因运算做了17 000例小孩罕见病诊断，正确率超过了90%。

另外，还有一个很重要的能力就是运算能力，我们的特长是能够不断提升运算能力。2018年，我们有一个突破是和医药结合，开始帮助一些大型国外药厂做运算。

第三，我认为，当前一个很重要的颠覆就是数据获取。长期以来，在采集过程中快速获取数据、处理沉淀数据是我们的强项。2019年1月，我们和北京大学联合获得了国家发明一等奖，这是北京大学从1949年建国之后，第一次获得国家级发明一等奖。这是我们跟梅宏院士的团队一起做的项目，主要应用在数据采集上，这叫黑箱理论。数据采集的时候不需要打开数据，也不需要打开数据软件，只要通过系统工程的办法来获取活化的数据资源就可以了。目前，谷歌和苹果能做到的是可读不能写，而我们能做到可读可写，重构这个数据。

未来整个技术性的颠覆、创新颠覆主要体现在三个领域：第一，如何应用知识图谱；第二，计算能力的突破；第三，数据获取。

大家今天讲了AI，讲了各种学习的技术，都是通过这三个方面来辅助支撑的，使得它们做得更好。我认为，现在的科学，还是需要科学家，比如知识图谱，没有一流的科学家是算不出来的，所以说人的功能是很难替代的，但是计算能力是综合性的。在未来的世界，软件会高于一切，在软件的形式上会有新的认知，特别是"云"来了之后，"云"对软件的定义又发生了变化。多年来，计算机发生的更新变化，正是软件带来的变化。

我进入这个领域，完全是被动的，但是歪打正着，赶上了科学家倡导的大健康，当时卫计委主任鼓励我进入这个领域，说未来这个领域是财富最多的领域。一开始我不太想进入，我一直觉得这个领域太难。因为国内有那么多做医疗领域信息化的公司，而我们自己本身是从事金融和政府数据领域的，再进入大健康领域很容易竞争失败。但最后我们还是进入了大健康领域，将来还需要各位行业"大佬"多指点。

走到现在，我们已经有了很多突破，第一个突破是辅助治疗，第二个突破是制药方面的支撑。未来我们希望能为保险领域做一些支撑。

张天泽：今天来的企业家和科学家都是博士和院士，相比各位，我是半路出家的外行。我是"IT码农"出身，2009年从阿里巴巴辞职创业，进入生命科学领域。为什么选择做医疗呢？我来自一个大家庭，家庭成员有十多位都是医生，其中中西医各半，内外科各半，所以我也算是半个医疗行业从业人员。

我是80后，在创业领域也干了10年，创业前6年是非常艰难的。我们尝试过给三甲医院提供业务和服务，但是很难。这次创业让我们看到了做医疗数据的难度，完全是"贴钱看不见影"，而且我们做了6年临床数据，前5年的都不能用。后来因为有了1亿元流水的资金支持才保住了零氪的前身。

后来我们又创业做零氪，这件事情完全是源于一个非常小的初衷。有一次，我姥爷骨折了，但是第二天就是五一小长假，当天天津的医院不做手术，朋友建议我们来北京三甲医院做手术。老人住院期间我经常陪床。从那个时候起，我更深刻地感受到当下国内区域间医疗资源的不均衡，导致同一种病，尤其是重大疾病，在不同医院、不同医生得到的诊疗结果、治疗方案有"天壤之别"。而大数据时代的到来，让我看到了改变现状的可能。

2015年的时候，我们团队停止了之前的医疗数据的业务，开始涉入高质量临床科研肿瘤数据。我们希望把临床病例和追踪案例结合在一起，得到真正高质量的数据。

我们是基础医疗和转化医疗再往后一个的梯队，就是为转化医疗的从业者提供技术支持和数据支持。

我们发现，临床研究发展、诊疗水平提升、医药产业运转，其背后都要依从医学、医疗的特殊规律，而更高效率、低成本地发掘出的科学证据是关键引擎，而这些需要通过高质量的医疗数据及相应的科学服务能力来达成。所以，我们在创业之初就立志要做科研级数据，只为帮助专家作更好的诊断，帮助药企做更好地药物研发，帮助患者得到更好的治疗。这就是我们所说的，"激活数据智能，让人人享有精准的医疗服务"。

可以说，在过去4年多的时间里，零氪做的事情特别像从石头里凿出水，但是我们相信只要在零氪使命和愿景的驱动下踏实做事，这一切都是有价值的。

【互动环节】

梁锦松：刚才几位科学家基本上都是在美国念书。听说美国决定以后不收中国留学生读博士或者博士后，如果是真的，这会对中国生物科技有什么影响？我们有没有足够的研发能力？

王晓东：其实美国的生物科技专业对中国人来说，一直是最开放的领域之一。而且，生物科技在过去几十年应该是投资最大、发展最多、从业者最多也是最活跃的科学领域。如果美国真的这么做，这会对他们的科学发展造成重大伤害。所以从这个角度，我觉得是不太可能的。

另外，到底什么是现代科学？我认为，就是大家坐在一起，把我们对自然界的思考和发现共享。现代科学研究根本不是一个国家或地区的事情。科学发展是全人类的事情，尤其是基础科研。这就是中医跟西医的区别，100年前的西医和现在的西医完全不一样，但是中医几千年都不会变，因为它不是科学开放的体系，而科学的根源就是开放。

暗知识：机器认知时代到来

文 王维嘉　信中利美国创投公司创始合伙人

　　我过去两年在硅谷做人工智能方面的投资，与此同时，我对那些基础的东西非常有兴趣。我发现了一个重要的东西，叫"暗知识"，"暗知识"就是人类无法理解的知识。

　　什么叫人类无法理解的知识？这还要从阿尔法狗下围棋开始说起。阿尔法狗下围棋，让全世界第一次注意到人工智能的神奇。柯洁在下完棋后痛哭流涕，说我根本不可能打过它。它也让聂卫平五体投地，说阿尔法狗至少是20段。正当我们被阿尔法狗一棒子打晕的时候，它的妹妹又出现了，它的妹妹就是"阿尔法折叠"。2018年年底，谷歌在《科学》杂志上发布了"阿尔法折叠"的研究成果，它可以根据DNA的序列测出一个蛋白质的三维结构。

　　大家知道，蛋白质是一个超级大的分子，它的三维结构决定了蛋白质的性质，所有的生物、人体、植物、动物的细胞都是由蛋白质组成。人类今天对蛋白质的理解还是非常浅的。

　　2017年的诺贝尔化学奖颁给了冷冻电镜的发明者Richard Henderson。冷冻电镜是干什么的呢？用来看蛋白质的三维结构。过去人类不知道，也无法看到蛋白质的三维结构，现在有了冷冻电镜，我们终于可以看到蛋白质的三维结构。怎么看呢？要把细胞冷冻了以后，照几十万张照片才能画出一个蛋白质的三维结构。所以，只要看清楚一个蛋白质的三维结构，那就是顶级期刊的一篇文章。

　　那么一台冷冻电镜多少钱呢？1 000万美元。我们去耶鲁，耶鲁人非

常骄傲：我们有一台电镜。清华大学有两台电镜。但是今天，"阿尔法折叠"只用人工智能就可以把它猜出来。怎么猜出来的？不知道。这就带来了一个巨大的问题：阿尔法狗下围棋，谷歌的工程师并不知道它怎么下，聂卫平也不知道。人工智能里出现了一个巨大的问题，就是不可解释性。

我们人类从来没有这样憋屈过，因为我们自以为是整个宇宙智能最高的生物，没有任何事情是我们不可理解的，所有的事情都应该有因果。可是为什么到了今天，我们居然不能理解？这就让我们回到人类是如何获取知识的这个问题。

过去2 000年来，一直有两派在激烈地争论。一派是理性主义。他们认为，概念是天生就有的，知识来自推理，万事万物都有因果。这派的代表有柏拉图，一直到笛卡尔。另外一派是从亚里士多德到苏格兰学派，他们认为人天生是白纸一张，知识来自感官，来自经验，万事万物没有什么因果，只是相关。中国人更倾向于经验主义。中国人觉得，所有的经验不通过感受和感官怎么能得到呢？

经验主义的一个重要的方法论叫"归纳"。我见到一只天鹅是白的，两只天鹅是白的……第一万只天鹅是白的，那么我就得出结论——天鹅是白的，直到出现了第一只黑天鹅。所以，归纳法也是错的，是不可靠的。

为什么这两派争了2 000年，谁都不服谁？原因是他们在瞎争，因为他们都不理解人类学习的微观机制是什么样的。人类学习的微观机制一直到70年前才开始被搞清，它就基于大脑神经元的连接。

这个学习机制是怎么发现的？我们要归功于巴甫洛夫。他发现，给狗喂食的时候摇铃，一旦形成了习惯，即使没有食物，一摇铃狗也会流口水。这就是条件反射。1949年，加拿大科学家赫布就如何解释这个现象提出了一个猜想：同时受激发的两个神经元会连接起来。比如，嗅觉细胞闻到了狗食的香味，同时听觉细胞听到了铃声，这两个细胞是同时受刺激的，一旦同时受刺激，它俩就连起来了，在连接的地方就形成了学习。下一回当你只听到铃声，这个细胞就被激活，就会刺激"口水"细胞。这一猜想后来被无数的科学实验证明是对的，今天被称为"赫布学习定律"。

人类所有的学习都是这样的一个微观机制。再微观下去，每个神经有上千个突触，每个突触之间是有电流通过的，所谓神经元之间的连接，实际是离子变成了电流，然后建立了神经元之间的传导，其中的间隙只有20纳米。知道了学习的微观机制，我们就可以回过头来看人类的知识是怎么获得的。

我们今天理解的知识叫"明知识"，就是可以用文字、公式、程序、语言表达出来的知识。直到70年前，波兰尼、哈耶克发现了一种知识叫"默知识"，或者叫"默会知识"。比如学骑自行车，全世界没有一个人骑自行车是看手册学会的，都是骑上去歪歪扭扭摔几跤学会的。这种知识在生活中大量存在，比如绘画、舞蹈和拉提琴等都是这样的默会知识。默会知识的基本原理就是：大脑神经元建立了联系，但这样的联系非常复杂，是无法用语言表达的。我们所有的重大决定，最后都是由老板拍板。老板怎么拍板？索罗斯说："我所有的重大决定都是靠胃做出来的，如果我的胃疼，说明这个决定不好。"

哈耶克在默知识的基础上发展出了一整套体系，他说："因为默知识不可表达，所以不可记录，所以不可集中，所以计划经济不可行。"也就是说，哈耶克从哲学上、从认识论上证明了计划经济根本就是不可行的。

比如说，乔布斯从来不做市场调查，他说："我的市场调查，就是每天早上出门前对着镜子看我自己。"为什么？当智能手机出来之前，你去做用户调查，问：你认为一个智能手机是什么样的？你想要什么样的智能手机？全世界没有一个人说得出来。这就是默知识，我们冥冥中知道要什么东西，但是说不出来。那怎么办？只能靠企业家去试错，在乔布斯成功之前，硅谷试了20年，从掌上电脑到不成功的手机和触屏，出现了各种各样的东西，有不知道多少家公司失败，最后到乔布斯成功。因为默知识不可集中，所以创新必须是分散的，永远不可集中。

讲完了明知识和默知识，我们现在就可以讲机器发现的暗知识。什么叫暗知识？就是人类不可感受又不可表达的一类新知识。我们如果建一个坐标系，横轴是可表达，纵轴是可感受，那我们会发现，人类已有的知识都在右边，有浮力定律等即可感受、也可表达的明知识；还有集合论、广义相对论、量子力学等可表达而不可感受的明知识，它们是从方程里推出来的，是先有数学而后才有的物理发现。默知识是不可表达，但是可感受。这四个象限正好缺了第四象限，就是既不可表达又不可感受，这就是今天机器发现的这类知识，也就是阿尔法狗下围棋、"阿尔法折叠"算蛋白质三维结构的这类知识。

如果用一个冰山来表达的话，人类已知的明知识，就是冰山的一小角，暗知识是冰山下面的最大块的东西。波兰尼，也就是第一个发现默知识的奥匈科学家，他说："我们知道的比我们说出来的要多。"但是暗知识就是整个海洋，也就是说，未来机器发现的知识会让我们人类已有的2000年到今天为止的知识显得微不足道。我们人类以为，我们已经"可上九天揽月"，可以做基因编辑，但是实际上是什么也没有。暗知识是未来统治和占领整个知识空间的最大量的一种知识。

大家说，你说的"暗知识"是不是一种哲学概念，这跟我有什么关系？太有关系了。上海交通大学两位教授用1 800张照片来训练机器，照片中有罪犯、有好人，最后机器可以90%的准确率来判断是否是罪犯。这项研究在国际上引起了巨大的争议。我到以色列看一家公司，他们也说在做同样的东西，而且以色列海关准备用于查找恐怖分子。我最终没有投这家公司，因为我感觉这东西太悬乎了，但是有可能机器的确比人看得准。为什么？不知道。我看你就像罪犯！

比如，社会积分系统。如果说今天摄像头布满了所有地方，那每个人从早上起来，从小到大所有的行为都在摄像头下，最后摄像头就根据你的行为，给你算出社会积分。你说我表现这么好，凭什么给我打这么低的分？不知道。这就是未来我们将遇到的重大问题，不可解释的问题。

再如诺曼底登陆，为什么在诺曼底登陆而不是卡拉斯登陆？机器算出来说要在卡拉斯登陆，那么盟军司令听不听？听它的可能就打胜仗，不听它的就打败仗。但是我们根本不懂为什么要这样做？未来一个重大的决定很可能就是由机器做出来的，你可以选择不听机器的，但是你会失败。但是为什么呢？不知道。因为是暗知识。这些生死攸关的决定，到底敢不敢交给机器来做？

所以，人类历史上第一次被一脚踢出了知识获取的回路。过去所谓知识就是人去学东西，现在机器自己学，和我们人没有什么关系了，我们人一边儿凉快去了，我们成了"吃瓜群众"了。

因此，我们正面临着一个新时代的到来，它不仅仅是AI技术的改进，而且从哲学、从认识论上给我们提出了根本的挑战，也就是说，机器认知时代到来。这个时代无所不在的传感器在记录着所有的物理量——温度，气温，每个人的活动，血液、心脏的跳动……然后将这些数据通过5G网络传到云端，机器再把万世万物当中隐蔽的相关性找出，并凭借相关性去做事，去改进我们生活或者是破坏我们的生活，去优化生产或者进行互相残杀。

现在的问题是，我们人类无法理解"暗知识"，而且人类越来越渺小，人类的知识现在刚刚开始，未来的机器知识会越来越多，人类就像最后几个小岛，被暗知识这个海洋所淹没。那么，我们就面临一个重大的问题——人类和机器的关系。谁听谁的？事实上，我们等于在无意中给自己创造了一个上帝，这样一个时代的到来，会产生什么样的问题？会怎样颠覆我们每个行业？会不会突然造成大规模的失业？未来的社会、政治、军事战争会是什么形态？这些都会受到暗知识的影响。

不确定性中的确定性

"风起于青萍之末",从青蘋草头上轻轻飞旋的微风,最后竟呼啸成为劲猛彪悍的大风。后来人们将它喻指为,大影响、大思潮从微细不易察觉之处源发。

最近,这句话成为学者朱民的口头禅。当他在各种场合发表公开演讲,讨论世界经济大势时,这句话频频出现。

"'风起于青萍之末',但当风起来的时候,我们真的不知道是哪一片萍叶动了。"朱民在2019年亚布力年会上如此警告大家。今天世界联系如此紧密,以至于一些我们无法察觉的微末变化都能引起巨大风暴。这是影响今天全球经济的一股重要力量,它正使经济变得不确定和动荡。在他看来,当前很多现象都是前所未见的。

"不确定"和"变"正成为人们讨论的关键词,也让人们焦虑、无所适从。

当前中国面临的国内外形势错综复杂,经济运行稳中有变,面临一些新问题、新挑战,外部环境发生明显变化。

从外部看,国际金融危机深层影响还未消除,全球化又遭遇挫折。近些年世界逆全球化的浪潮包括单边主义、贸易保护主义抬头,来势汹汹。随着中国发展成为全球第二大经济体,中国与西方国家在制度、科技、全球治理话语权和规则上的竞争日益显性化。2018年以来,美国挑起并不断升级对华经贸摩擦,对中国进行极限施压,对此,中国也作出了有理、有利、有节的反制措施。但中美贸易战对中国经济增长已经产生了实实在在的影响。

从内部看,我国经济由高速增长迈向高质量发展阶段,发展不平衡不充分问题依然突出，改革进入"船到中流浪更急、人到半路山更陡"的阶段。

经济运行中结构性问题和深层次矛盾积累日益凸显。产能过剩和需求结构升级矛盾突出，经济增长内生动力不足，经济下行压力加大。

实体经济特别是中小微企业经营困难加剧。由于原材料成本、劳动力成本和环境治理成本上升，企业盈利水平下降。融资难、融资贵等问题突出。

此外，区域经济发展不平衡、重点领域风险隐患等问题也不容忽视。

这些深层次问题以及国内外重大变化，都是过去40年未曾碰到过的。2019年是改革开放新征程开启的一年，是新中国成立70周年，也是全面建成小康社会的关键之年。站在这一当口，面对着百年未有之大变局，中国经济将何去何从？过去40年的发展经验是否还有借鉴价值？未来我们将如何迎接挑战，在变局中把握机会，开启新一轮加速跑？从本书中，我们或许可以找到答案。

在新形势下，清华大学国家金融研究院院长朱民对中国经济的未来仍然充满信心。他认为，当前格局下，中国经济增长速度不管是6.5%，还是6%，它增长的动能仍然存在，对全球经济的影响力和驱动力仍然存在。而在这基础上，改革开放政策和创新政策将会支持中国经济的稳定和发展。

未来，中国发展必须坚定不移地依靠改革开放。改革不停顿，开放不止步，成为大家的共识。

而从宏观形势下看中国企业，固然有艰难，但中国企业家却从容淡定。建业集团董事长胡葆森的"深秋心态"是这种态度的代表。夏天不跟着瞎起哄，冬天当别人都消沉甚至放弃的时候，依然保持进取的、持续投入的、理性的心态。心态的温度比外部的温度更重要，因为心态的温度决定了一个企业投资的原则、节奏和力度。

面对挑战，内心沉着、保持自己节奏而不乱阵脚……我们可以看到，历经40年风雨的洗礼，今天的中国企业家已经逐渐走向成熟。他们坚持企业家精神，迎难而上，不断提升自身的能力，来创造自己可控的未来。这也是当前巨大的不确定因素中的一点确定性。

　　作为企业家的重要思想交流平台，亚布力论坛也将继续秉持自由、平等、客观的精神，弘扬企业家精神，为未来发展贡献一份力量。当然，这一目标的成功实现离不开一些品牌理念与亚布力论坛相契合的企业的支持。比如芙蓉王文化，在公众眼中，芙蓉王一直是一个低调、不事张扬的品牌。但就在这种低调中，多年的潜心运作让芙蓉王顺利成为烟草行业中式卷烟的代表品牌。"传递价值，成就你我"，芙蓉王的品牌理念强调价值的传递与成就的共享，这与亚布力论坛的宗旨"让企业有思想，让思想能流传"不谋而合，也与企业家们发扬与传承企业家精神的希望和努力相契合。在此，感谢芙蓉王文化愿意与我们一起，成为中国企业家精神的传递者。